ちくま文庫

戦後日本の「独立」

半藤一利　竹内修司
保阪正康　松本健一

筑摩書房

目次

構成　石田陽子

戦後日本の「独立」

はじめに

私たちは、占領期をどのように理解すべきであろうか。軍事に敗れて戦勝国の占領支配を受けた期間、つまり戦勝国の命ずるままに国家システムの再建を図った期間とみるか、それとも戦争に敗れた結果として、国民の側は軍事主導体制の解体を目ざし、戦勝国の企図する基本方針に納得しての国づくりを目ざした期間と理解すべきか、はたまた戦勝国の思惑と計算に振り回されての新体制での自立であったのか。その解釈は今もまだ明確には断言できる状態にはない。

戦後の期間について、確かに多様な見方が示されてきた。作家の三島由紀夫は、この期間を「鼻をつまんで生きてきた時代」であり、天皇が現御神《あきつみかみ》の立場から人間天皇にと変わったことに強い不満を示す側のひとりとして論陣を張った。逆に日本の労働組合運動を動かした槇枝元文は、昭和六十年代に「自分がもっとも近代日本の歴史の中で輝いていたと思うのは、敗戦直後のアメリカンデモクラシーを学んだときだ。あの時代は輝くようであった」と証言していた。どちらの論に共鳴するかということ自体、戦後とは何であったかの問いになる。

六年八カ月に及ぶ占領期を、私は、昭和中期と呼ぶべきではないかと主張してきた。昭和前期とはいうまでもなく、昭和二十年八月の太平洋戦争終結までの期間、昭和後期とは昭和二十七年四月二十八日のサンフランシスコ講和条約の発効からの期間を指すわけだが、昭和中期は前期と後期に挟まれての緩衝地帯ということもできるであろう。ありていにいえば、この期間に日本人の多様な姿があらわれていると、私には思える。

この昭和中期を、政治史、軍事史、あるいは文化史、いや庶民史とさまざまな視点で解析してみることが必要ではないか。そうすればそこに近代日本人の原形質が読みとれるかもしれない――それがこの四人の座談を企画した筑摩書房の編集者たちの真意ではないか、と私には思える。昭和五年生まれの半藤一利氏、昭和十一年生まれの竹内修司氏、昭和十四年生まれの私（保阪正康）、そして昭和二十一年生まれの松本健一氏。年齢の幅も、その実生活の体験も、それぞれ異なっているとはいえ、「はたしてこの期に、日本人は何を考えていたのだろうか」との関心の強さは抜きんでている。

私はともかく、三人は山道の小さな石ころを見ても、あるいは海辺に打ち寄せる小さな波を見ても、それが歴史的にはどのような意味を持つのか、寸時にして見抜く感性を持っている。その感性に知性を上乗せして語り続ける内容は、私も聞いていて実に気持がいい。いや一木一草はいうに及ばず、どのような存在にも目くばりしての座談会に、歴史のヒダを見つめる目があるように思う。その意味でこの座談集は、単にあの占領期を回顧するのではなく、年齢の差こそあれあの時代に生きた充足感が各人の発言にはこもっているように思う。

さらにつけ加えるなら、こうした実のある座談会は能力のあるまとめ役がいてこそ、その内容が生きてくる。四人の話者が信用している石田陽子氏によって、巧みにまとめていただいたために、読者の側にもそれぞれの話者の発言の本質が伝わっているのではないかと思う。石田氏の労が本書の質を高めていることを、あえて記しておきたいと思う。

「戦後」という語彙が現在に至るも一定の力をもって語られている国は珍しいのではないだろうか。私たちの国は、この語の本来の意味である「太平洋戦争終結後」として用いているのだが、しかしこの戦後という語もすでに六十八年が過ぎている。単純な言い方になるが、あの戦争が終わって翌年に生まれた世代も、まもなく古稀に達しようという時代である。にもかかわらずこの「戦後」という語の持つ強さは、社会の中で相応の力を持っている。「戦後」という語を死語にしようなどといった意見が明らかになれば、すぐにそれに反撥する声があがるほど、この語は神聖化されているのである。

このような状態を、私たちはどのように理解すべきだろうか。たとえば「戦後」という語自体が、他のイメージを包みこみ、代弁しているとの見方ができるであろう。「平和」とか「自由」「民主主義」、あるいは「人権」などのイメージを伴っていると見ることができるのだ。それゆえに「戦後」を死語にしてもいいのではないかとの論に、あの時代（戦前、戦時下、そして占領期）を知っている人たちは反撥を示すといった見方もできるのではないか、と私には思える。

一方で、「戦後」がこれだけ長くプラスイメージで語られていること自体、その分だけ「戦前」の現実やそのイメージが決してプラスになりえないことを物語っている。戦前、戦時下は数え方によっては、わずか五、六年であることを考えると、戦後の六十八年はあまりにも長い。そのことは戦前、戦時下の苦しみや辛さ、さらには人間としての尊厳を傷つけられたその不満は、六十八年を経ても決して消えるわけではないとの意味を持っている。

そのように考えると、占領期、あるいは戦後の初期の六年八カ月の社会世相は、苦しみや辛さ、あるいは苛酷な現実からの解放があると同時に、日本国民が地肌で行動するときにはどのような特質があるのかが窺えるはずである。絶望から解放されたときに、人びとはどういう行動をとるのか、それにはどういう思想背景があるのか、それが明瞭になるはずである。本書が意図したのは、そういう事情をさぐることによって、日本人にとって近代とはどのような意味をもったのかを問うことにつながっていく。

本書は主に編集部が用意した十三のテーマに沿って、初めに報告者の「報告」があり、それぞれの事象の輪郭、あるいは枠組みを確認するとの手法を採っている。その「報告」にもとづいて、各人がそれぞれの観点を持ちこんで「討論」を行なうわけだが、この討論が多角的になっていくので、ひとつの素材、あるいはテーマも、視点を変えればまさに多面的になることが理解できるように思う。そこには、これまでの視点や論点だけでなく、新たに発見された視点（たとえば、吉田茂首相が南原繁東大総長が全面講和を説いたのを、「曲学阿世の徒」と罵った裏の事情など）も盛りこまれている。

あえてつけ加えておきたいが、松本健一氏はかつての民主党内閣の折り、内閣参与として現実の政治を官邸の一角で見ていたために、歴史上の指摘にもおおいなる広がりがあった。私たちは松本氏から3・11後の政治の一端を聞くことができたわけだが、そうした事情を知ると占領期の政治、経済、社会の動きともまた共通することがわかる。今回の座談が広がりを持ったのもまた松本氏の貴重な体験談に依拠していることを記しておかなければならない。

この座談会が行われたころは、安倍晋三内閣が誕生して、高支持率をあげていた。安倍首相は、右派的体質をあからさまにして、たとえば現在の憲法を「占領憲法」といい、日本軍の侵略についても、「侵略には定義がない」と言いだしたり、村山談話についても自分は納得していないと発言したりする。こうした一連の発言について、その歴史的根拠や具体的説明がなされているのであれば、賛成、反対は別にして「聞く耳」を持たなければならない。

ところがこの首相には、そうした説明が一切ない。つまり誰かに示唆されて上皮の部分だけを口にしていることがあまりにも明らかであった。遠慮なく言えば、この首相の右派的見解は、本書で論じている占領史、あるいは戦後の期間の日本国民の生きた姿、そこで悩み葛藤した姿を、あまりにも乱暴な見方で片づけている。占領期ということばで、すべてを否定しようとするお粗末ぶりだ。こうした光景を一言でいうなら、「とうとうこの期に生きた日本人の正直な姿が愚弄される時代に入ったか」とのつぶやきになる。戦争に対する自省も、その体験世代の懊悩もすべて、あっさりと切り捨てるという意味では、この首相はあまりにも先達たちの心理をないがしろにしていることにならないか。

本書の座談会は、むろん安倍首相を批判しようとの意図はない。それよりもっと大局的な視点で戦後史を俯瞰しようというのが狙いでもあった。したがってこの「はじめに」も四人の総意というのではなく、私の思うところや判断、それに見解などを土台に記していることを付記しておきたい。それにしても現代社会は、「戦後」のスタートを常に思い起こすべきではないか。そしてこの戦後の中に見え隠れしている風景そのものが、日本再興、日本再建の原動力であったと記憶にとどめておきたい。右派的言説で語られるほどこの六年八カ月の「占領期」は、誤りがあったわけではない。そのことを私たち四人は確認しつつ、個々のテーマを深めていった。

本書を手にとる人たちに、この内容は決して読者諸氏を裏切ることはないだろうと強く断言しておきたいのである。

二〇一三年六月

保阪正康

序章　戦後日本のなかの三・一一

松本　東日本大震災のときに、私は内閣官房参与でした。内閣官房参与というのは非常勤の国家公務員なのですが、常勤の役人の三分の一以上の時間は働いてはいけないという規定があります。参与の報酬は日当という形式です。一日何時間とかという規定はなく、役所に行けば日当が出る。逆に自宅でいくら起案書を書いても、それは参与の報酬とはならないわけですね。その参与をしているときに仙台の被災地に視察に行きました。たとえば宮城県の閖上《ゆりあげ》まで視察に行けば、ちょっと足をのばして隣の亘理《わたり》町まで行ってみたくなるでしょう？　ところが「それはダメです」と役人から止められてしまいました。計画書が出ていないからダメだというのです。

竹内　それで結局行けなかったのですか。

松本　全部私費で行きました。参与の任にあった間、資料を出してくれと求めても、ほんとうに重要と思われるような資料を官僚側が出してくることは、ついにありませんでした。

保阪　戦後すぐの東久邇《ひがしくに》（稔彦《なるひこ》）内閣のとき、児玉誉士夫《よしお》や大佛次郎《おさらぎ》なんかが内閣参与になりますが、あれとおなじ立場ですか。児玉はごぞんじのとおり、戦前は国粋主義団体を渡り歩き戦時下では海軍特務機関にいて、戦後は政界を暗躍してロッキード事件の渦中で亡くなった人物。大佛次郎は「鞍馬天狗」シリーズで有名な作家ですが。

松本　どうでしょう。あの時の内閣参与は首相が直接に意見を聞きたいからという理由で指名していますが、わたしの場合は内閣官房参与ですから、むしろ首相と官房長官への意見具申が重要でしょうか。明治維新のときに横井小楠《しょうなん》が参与になりますが、言ってみればあれとおなじです。

参与ということばで思い出すのは、幕末に水戸の徳川斉昭《なりあき》が、老中阿部正弘のときの海防参与になりますね。いまの参与というのは、いわゆる参事官のことで、英語でいうと special adviser to the cabinet。内閣に対する特別アドバイザーなので、海外の人からみればものすごく高い地位に聞こえるわけです。ですから在任中は海外のいろいろな立場の人が幾人も押し掛けてきました。新しく政権をとった民主党にコネクションをもっている外国人が少ないから、内閣官房参与の立場の人間ならなんとかしてくれると期待して接触してきたのだと思います。

竹内　情報を得ようとする連中や、なかには商売のためにコネを付けたい連中なんかも接触をはかってくるのでしょうね。

松本　内閣官房参与は、非常勤の国家公務員なので守秘義務があります。どこまでの話に守秘義務があるのか、それは曖昧《あいまい》で微妙なのですが、見過ごせない話がありました。三・一一のとき、米国大使館・米軍関係者が首相官邸に常駐させろと、なかば占領軍のように強引に言ってきたのです。しかしそれはあまりにも露骨だから官邸は断るわけですが、その後でアメリカがはじめたのが「トモダチ作戦」。米軍の救援オペレーションでした。あのとき本当にやりたかったのは、立入禁止区域に入って全部しらべたいということだったようです。ベクテルとか、ハリー・バートンとかの戦争請負企業というのがありますが、これらも福島に入りたがったわけです。とくに原発施設関係の地域に入りたかった。その意図がどこにあるのか、わかりませんよ。しかし内閣官房参与だからといって私にまではたらきかけてきました。

保阪　日本政府に任せておけないということもあったのでしょうね。首相官邸や内閣府では、情報収集や指示命令系統がうまくはたらいていなかったのでしょうか。

松本　外務省、文部科学省、経産省などは、とにかく官邸に情報を上げないのです。とくに役所にとって不都合と思われる情報はことごとく出さない。

保阪　そこですね。どうして官僚はそういうふうになってしまったのでしょうか。政治家はメディアに叩かれてすぐに辞めさせられますけれども、情報を上げなかったことによる問題について、いったい誰がどのように責任をとるつもりなのか……。

松本　情報を上げた場合は「伝えましたよ」ということになるから、その後の対応として「政府はこういう対応をします」と、公式の見解なり対応を発表せざるを得ない。公になった以上はそのことに対して責任が発生するわけです。いっぽう、なにも伝えないときは内容が埋もれているから責任が発生しない、という考えなのですね、官僚は。事実がなければ責任も何もないというわけです。

保阪　不作為というか、サボタージュによる責任逃れというのは、許しがたい慣行ですね。

松本　それから福島原発の問題で、事故調査の報告が各方面から出ました。民間もありますが、国会事故調査委員会や、政府の事故調査委員会などです。それらに共通して、会議の記録がないということが問題になりましたね。政府の公式の会議で記録がないというのは、内閣府の役人の作為かどうかはわかりませんが、彼らに責任があります。そのほか、首相や閣僚などの会議で記録がないのは、民主党の政権経験のなさや、菅（直人）総理が記録をつくっておくことに思い至らなかったという点で問題がありました。菅総理は、たとえば私と話すときにも記録をとらない。事務官などを立ち入らせないから記録が残らないのですが、それが問題でした。私との記録はともかく、私以外でもそのようでした。だから言った、言わない、の話になってマスコミの批判にさらされてしまった。

二〇一一年の三月二十九日に、日本と中国とのある会議があって私は中国の北京に行きました。その会議には中国政府だけでなく、中国共産党も人民解放軍もそれぞれトップクラスの連中が出てきました。彼らが、日本に対してカンカンに怒っているわけです。聞いてみると、三・一一のあと胡錦濤《こきんとう》国家主席がわざわざ日本大使館に出向いて弔意を示し、さらに人民解放軍は病院船の派遣まで申し出ている。たまたまそのとき、全国人民代表大会が開かれておりまして、通常中国のマスメディアはそのニュースを中心に流すのに、日本の災害に気を遣って全人代関係の報道は五分間にしてあとの五十五分を東日本大震災のニュースを流した。そこまで配慮しているのに、菅首相、日本政府から何の反応もない。菅首相は中国にお礼の電話をしようとしたら、外務省が必要ない、と言った。後で公文書でするからいい、というわけです。病院船については、外務省から必要ないとそっけなく断られた。こんなひどい対応はないではないか、というわけです。中国とのすれ違いは、こんなところからも亀裂が大きくなっていったのではないかと思います。

保阪 そんな話がありましたか。こういうときこそ対外的な関係を好転させる絶好の機会だから、各国とも友好ムードが高まる。そういうときこそ誠実にこたえないと、国家の品格を疑われることにもなりかねませんね。

●三・一一の光景と敗戦時の光景

松本 三・一一の大災害を目の当たりにして、多くのひとが思い浮かべたのは一九四五年八月十五日のことではないでしょうか。戦争が終わってまわりを見渡したら焼け野原だった、あの光景ではなかったか。もちろん戦争は人災で、今回は天災ですからその違いは大きいのですが、焼け野原と同時に、あっというまに二万人からの人が亡くなったという大きな喪失感は、八月十五日に匹敵すると思うのです。経験者の半藤さん、いかがですか。

半藤　松本さんがおっしゃるように、私も八月十五日の敗戦が頭に浮かびました。私は東京の向島で昭和二十年三月十日の大空襲で逃げまどったひとりですが、あの戦災のあとの情景を思い出しました。ただ空襲のあとは黒茶色というか、まあ真っ黒なのですが、津波でやられたあとは真っ白なのですね。雪が降った地域が多かったせいでしょうが、いずれにしてもこれは二回目の敗戦の光景だと思いました。もうひとつ思い浮かんだのは、これは維新だと。敗戦直後、もういちど国づくりをやらないといけないと多くの日本人が考えた。明治維新と同様、一から国づくりをするということです。明治維新と戦後の復興、こんどが三回目の維新としてやり直す機会ではないか。私と同様、そう考えた人も少なくはなかったはずです。「復興を頑張ろう、新しい国づくりだ」と、みんなカッコいいこと言っていましたよ。

ところがそのうち、今度はちょっと違うぞ、と思いはじめたのです。まだ〝戦争〟は終わっていなかった。福島原発の放射能汚染問題です。これは終わっていないし原発を廃炉にもっていく技術もまだつかんでいない。おそらく西日本の人たちは、十数年もすると福島原発のことは忘れてしまうだろうけれども、東日本にとっては終わりが見えない戦争が続く。復興ということだけを考えていると、原発についてこれまでどれほどバカなことをやってきたのかということを、すっかり忘れてしまうのではないか、そんなふうに危惧するようになってきました。

松本　原発事故の放射能汚染の問題は、まずはセシウム137です。これの半減期が三十三年ですから、百年かかっても八分の一は残る。また除染といっても福島は六五パーセントは森林ですから、この領域は除染できません。それに、除染といっても、人間は放射能を消せるわけではないので、削ったり、水に流したり、他に移染するだけなのですね。さらに三号炉などではまだ放射線を放出しているわけですから、これからどうなるかも確定していない。半藤さんの言い方でいくと、ずっと戦争状態がつづきます。終わらない戦争なのです。それから維新なのかどうかは別として、国づくりという点で言いますと、明治維新も第二次世界大戦の敗戦もじつは天災と関係がある。明治維新の直前には安政大地震が江戸と東海でつづけて起きました。それぞれ一万人規模の死者が出ている。それから昭和十九年十二月に空襲を受けている最中に東南海地震が起きますね。このときは、戦時ですから報道が抑え込まれているので正確に被害が分からないのですが、相当な死者、被害が出ました。いずれにしても日本の大災害は、その後に大きな政変が起きて、政治・社会の有り様がガラッと変わるということがあります。佐久間象《しよう》山《ざん》が言っているのですが、「大災害時には社会変革が起きるが、そういうときに外国からの侵略がはじまる」と『省諐録《せいけんろく》』で警告しています。

それはともかく、三月十四日にアメリカの駐米大使から軍技術者を官邸に置きたいと申し出があり、日本側がこれを断わったという話をしましたが、これなど新手の侵略といえないこともないわけです。そのことを枝野幸男官房長官が国会で問われて、「官邸は日本の国家の意思決定の場であり、そこに外国の政府関係者が関与することはあり得ない」と発言していました。

●原子力ムラの科学者の責任

保阪　原発事故発生直後、いろいろな学者・専門家がつぎつぎにメディアに出てきて説明していましたが、ことごとく東京電力を弁護するような言い方や、事故を過小に評価するかのような発言をしていました。彼らの発言を聞いていて、科学者の態度が問題だなあ、と僕は思いました。あの科学者たちは、戦中に科学者が軍部と同調して原爆研究していたことから何も学んでいない。

陸軍は理化学研究所の仁科芳雄に（ニ号研究）、海軍は京都帝大の荒勝文策《あらかつぶんさく》に（F研究）それぞれ原爆開発研究を委託しています。研究者たちは、実際にはできないと思っていたけれども予算がほしいので請け負ってしまう。そのことを思うと科学はやはり暴力ですね。とくに政治や軍事とむすびつくと、とんでもない暴走をしてしまいます。これは仁科研究所でニ号研究に携っていた研究者に取材したときに聞いた話ですが、彼は、広島に原爆が投下されたとの報告を聞いて「自分は感動した」というのです。核分裂反応とその規模について、それまで自分が計算していたとおりの結果が出ていた。「たとえ自分の家族が被害にあったとしても、原爆が実現したことに感激しただろう」とまで述べていました。科学者のなかに、いわば「悪魔の心理」とでもいうべきものがあるのだと、僕はゾッとしたのを覚えています。

ドイツのハイゼンベルクは秀才中の秀才といわれた物理学者です。彼はヒトラーから原爆の研究を命じられていたけれども開発にいたらなかった。諸説ありますが、意図的に開発しなかった、あるいは開発できたけれども当時のドイツの国力では完成にいたらないと考えたので途中でやめたなど、真相はわかりません。ヒトラーが原爆ではなく殺人光線の開発に方針変更したので、原爆開発は挫折し放棄されることとなりました。いっぽうドイツを逃れて連合軍側に亡命したフェルミやオッペンハイマーが、原爆開発計画を始めることになりました。しかし彼らはヒロシマ・ナガサキの惨禍を知って、戦後は反核側に回っています。原爆を非難し核兵器廃棄を提唱するラッセル＝アインシュタイン宣言、バグウォッシュ会議につながっていくわけですが。

半藤 戦後、日本では原子力の平和利用がいわれて、昭和三十一年に原子力委員会ができる。初代の委員長は正力《しょうりき》松太郎（読売新聞社主）。初代委員の一人が湯川秀樹博士でした。湯川が原子力の根本にもどって基礎研究をやるべきだと発言したのに対して、正力は研究などしなくてもアメリカから炉を買って動かせばいいと反論し、湯川の進言を受け付けませんでした。結局、湯川は一年委員を務めましたが翌年辞任しています。原子力委員会がその後原子力ムラと化したのは、この間私たちが見てきたとおりです。

ちなみに湯川を原子力委員会に引き入れたのは、湯川の教え子で中央公論の「自然」誌の編集に携わっていた森一久氏です。一年間、引きとどめたのも森氏の説得によるものだったそうでして、森氏は晩年には原子力ムラの退廃を批判し、それを是正しようとしていたようです。この人が亡くなったのは福島原発事故の前年、二〇一〇年のことでした。

保阪　要するに原子物理学者は、反省をしていたのでしょう。しかしいまメディアに出ている科学者はそんな反省などまったくない。それが不思議だと思って、九州大学の副学長の吉岡斉《ひとし》氏に話を聞いたところ、かれは原子物理学を始めたとき、「これは怖い学問だ」と思ったというのですね。これを専攻するとしたら、哲学や倫理や思想がしっかりしていないといけないと。それで彼は大学院にいくときに科学史を選んだそうです。大学で原子物理をやった人で、これを怖い学問と考えた人は大学院に進むときには科学史に進むか、ちょっと違う方向を選択するのではというのです。そういうことをあまり考えないできた人が、いま原子力ムラにいる科学者ではないでしょうか。

かれらが何も考えなかったのは、原発分野は研究費がふんだんに出るからなのです。

かつて戦争遂行のための研究分野には予算が潤沢についたけれども、それとまったくおなじです。科学の恐ろしさについて考えないから、無反省のまま東電の言いなりになってしまったのではないか。「科学が軍事や政治に従属するとたいへんなことになる」という反省から戦後の科学は出発しているはずだったのに、まことに残念ながら、戦時下とおなじ構図が原子力発電研究にあったといっていいでしょう。

松本　東大医学部放射線科の中川恵一氏が「放射線は煮沸で洗い流せる。年間一〇〇ミリシーベルトの放射線を浴びても、人口比でがん発生率が〇・五パーセント増えるだけだから、たいしたことはない」と言っていたけれども、これなどとんでもない発言ですね。煮沸で無くならないし、たとえば一二〇〇万人の人口の〇・五パーセントがガンで死んだら六万人ですよ。これだけの被害が出たら大問題でしょう。こんな重大なことを、医者ともあろうものが理解できないなんて信じられない。彼は一連の発言を批判されたら、こんどは、「東電からは一円ももらっていないから、自分は御用学者ではない」と開き直りました。文部科学省が学校の校庭の放射線レベルを年間二〇ミリシーベルト以下と定めたことに抗議して、内閣参与を辞任したのは原子力工学の小佐古《こさこ》敏荘《としそう》東大大学院教授ですが、中川氏は「御用学者は小佐古教授のほうだ」といって批判の矛先をかわそうとした。「小佐古氏は莫大な研究費をもらっているではないか」と。それは事実ですが、第一線の東大医学部の准教授がこれですからねえ、呆れてしまいます。

半藤　「原子力ムラは昔の陸軍だ」と菅元総理が発言しましたが、あれはまったく正しかったね。松本さんが教えたのでしょう？

松本　いやいや、菅さんが自分で考えて話したのですよ（笑）。彼はカンはいい。

半藤　それにしても原子力ムラの科学者たちには、罪の意識とか、責任とか、反省とかがまったくないという点で、陸軍と同じですね。

竹内　第一章のテーマになる、丸山眞男が戦後すぐに書いた陸軍への批判がそのまま当てはまりますね。

松本　今回の福島原発の事故について誰も責任をとっていない。それも大問題ではないでしょうか。東電の経営者、原発政策を進めてきた政治家、官僚、それから原子力ムラの学者、そのうち誰かが責任をとって辞めたなんていう話をまったく聞きません。

半藤　責任をとるべき立場のものにマスコミも加えないといけませんね。出版社も原発関係の雑誌広告をずいぶんもらっています。金額も大きかったですよ。新聞社もテレビもそうでしょう。それで何となしに丸めこまれた。

●災害に対処する知恵と教訓

松本　大地震と大津波は確かに天災ではありますが、田老《たろう》町の高さ一〇・五メートル、長さ二・五キロメートルの巨大な防潮堤や、釜石のギネスブックにのったような水深六三メートルのコンクリート防波堤の存在に人びとが安心してしまって、結果的に避難が遅れたという例もあったようですね。ですから必ずしも天災というだけで片づけられない。対策で「ぜったい安心」などという考えがあったのだとしたら、人災という側面もあります。釜石の防波堤などは、千二百億円もかけて造ったものだから、何か神格化されていたのでしょう。今、同じものを作り直してます。

半藤 歴史学者の磯田道史さんがいま静岡の大学に赴任していますが、彼はこの間まで茨城大学の先生でした。なんで転出したかと聞いてみたら、静岡の人たちに地震や津波の被害が過去にどこにどのくらい起きていたかを知らせるためだというのです。古文書を見てみると、今の浜松の新幹線・東名高速道が走っているあたりまで被害にあっている。かつてあのあたりには、町はなかったそうですね。釜石の防波堤ではないけれど、新幹線などができるとなにか安心するのでしょうか、人が住みはじめて町ができてしまった。それで、これは静岡の人たちを啓蒙しなければ、というのでわざわざ静岡の大学に行ったそうです。

保阪 さきほど松本さんから昭和十九年十二月の東南海地震の話がでましたが、この地震について、中日新聞と名古屋大学の先生たちが昭和四十九年に調べた記録が残っています。それによると、昭和十九年十二月七日、地震が起きるとすぐ県庁から調査隊が出たのですが、これが憲兵隊に捕まってスパイの嫌疑をかけられ拷問まで受けていた。知事があわててもらい受けにいったそうだけれど、けっきょく地震のデータをとることはできなかったようです。名古屋大学の地質学の先生が密かに調べた記録がかすかに残っていたらしいのですが、これも当時は公表されていません。また、その時ちょうど京都府立一中の生徒が愛知に勤労動員で駆り出されていて、地震による犠牲者がかなり出ていたそうです。戦後になって生き残った生徒たちが声をあげていれば実態の記録が残ったと思うのですが、これもけっきょく残されることはありませんでした。戦時下の震災において、「知らしむべからず」はやはり徹底されていたようですね。

竹内　それに加えて「声をあげる人はいるけれども、なかなか大きな声にならない」ということもあったのではないでしょうか。「よけいなことを言うな」という予定調和の社会的圧力によって声が封殺されてしまう。これは日本の体質と言うべきか、あるいは社会風土の問題ともいえなくもない。平時であっても、たとえばフクシマ以前に「原発は危ない」と言うと、調和を乱すとかなんとか言われて抑え込まれてしまったということも、じっさいあったと思います。

松本　もうひとつ。社会的に問題提起をすると、日本の場合どうしてもイデオロギー対立が先に出てきました。たとえば原発で言いますと、スリーマイル島の事故のあと原発モラトリアム運動というのがはじまった。いま再評価されている高木仁三郎《じんざぶろう》さんなどがはじめた運動ですが、これに私も参加しました。その最初の会合に出たのですが、いきなり社会党系と共産党系の反核運動の党派が主導権争いをはじめましてねえ。私はこれに呆れて、当時朝日新聞の文章に書きましたが、その後離れてしまいました。

竹内　運動する側の不毛な対立と同時に、何か社会の趨勢に反するような発言をすると、あいつは「サヨク」だという烙印をおされますね。これが必ず起きる。この国の無形の社会的圧力です。

保阪　フレームアップについては、これもあからさまにやられますね。チェルノブイリを取材して反原発運動をやっている広瀬隆氏については、誹謗中傷の類いの画策が長くなされていたようです。松本さんが言われた高木氏に対しても、そういう操作があったのではないでしょうか。本格的に原発反対の論陣を張る人を、孤立させて社会から引き離そうとする動きは確かにありました。

半藤　私が朝日新聞に原発に反対するという原稿を寄稿したら、さっそく電話が二本かかってきましたよ。最初は無言電話。二つ目は「お前はいつからアカになったんだ」ですって（笑）。

松本　そういう嫌がらせや、脅迫、発言に対するそうした抑圧というのは、どこからか権力が被さってきていると考えておいたほうがいいでしょう。

●三・一一とひと続きの占領下日本

半藤　三・一一で目の前にあらわれた問題は、占領下日本の問題と、いわばひと続きだというのが私の認識です。今回みなさんと議論をはじめるにあたって、最初の題材は［丸山眞男「超国家主義の論理と心理」の衝撃］です。そこからはじめようと。戦争へと突き進んだ日本の政治過程を、戦後すぐに分析してみせてくれた丸山眞男の論考を、いま取り上げる意味は大きいのではないか、と思いますね。

保阪　この論文が発表されたのは昭和二十一年の「世界」五月号ですが、はからずもそのころの号に、旧陸軍から原爆の研究開発を頼まれた仁科芳雄博士が「原子力と私」という原稿を寄せています。のちに一冊の書にまとめられますが……。

竹内　戦後、仁科さんは原子力についてきわめて楽観的に書いていましたね。放射線の危険性については述べていますが、「それはいまアメリカが研究しているから、そのうち解決するだろう」というような調子でした。

保阪　仁科さんは原子力について、戦後になってからすぐ大衆向けに啓蒙的なことを書いていますが、ご指摘のとおりおしなべて楽観論でした。「戦争には負けたけれども科学が将来を明るくする」と言いたかったのかも知れません。あの当時の科学者は、みんな楽観的ともいえるのですがね。仁科自身は昭和二十六年、六十歳のときに原子力発電所を見ることなく亡くなっています。

松本　科学の進歩を信ずる人たちの背景に、なんでも科学を肯定する考えがあるのでしよう。いま代替エネルギー技術だといっている太陽光発電、ソーラーバッテリーについて、「あれは熱核融合反応によって生じた太陽の光エネルギーを制御して発電しているのであって、同様に将来、核をつかったエネルギー制御技術ができる、だから原子力技術を放棄してはいけない」というのが原発推進派の科学者の理屈なのです。

石原莞爾《かんじ》が、昭和十五年に京都の立命館大学で「人類の前史終わらんとす」と題する講演を行っているのですが、すでにこのとき石原は原爆を予見するような発言をしている。「殺人光線」とか「殺人電波」などと表現していますが「従来の爆弾をはるかに超える威力の最終兵器を航空機で運ぶ」と言っていました。マンハッタン計画と同じようなことを考えていたのです。この論考が、二年後の昭和十七年に『世界最終戦論』と題されて出版されるわけですが。

半藤　軍部では、原爆研究についてドイツを通じて知っていますから、おそらく石原莞爾も知っていたのではないですか。

保阪　福島原発事故のあと、僕はニューヨーク・タイムズを始め海外のメディアから取材を受けました。その折り記者が、「日本はヒロシマ、ナガサキ、フクシマと被爆の問題で世界から認識されたけれども、どう思うか」と聞くのです。「設問の仕方がちがう、ヒロシマ・ナガサキとフクシマを並べるのはおかしい」と私は答えました。「ヒロシマ・ナガサキはアメリカが起こした問題であって、フクシマと同列に論じることは、アメリカの罪を隠してしまうことになる。フクシマがスリーマイル島やチェルノブイリと並べられるのはわかるが、アメリカが爆発させた原爆とは違う」と僕は主張したのです。しかし記者のなかには、私の問題意識を理解しない人もいました。

松本　そういえば、エノラ・ゲイの写真を入れた記念切手の発行が計画されたことがあって、そのとき日本から抗議の声が上がったことがありました。そのとき私もアメリカ人記者から取材を受け、「アメリカは加害者ですか」と聞かれた。「戦争中であって、日本も研究していて成功すれば使おうと思っていたわけだから、必ずしもアメリカだけが悪いとは言わないけど、原爆による被害の深刻さについては責任を負わないといけませんよ」と答えたのを、いま思い出しました。

半藤　たしかに戦争だから、どちらの攻撃がいいとか悪いとかはいえないという議論はありますが、とくに私は、ナガサキは違うと言っておきたい。ナガサキは犯罪ですよ。ナガサキへ投下された原爆はプルトニウム型で、すでに七月のトリニティ実験の段階で爆発実験を成功させている。つまりこれを生きた人間が住んでいる都市、人口密集地に投下すればとんでもないことになるということは分かっていたのです。いわばどれくらいの人間が死ぬかやってみようということでしょう。まったくの人体実験です。これは人類への犯罪だと私は思っています。

保阪　プルトニウム型原爆の開発によって、核兵器開発競争に拍車がかかります。また原子力発電の出発点にもなった。そういう意味では、現代の核問題の契機であり、これを実戦で使ったことは罪深い。しかもこれが引き起こした結果に対していまだにアメリカは責任を果たしていませんね。

●無敵海軍と原発

竹内　福島原発の事故直後に、たくさんの人が東電や役所を批判しました。「危険であることはあらかじめ分かっていたではないか」という論調です。しかしわれわれも、放射性廃棄物がきわめて危険で、かつ最終処理は不可能だということについては充分知っていた。知っていたのに、「トイレのないマンション」などと半ば冗談のようにいうばかりで安全神話のなかに埋没していたわけです。このことは、自分たちの問題として反省しないといけないですね。その反省のうえに立たないと、当事者の東電を批判できないと思います。

半藤　私は文藝春秋の、雑誌のデスクや編集長を長くやりましたけれども、残念ながら、原発の安全性の問題をいっぺんも取り上げることはありませんでした。私も「埋没組」の一人でした。

竹内　それは僕もおなじです。

保阪　しかし、それにしても当局のプロパガンダは凄かった。昭和五十年十月に通産省資源エネルギー庁の編集で「原子力発電（その必要性と安全性）」という冊子が刊行されているのですが、「絶対心配することありません、一〇〇パーセント安全です」と書いていますよ。先ごろ書庫を整理していたら、そのパンフレットがなぜか出てきました。「心配するほうがおかしい」という書き方をしておりまして、改めて読んでみて、「なんだ、これは？」と驚かざるを得なかったですね。

半藤　「無敵海軍」なんですよ、その書き方は。かつて「皇国不敗神話」と言っていた、それとおなじです。起きてはいけないことはけっして起きない。都合の悪いことはこの国では起きないと信じ切っていたのです。

竹内　東海村で一九九九年九月三十日に臨界事故がありましたね。茨城県の東海村にあるウラン燃料加工工場で加工中の燃料が臨界に達する事故が発生し、工場から放射能が漏出しました。工場内で被曝した二人の作業員が死亡し、施設から半径三五〇メートル以内の住民に避難指示がでた。避難指示は事故発生から五時間後、屋内待避は十二時間後に行なわれており、当時、初動の対応がマズかったのではないかとたいへん問題になりました。

その事件の一カ月ほど後に、評論家で医学博士の加藤周一氏がこういうことを書いています。「比喩的に言えば原子爆弾とは制御装置の故障した発電所のようなものであって（中略）どちらも核分裂の連鎖反応の結果であるという意味では」きわめて類似している。「原発に大きな事故が起る確率はゼロではなく、もし起ればその災害の規模は予測し難い。一方で核兵器の体系に反対するなら、他方で原子力発電の見直しを検討するのが当然でなかろうか」。しかし加藤さんもこう発言したあとに脱原発運動を大々的にはじめたわけではありませんでした。安全だとする原発推進派がまだ強固だったから何もできなかったし、社会的に大きな不安を呼ぶことも、本格的な反対運動が起ることもありませんでした。そこで止まってしまったのです。

松本 東海村の臨界事故のときは、原子核物理学の権威、東大教授の有馬朗人《あきと》が当時の文部大臣・科学技術庁長官でしたね。東大総長を務めたあと参議院議員になって、すぐに小渕首相が文部大臣に起用した。彼は東海村の事故のときに原子力委員会の委員長でもあったのですが、この事故について何も発言していませんし、責任もとらなかった。もちろん謝罪もない。

半藤 有馬朗人といえば、福島原発事故から二カ月後の、二〇一一年五月六日の毎日新聞夕刊に、「巨大地震の衝撃　日本よ」と題したインタビュー記事が載ったので、私はおやっと思ったんです。あの有馬かと。有馬氏は福島の原発事故について、「科学に想定外はつきもので、原発以外の代替エネルギーで賄えないのだから早期に再稼働するべきだと野田総理に提言書を出した」と、いち早く再稼働を唱えていましたよ。提言書は原発推進のイベントなどをおこなっている「NPO法人ネットジャーナリスト協会」という団体名で出されていた。ちなみに、フジテレビの日枝会長や元経団連会長の今井敬もこのNPO法人に名を連ねているのですがね。

竹内　やはり科学畑出身の評論家・吉本隆明は三・一一から五カ月後のインタビューで「原発をやめる、という選択肢は考えられない」としてこう語っています。「発達してしまった科学を、後戻りさせるという選択はあり得ない。それは、人類をやめろ、というのと同じです」

この趣旨は、三・一一から一年後の吉本さんの没後、生前のインタビューを載せた「週刊新潮」が「『反原発』で猿になる」というセンセーショナルなタイトルをつけて話題を呼びました。

吉本さんは続けてこう言っている。「だから危険な場所まで科学を発達させたことを人類の原罪と考えて、科学者と現場スタッフの知恵を集め、お金をかけて完璧な防御装置をつくる以外に方法はない」つまり〝完璧な防御装置〟をつくることができる、という科学の進歩を信じているのです。仁科さんが楽観していたように。そして、原発の発明者たちは「いずれ科学の進歩によって廃棄物を安全に処理することが出来るようになるだろう」と期待して、いわば〝見込み発車〟した。それから半世紀以上、この期待は空しくすぎているわけですね。原発の安全神話を、国や電力会社、それに専門の学者が言い募った。原発ムラの人たちに大いに責任があることはまちがいないのだけれど、それでも僕は重ねて言いたい。おかしいと思いながらも何も声をあげなかったわれわれにも、いわば「戦争責任」がある、と。その点を踏まえた上で、議論をはじめていくことができればと思います。

第一章　丸山眞男「超国家主義の論理と心理」の衝撃

報告

松本　最初のテーマは、終戦の翌年に発表された丸山眞男、当時東京帝国大学法学部助教授が発表した「超国家主義の論理と心理」という有名な論文についてです。戦争での責任の所在を問い、あの戦争を引き起こした大日本帝国という国家に何がおこっていたのかを解明しようとした論文ですが、あまりにも衝撃的で、発表直後から話題を集めました。丸山眞男の名前が一夜にして有名になったといわれる論文です。

じつは、この論文に先立つ話を丸山は終戦の年にしていました。九月中旬に復員して二カ月後の十一月、東大法学部の「緑会《みどりかい》」（東大法学部学生自治会の通称）の講演会「復員学生歓迎会」で、「軍隊内務令」を引用しながら、日本の軍隊の前近代性について批判していた。

ちょうどこの時期、昭和二十年十月二十二日に、ＧＨＱが「教育制度の運営に関する覚書」というものを発表します。日本に軍国主義的・国家主義的教育の禁止と、代議政治・国際平和・基本的人権のための教育を奨励する、という内容でした。すでに九月二十日の文部省通達「終戦に伴う教科用図書取扱方に関する件」で、軍国調の表現や戦意高揚的な文言を墨で消す「教科書のスミ塗り」は行なわれていましたが、このＧＨＱの覚書の発表以降、従来の政策を否定する指示が明確に進められることになりました。ただこの段階では「超国家主義」という用語は出てきていませんので、丸山の十一月の講演では、軍隊の前近代性を指摘する際にこの言葉はまだ使っていなかったのです。

その後、十二月十五日にＧＨＱからいわゆる「神道指令」（「国家神道に対する政府の保証・支援・保全・監督および弘布の廃止に関する覚書」）が出され、この段階で「ウルトラ・ナショナリズム（超国家主義）」という用語が出てきます。

翌年の昭和二十一年、丸山は「超国家主義の論理と心理」を発表しました。この論文で「超国家主義」という言葉が使われますが、この言葉はＧＨＱが日本の国家体制を評して「ウルトラ・ナショナリズム」と呼んだ概念の日本語訳でした。連合国が日本のことを「超国家主義」と呼んでいるが、この「超国家主義」とは何か、という命題において丸山はこの論文を書き出すわけです。

連合軍総司令部が「神道指令」その他の指令で国家神道や国家主義的なものの流布を禁止したため、「大東亜戦争」や「八紘一宇《はっこういちう》」といった用語を公文書で使うことができなくなります。使うと発禁処分になった。丸山さんの「超国家主義の論理と心理」の論文では「太平洋戦争」という用語を使ういっぽうで「支那事変」という呼称を使用していますが、ＧＨＱはこの「支那事変」という言葉は禁じませんでした。丸山さんが「神道指令」の範囲に配慮しながらこの論文を書いていることがよくわかります。

そのなかで丸山は、日本の超国家主義が近代国家のもたらす一般的な意味のナショナリズムを超えて異質であるのは、天皇が神聖となり、国民の内面それじたいを支配する「国体イデオロギー」として強い力をもったからであると述べています。日本のウルトラ・ナショナリズムは戦前の国際的な流行現象に見られたようなファシズムではなく、明治維新後に漸進的に形成された明治天皇制国家の構造そのものに淵源がある、というのです。

つまり天皇＝神で、日本では絶対的価値であり、「皇祖皇宗の遺訓によって統治」（「超国家主義の論理と心理」、以下同）するのであって、天皇個人の絶対性ではなく、「皇祖皇宗もろとも一体となって」垂直に価値を貫く縦軸の無限性（天壌無窮の皇運）によっていると言う。

そのため、「これだけの大戦争を起こしながら、我こそ戦争を起こしたという意識が」見当たらず、「何となく何物かに押されつつ、ずるずると国を挙げて戦争の渦中に突入した」という極めて無責任な現象が起きてしまったと丸山は分析します。国家への批判にとどまらず、「天皇制が日本人の自由な人格形成……自らの良心に従って判断し行動し、その結果にたいして自ら責任を負う人間」（「昭和天皇をめぐるきれぎれの回想」一九八九年一月三十一日『'60』第十四号）の形成にとって「致命的な障害をなしている」という認識に至った丸山は、この論文を書きながら「これは学問的論文だ。したがって天皇および皇室に触れる文字にも敬語を用いる必要はないのだ」と自分に言い聞かせていたといいます。「つい昨日までの自分に対する必死の説得だった」とまで述べている。この論文が世間の人びとにとって衝撃的であっただけでなく、書いている本人にとっても、大きな節目になる考察であったことがわかります。

昭和三十三年に、雑誌「同時代」（十二月号）が、「戦争と同時代——戦後の精神に課せられたもの」と題する座談会を掲載しています。丸山眞男を囲むように、橋川文三、矢内原伊作《やないはらいさく》、宗左近《そうさこん》、宇佐見英治、曾根元吉《もときち》、安川定男が出席しました。出席者は口々にこの論文に衝撃を受けたことを語っていますが、たとえば橋川文三は「丸山さんの論文ね、みんなにとってもそうだろうと思うけれど、鮮やかでショッキングだったね。……ぼくは戦争状態ってやつがノーマルで戦後はノーマルでないというい わば一種のかくされた思想みたいなものがあるといったけれど、それと丸山さんのあの透徹した論理思考とがどういう関係になるのか、それにまた、学問というもののぼくなどの知らなかった新しいイメージ、それが二十一年だか二年ごろの灼熱的で流動的な状況の中で、本当に初めての思想としてぼくなんかをとらえた」と熱っぽく語っています。「この時期と結びついた論文の意味というのは、ちょっと他に比べるものがない」というのは、賛否いずれの人にとっても首肯する評価でしょう。

橋川文三としては、この礼賛だけでおわるわけではなく、その後、日本ファシズム＝

超国家主義論としては「若干の疑念」があるとして、「昭和超国家主義の諸相」という論文を書きます（『超国家主義』筑摩書房「現代日本思想大系31」一九六四年）。その論点は、丸山の超国家主義論は「日本の国家主義一般から区別する視点」にはなっていないのではないか、という疑念です。つまり太平洋戦争当時にあった超国家主義は、明治国家の支配原理を飛び超えて現れた、昭和の「革命運動」であったというのです。私自身は、北一輝らが行なった「革命運動」は、昭和の超国家主義の支配イデオロギーにはなりえずに鎮圧されたのであって、その後を支配したイデオロギーは、東條英機や岸信介らの軍人や官僚による「無責任体系」としての天皇制国家だったと考えています。

それはともかく、丸山がこの論文を書いたとき、三十一歳。「世界」の論文末尾に三月二十二日と日付をいれていますが、この日は三十二歳の誕生日でした。前年の三月、三十一歳のときには二回目の召集をうけて広島県宇品の陸軍船舶司令部に配属され、八月六日のヒロシマ原爆を体験することになります。丸山は被曝しているのですが、あまりこのことを語りませんでした。丸山は戦争末期に広島に置かれた陸軍船舶司令部情報部に所属し、原爆投下直後の爆心地を視察しています。そのときに撮影された被災地域の写真が残っており、『丸山眞男　戦中備忘録』（日本図書センター）に収録されていることを付け加えておきます。

以下は余談ですが、作家の川本三郎も広島での被曝体験をもっています。私の大学同級生でもある川本は昭和十九年生まれですが、父親が内務省の役人で、原爆投下当時に広島に赴任していたため一家で原爆にあっています。瀕死の被災者が体育館に集められて、彼もそこに並んで寝かされた。ひとり死ぬと、次の日隣に寝かされている人が死ぬというように、並んで寝ている人が順番に亡くなるようで、川本三郎の母親が怖くなって息子の三郎をおぶって外に連れ出した。三郎は死ななかったが、次の日隣に寝ていた被災者が死んだそうです。川本の父親は仕事中に被曝して即死。吹き飛ばされたそうだが、その死の様子を目撃していた人が生き残っていて、最近になって熊本日日新聞に手記を書いた。それを熊本日日新聞の人が私に手渡してくれましてね。私から川本に届けました。戦後、広島と縁がなくなって、郷里熊本からも離れていたので、川本は父親の死のことについてまったく知らされることがなかったが、この記事で初めて知ったと言っていました。

討論

竹内　「思想の科学」での鶴見俊輔さんとの対談で被曝体験のことを丸山さんは話していますね。六〇年代の終わり近くのことです（「普遍的原理の立場」一九六七年五月号）。ごぞんじのとおり鶴見俊輔の、母方の祖父が後藤新平初代南満州鉄道（満鉄）総裁、関東大震災後の内務大臣兼帝都復興院総裁。その孫として育った俊輔は自ら「不良」というほど反抗的で、型破りの子どもでついに国内の学校にいられなくなり米国に出される。十九歳でハーヴァード大学を中退（のちに卒業を認められる）しますが、日米開戦により対外在住者を母国に送り返す日米交換船で帰国しています。「思想の科学」は、姉鶴見和子、丸山眞男、都留重人《つるしげと》らと昭和二十一年に創った雑誌でした。

半藤　丸山眞男のその論文が出たとき、リアルタイムでは知りませんでしたが、私は昭和二十四年に浦和高校に入ってすぐのころ、この論文は凄いぞ、と友人に薦められて読みまして、「超国家主義」という言葉をはじめて知ることになりました。論文を読んで、この言葉がすべてを表していると感心しました。うまく表現するものだなと、友人と語り合った記憶があります。

松本　丸山さんは、ある意味で非常にジャーナリスティックと言えますね。この論文にしても、いわゆる政治学の論文形式ではなくて評論的です。夏目漱石の小説の引用があったりします。こういう書き方をしたために、学生や学者だけでなく一般の人にも波及する力、インパクトが与えられたといえますね。多くの人が、どうして戦争が引き起こされたのかということが、この論文でやっとわかったと言います。

竹内　丸山論文が単行本（『現代政治の思想と行動』）になるのは昭和三十一年ですから、半藤さんは雑誌で読んでいるのですね。雑誌「世界」はのちに左翼的雑誌ともいわれたりもしますが、あの当時の「世界」は、創刊されたばかりで（昭和二十一年一月号が創刊号）、いわゆる一般総合誌でした。ごぞんじのとおり戦前に弾圧を受けていた岩波書店の岩波茂雄社長が、新しい時代の到来をうけて時代をリードするという意気込みで創った雑誌です。

小林秀雄が文芸評論を書いたり、それこそ科学者の仁科芳雄が一般向けに原爆の話を書いたりしています。丸山論文は昭和二十一年五月号に出るわけですが、松本さんご指摘のように、執筆の日付が三月二十二日と書いてあります。この時期、天皇がいわゆる全国巡幸をはじめています。最初は神奈川県ですね。それからＧＨＱの意向をうけた政府の憲法草案が三月六日に発表されている。

丸山さんが書き始めたのは、そんな情勢もきっかけになっているのかなと思うのですが。

半藤　憲法草案が発表されたことは、執筆の契機になっただけでなく、この論文の内容に対しても影響を与えているのではないですか。

松本　東大のなかに憲法草案をつくる研究会がつくられるのですが、このなかに丸山さんも入ります。東京帝国大学憲法研究委員会です。彼は書記役だったようです。のちに報告書がつくられて政府に提出されるのですが、その報告書には、委員会が昭和二十一年二月十四日設置されたと書かれています。ＧＨＱ案が吉田首相に渡ったのがその前日十三日ですから、その占領軍案を検討するよう指示されたのですね。しかしそれ以前から研究会は始まっていたようで、最初は明治憲法の逐条的審議から始めていたと丸山自身が書いています。

明治憲法の第一条には天皇主権、つまり統治大権が書かれていますね。第四条が「元首」。新憲法ではGHQの指示に従い、第一条に国民主権が入るということが政府草案として発表されます。これを指して、丸山さんはポツダム革命であるというわけです。つまり八月十五日にポツダム宣言受諾を前提として戦争終結を発表したとき、天皇主権から国民主権へと民主革命が起きた、というわけです。つまり天皇および鈴木貫太郎首相以下、内閣は連合国側が示した「日本国の最終的の政治形態は、ポツダム宣言にしたがい日本国民の自由に表明する意思により決定せらるべきものとする」という回答を受け入れたのだから、このことで天皇主権が放棄され、明治憲法の改定規定の手続きを踏んでいないけれども、国民主権を政府が認めたことになる。そのことで国民主権の民主革命が生まれたという解釈です。

半藤　丸山さんの論文で「そういうことか！」と膝を打った部分があります。それは最後のところなのですが、「日本軍国主義に終止符が打たれた八・一五の日はまた同時に、超国家主義の全体系の基盤たる国体がその絶対性を喪失し今や始めて自由なる主体となった日本国民にその運命を委ねた日でもあったのである」と書いている部分です。いまこれを読むと、丸山さんが新憲法草案の第一条にある国民主権を念頭において書いていたことがありありと分かる。八・一五から憲法へとつながる民主革命という歴史の奔流を描いているのです。

保阪　憲法改定の動きで言いますと、松本委員会が甲案、乙案をつくってGHQを欺こうとしているといわんばかりに毎日新聞がスクープしますね、これが、昭和二十一年二月一日です。松本案は明治憲法と基本的に変わらないもので、ひどい欺瞞的なことをやっているとGHQが激昂します。日本政府に任せていては何も変わらないと、マッカーサーの指示・決定として基本三原則「象徴天皇制、戦争放棄、封建的制度の廃止」を掲げ、民政局課長、のちの次長ケーディスが中心になって憲法草案の条文を作成します。これを、幣原喜重郎《しではらきじゅうろう》首相のあとをうけた吉田茂首相に突きつけて受け入れさせる。そして日本政府案として「憲法改正草案要綱」を発表します。それが三月六日。丸山さんが構想を練っていた、あるいは書いていたかもしれませんが、それはこの時期に当たるわけですね。

竹内　三月七日の朝日新聞に「天皇は国家の象徴　主権在民・戦争抛棄を規定」と大見出しで政府の憲法草案が報じられますが、時期から言えば丸山さんはこれを読んで書いているはずです。

保阪　丸山さんはこのとき三十一歳。陸海軍の中堅幹部だった堀栄三は三十三歳、千早正隆は三十六歳でした。陸軍の堀栄三は米軍戦法を研究した『敵軍戦法早わかり』を戦争中に発表し、若手参謀のなかでも一目置かれた存在でした。戦後は自衛隊に入隊、陸将補で退官しています。海軍の千早正隆は砲術・防空の専門家で、戦艦「比叡」で第三次ソロモン海戦に参戦していました。戦後、宇垣纏《まとめ》の『戦藻録《せんそうろく》』の英訳や多くの戦史を書いた人物です。

堀は大本営から帰ってきたこの年に吉野の山の中で回想記を書き、千早もまた書いている。この二人はリアリズムで「私たちはなぜあんな戦争を始めたのか」ということを回顧しながら書いているのですが、丸山さんは学者だからその回顧を一段引き上げてあの時代、あの戦争を書こうとしたのでしょう。単に事実を述べるというのではなく、分析・抽象化したその点が当時の人びとに牽引力をもったということでしょうね。

松本　丸山さんはGHQの憲法草案に共感を抱いて、この新憲法案で天皇主権から人民主権（国民主権）に変わったと考えた。ここで革命が行なわれていたと考えなければならないと言っています。そういう主旨のことを東大の憲法研究委員会で発言します。それを同じ憲法研究委員会の宮沢俊義《としよし》が聞いて触発され、丸山にことわったうえで「八月革命」という言葉を使い、二十一年五月号の雑誌「世界文化」に「八月革命と国民主権主義」を書きました。

半藤　宮沢さんのほうは、残念ながらあまり読まれなかったね（笑）。記憶に残っていない。

松本　確かに「八月革命」という言葉は国民に定着しませんでした。しかし丸山の「超国家主義」という言葉は一挙に普及した。戦前の体制をとらえる言葉として「ああ、そういうことだったのか」と捉えられた。

半藤　もうひとつ「自由なる主体となった日本国民」というフレーズが理解されたということだと思います。戦争に負けてアメリカが入ってきてほんとうに時代が変わった。新しい時代が来たというのはこういうことかと、合点がいったということではないですか。国民は自由で、国の主体なのだと確信させられたわけですね。溜飲《りゅういん》が下がるとはこのことでしょう。

竹内　私がこの論文を読んだのは一九五六年です。大学に入ってすぐ、高校の一年上の先輩が読めと勧めてくれた本が、未来社から刊行されていた『現代政治の思想と行動』（二冊本）でした。最初の「超国家主義……」を読んでみて、多少難しかったけれどもまことに面白かった。それ以上に強く共感したのが、「軍国支配者の精神形態」（一九四九年発表）という二つ目の論文です。「あ、僕が考えていたのはこういうことだったのだ」と思えたし、また「日本が戦争でこんな有り様になった理由は、こういうことだったのか」と腑《ふ》に落ちた。「超国家主義……」の論文発表時から十年たっていますが、われわれの世代にもものすごく影響を与えました。敗戦時、小学生の子どもながらに戦争に負けたということに強いインパクトを受けていました。なんで、こんなことになってしまったのかと。その時の気分の「意味」を丸山さんはみごとに説明してくれました。

●丸山論文を認めなかった人たち

半藤 竹内さんがこれを読んでショックを受けたころ、私は旧軍人たちへの取材をはじめていました。彼ら軍部中枢にいた連中からはこの論文は評判が悪かった。天皇制が原因だとは、旧軍人の多くは考えていませんでしたよ。なんということを書くのかと。俺たちはそんな、無責任なんてことはなかったというわけです。国家防衛のために真剣に取り組んだのだと。源田実《みのる》なんかもずいぶん批判していたねえ。源田はハワイ真珠湾奇襲作戦をはじめ、多くの作戦に参画した軍令部参謀であった人物です。戦後は自衛隊の航空幕僚長をへて参議院議員となって回顧録を多数残しましたがね。まあ、いずれにしても、みんなが読んでいたことは確かです。

松本 丸山さんの師匠でもある南原繁でさえ、天皇制に責任を認めていませんね。南原は、日本国民もほとんどが戦争に積極的に協力していたという見かたでしたし、丸山さんのような問題意識で戦前を分析したりしませんでした。

保阪 「世界」への論文掲載をめぐって、津田左右吉《そうきち》と編集長の吉野源三郎との間で問題が起きますね。津田との問題で吉野がとった態度は、ある種の知識人の典型のようにも思えるのですが、あの経緯はどういうことだったのですか。

ひとまず「津田左右吉論文問題」について読者のために説明をしておきます。

昭和十四年に津田左右吉が、聖徳太子の実在に疑問を示す論文を発表したことで、国粋主義者で大学粛正運動の蓑田胸喜《みのだむねき》らに不敬罪攻撃を受けました。翌年、『古事記及び日本書紀の新研究』（洛陽堂）『神代史の研究』（岩波書店）などが発禁処分となり、津田は出版法違反の罪で禁錮三カ月（執行猶予二年）の判決を受けた（津田事件）。このとき岩波書店の岩波茂雄も同法違反の罪に問われています。そして津田は戦後の昭和二十一年、岩波書店が創刊した「世界」の第四号に「建国の事情と万世一系の思想」を発表します。これは編集部が依頼した「日本歴史の研究に於ける科学的態度」とは別に津田が寄稿したもので、「われらの天皇はわれらが愛さねばならぬ」と天皇の精神的権威を認め天皇制擁護の主張を展開したのです。天皇退位論や戦争責任論がジャーナリズムで盛んな中にあって「世界」編集部の方針とは明らかに逆行するものととらえられ、この論文掲載について編集長の吉野源三郎が難色を示した。しかし津田事件の経緯もあり津田論文の掲載を拒絶することができなかったといわれています。

編集部　これは哲学者の古在由重《こざいよししげ》さんから聞いた話ですが、津田左右吉の論文を載せないといけない事態になったけれども、当然ながら吉野編集長としては津田論文に否定的でした。そこで「津田論文に批判的な立場の論文はないか」と吉野さんから古在さんが相談を受けて、丸山さんを紹介したということでした。

半藤　古在さんも丸山の講演を聞いていたということですかねえ。

竹内　小熊英二氏が書いていますが、丸山を初代編集長の吉野源三郎に紹介したのは田中耕太郎（東大法学部長で、第一次吉田内閣の文部大臣）だそうですよ。田中も東大憲法研究委員会の一員でした。丸山を推薦したのは、岩波社長とも旧知の田中耕太郎のようだと丸山自身も書いています（「塙作楽のこと」『丸山眞男集』第十五巻）。丸山の中学からの同級生で岩波に入社したばかりの塙作楽《はなわさくら》が昭和二十年の暮れ、吉野編集長をともなって丸山の研究室を訪ねてきたと丸山さんが書いておりまして（編集部註：丸山は別のところで「塙が来たのは新年になってから」とも話している／「同時代」一九五八年十一月号）、その場で原稿依頼をしたそうです。じっさいに丸山が執筆したのは、三月になってからで、四百字詰め原稿用紙に三十枚ほどを三、四日で書いたと記しています。ところが、その原稿を吉野編集長がいたく感心して、巻頭論文にすると言い出した。創刊されたばかりの雑誌ではありますが、「世界」は和辻哲郎や天野貞祐《ていゆう》、長谷川如是閑《にょぜかん》などの大家が執筆する雑誌で、当時無名の丸山が巻頭を飾るというのは異例です。本人としては、「ざーと書いたものだから、驚いた」と後に書いています。

●天皇制の無責任体系について

松本　丸山さんの論文でいうと、戦争の責任を追及したときに、みんなが上官の命令でというわけですね。そうすると、どんどん責任追及が上にあがっていく。最後は東條英機になり、さらに東條はお上の命令でやったと。そうすると天皇に責任が遡及することになるわけだが、天皇が自分で決断してあの戦争を始めたのかというと、そうではない。天皇が主体的に決断したわけではなく、立憲君主の彼は内閣が決めたことを裁下するという立場だった。すくなくとも、開戦にさいしてはそうです。天皇も自分は決断していないわけで、天皇も自由なる主体ではなく、万世一系の縦軸の責任を果たすという立場で決断しているので、個人としての決断ではないと、このとき丸山さんは述べています。つまり誰も責任をとらないわけですね。無責任体系という言葉は、この論文では使っていませんが、そういうことです。

竹内　日本ファシズムの無責任体系を論じた「軍国支配者の精神形態」が出たのは昭和二十四年ですね。雑誌「潮流」の五月号に掲載されました。ですから、これは前年十一月の東京裁判の判決を踏まえたうえで書かれています。東京裁判で旧軍人指導者がどう振る舞ったのかということも分かったうえで出てきた論文です。

松本　丸山さんというのは、そういう点から言ってもジャーナリスト感覚の鋭い人だなと思います。

半藤　学者とはいえ、内面に強い動機があったのでしょうね。

松本　丸山眞男のお父さんは丸山幹治《かんじ》。陸羯南《くがかつなん》の「日本」に参加したジャーナリストですね。陸羯南は弘前藩出身の政治評論家で、新聞「日本」を創刊した近代日本のジャーナリストの草分けと言われている人物です。原敬、加藤拓川と司法省法学校の同期（退学）生で、俳人の正岡子規の正岡子規を「日本」に雇い入れ、日清戦争へ従軍記者として派遣し、病を得た子規を最期まで支援した人物でもあります。丸山の母親セツは、のちに『日本及日本人』を発行する政教社に参加して社長になる井上亀六（藁村）の妹。係累からも丸山眞男自身にジャーナリストの血を感じさせますね。

保阪　僕がこの論文と一連の著作をまとめて読んだのは学生時代です。鶴見俊輔さんが六〇年安保のあと、国立大学である東工大を辞めたといって同志社大学に来ます。そのとき私は同志社の学生で、鶴見さんの授業を受けました。鶴見さんが、先入観にとらわれてはいけないという趣旨で、何でもいいからひとつの言葉をとりあげて、その本来の概念がメディアでの使われ方といかに異なっているかを論証しろという試験を出されました。私は「帝国主義」という言葉をとりあげて、ラルースの大百科事典などでは国土の膨張主義というようにとらえているけれども、それは違う。レーニンの帝国主義論でなければならない、なんて書きました。私も若かったのですね（笑）。その作文に、鶴見さんが八十四点をくれました（笑）。そのとき、のちに「思想の科学」に入った那須正尚という同級生が「超国家主義」をとりあげて書いたのですが、それをいまだに覚えています。那須君とそのときに丸山眞男の論文について話したことも記憶していますね。彼はおそらく鶴見さんにいい点をもらったのではないかな。

●国体は護持できたのか

松本　丸山さんが書いているように、責任の体系が縦軸に走っているのであれば、戦争をおこした責任を追及しようとすると、最終的には天皇の責任ということになる。天皇の責任は、さらに万世一系の天皇にどんどん遡及することになる。戦後とはいえ、戦争がおわってまだ一年経っていない段階で、この点、つまり天皇の責任ということを指摘したことは画期的でしょう。なんだ、天皇のことに触れてもいいのか、とみなが思った。この国の根本を批判しても罰があたらない、というわけです。

竹内　でもこの論文では昭和天皇個人への批判はしていないですね。まだ天皇の戦争責任論が出ていなくて、抽象的な問題提起でした。しかし天皇を何の遠慮もなく分析し、その機能を批判しているわけですから、敗戦後とはいえあの時代にきわめて勇気のある論文だと捉えられました。ところで国体という言葉が三度ほどでてきますが、この論文では明確な定義がないように思います。

松本　そこのところには言及がないですね。

半藤　明治憲法制定（明治二十二年二月十一日公布）後、帝国議会が開設（明治二十三年十

一月二十九日、第一回議会が開催）される直前、十月三十日にその機先を制するかたちで教育勅語が出されます。そのことを丸山は「価値内容の独占的決定者たることの公然たる宣言」と言っています。これは、国体を至高のものとする国家意思のあらわれがここに登場したという説明なんだと思うんですよ。絶対的価値たる「国体」から出てくる法が正統であって、「いかなる精神領域にも自在に浸透しうる」というわけです。このタイミング、そして内容たるやじつに巧みでした。教育勅語は文部大臣に下賜した勅語ということで、単に教育方針を述べたものかというとそうではなくて、国民全体に天皇の名のもと国家に尽くせと言っているわけですから。

竹内　平沼騏一郎《きいちろう》が新憲法のもとでも「国体」は護持されていると言っていますが、その論理が面白いというか、特異なので印象に残っています。いまの天皇の地位に変更があってはいけない、これが国体の護持です。GHQの圧力で憲法がいくら改正になっても、天皇の統治の体系に、形式は変われど実質に影響はない、と言っているのですね。この発言を知ったときは何を言っているかと思ったけれども、憲法上の地位は形式でしかない。統治の体系は新憲法でも変わりはないということは、じつはそのとおりなのではないか。丸山さんは「主権が変わった」というけれども、そのいっぽうで「国体は変わっていない」という見方も当時からあったわけですね。

松本　天皇からの距離によって価値や重さが変わると丸山が言っていますが、そのあり方が天皇制そのものであって、それは戦後も変わっていませんね。位階勲等を与えるのが天皇ですから。明治以前、幕末以後をのぞけば天皇は、兵馬の権（統帥権）、外交権、財政権などの権力をもっていないのがふつうでした。

半藤　あったのは叙位叙勲と暦をつくる権限だけなんです。ちなみに、叙位叙勲制度は昭和二十一年以降、文化勲章を除いて停止されていたのですよ。本格的に再開されたのは池田内閣当時の昭和三十九年の春の叙勲からで、このとき吉田茂に大勲位菊花大綬章が与えられています。生前に大勲位が与えられたのは戦後では吉田茂と佐藤栄作、中曾根康弘だけです。

竹内　ところで、平沼騏一郎の「国体は護持されている」という発言ですが、ポツダム宣言受諾時点での語句の解釈をもって、国体は変更されていないと考えていたわけですね。

半藤　枢密院議長であった平沼は、昭和二十年八月十日午前零時三分から開かれた最高戦争指導会議にはじめて出席を要請されます。鈴木貫太郎総理、東郷茂徳《しげのり》外相が平沼出席を天皇にお願いして実現させるのですが、それは賛否の決議に参加しない鈴木首相をのぞいて、戦争継続が阿南《あなみ》陸相、梅津参謀総長、豊田軍令部総長の三票だから、それに対抗するには、戦争終結派を東郷、米内光政《よないみつまさ》海相とあわせ三票にする必要があり、停戦に賛成の意を含めたうえで平沼に出席させたわけです。賛否同数により、天皇が最後の聖断を下すという筋書きが鈴木首相によって薦められました。

竹内　ポツダム宣言受諾に際し、原案では「天皇の国法上の地位を変更するの要求を包含しおらざるとの了解のもとに」受諾するとしていたのを、平沼が「天皇の国家統治の大権を変更するの要求を包含し居らざるとの了解のもとに」と変えて打電しました。アメリカ側は「天皇及日本国政府の国家統治の権限は連合国最高司令官の制限の下に置かれる」と回答してきましたが、平沼としては日本側が打電した内容を連合国が否定していないから、国体をまもったという意識があったので、戦後もそのように考えたのでしょう。

半藤　アメリカの回答の「制限の下に置かれる」という翻訳について、陸軍は「……に隷属する」ではないかと言い出して紛糾したので、最終回答が十四日までずれることになります。頭に血ののぼっている陸軍の参謀どもがよく思いついたと感心したのですが、実は陸軍はいつも外務省にだまされているといって、みずから一九三四年版のウェブスター大辞典を参考にしてこの訳文をつけてきたのですよ（笑）。それはともかく戦後の国のかたちは日本国民が決めると回答されたわけですね。それで国民主権となるわけですが、国民主権とは何かということは、実は丸山さんのこの論文で多くの人が理解したと思います。

竹内　連合国の回答にある「日本国の最終の統治形態は日本人民が自由に表明した意思

によって決定される」という言葉はポツダム宣言の言葉をくりかえしただけですね。この「統治形態」という文言を日本側は「政府の形態」と訳してごまかしているが、英文では「Form of Government」でこれは「統治形態」を指している。つまり政府だけでなく、裁判所も議会もふくめた日本の政治の統治構造の全体のことである、それを国民が自由に決めるのだという意味だとすると、天皇主権の国体は前提とされていないことになります。丸山さんは、それを主権在民の無血革命だと言っているわけですね。平沼とはまったく違っています。日本降伏の過程で、見ている点が違っていました。

松本　東大総長の南原さんも「肇国《ちょうこく》以来の大変革」と言って人民主権が画期的だったと言っています。丸山や宮沢俊義らは、その点を八・一五の無血革命と命名したわけです。

丸山さんはその後の論文で、「日本に近代的な政治思想は生まれなかったのか」という命題をあげて、自立した近代的自我の決断を主張した福沢諭吉を評価し、政治家の作為をいった荻生徂徠《おぎゅうそらい》を評価しています。私や川本三郎や仙谷由人《せんごくよしと》は、彼の「東洋政治思想史」の学生でした。荻生徂徠は赤穂浪士を断罪しましたが、彼らを許せば徳川幕藩の法と政治体系が崩れるからという考えからでした。つまり政治家が道徳とは別に法にもとづいて判断をし、責任をもって決断するという近代の政治思想の原則、つまり決断＝責任がいわれているというわけです。丸山さんは、徂徠を近代政治思想の祖であるとまで言っています。徂徠学という体系は、朱子学とちがい、聖人が作為として決めたということであり、これは近代思想につながる考えであるという解釈です。この考えでいくと、徳川時代の新井白石《はくせき》などの政治家は作為をなし、それについて責任をとっています。「超国家主義……」や「軍国支配者の精神形態」で丸山は、戦前の軍人・政治家の無責任体系を批判し、「無限遡及」的な天皇制という日本の政治では誰も責任をとらない、とその無責任体系を批判していますが、明治以前の政治家は、ちゃんと責任をとっているではないか、ということにもなります。

●全共闘と丸山眞男

保阪　丸山さんの説く戦争責任論がわかりやすいのは、その実体験からくる日本の政治システムの空白を知ったからでしょう。しかしそれ自体が推力になって全共闘運動のときに丸山さんへの批判が、学生たちから出てきますね。その内容については私は詳しくは知りませんが、丸山批判のもっとも説得力のあるものを展開したのは誰ですか。

松本　「帝国主義大学の解体」を標榜していたわけですから、全共闘は本来「戦後民主主義者」丸山眞男の子どもみたいなものなのですけれども、皮肉にも「丸山眞男じしんが官僚制を支える東大そのものである」という理屈で丸山は「解体」の対象とされました。ただ言論で打倒したわけではなくて、問答無用とばかりに研究室を破壊しただけでしたけれど。丸山さんはそのとき「ナチスだってこんなひどいことをやらなかっただろう」という有名なセリフを残しました。けっきょくアメリカ仕込みの「戦後民主主義者」であるという以外、説得力ある批判をした者はいなかったのではないでしょうか。ただ、丸山さんの弟子は官僚になり、吉本隆明の読者はジャーナリストになり、柳田國男の読者は会社員になる、というまことしやかな神話が当時ありました。

半藤　確かに当時丸山さんの地位というのは、東大法学部内の立場が傍流とされていたにせよ、部外者から見れば何者の批判をも許さない圧倒的なものがありましたからね。権威そのものです。「東大解体」と言っていた全共闘にとってまさに敵になったわけですね。

松本　私は「思想としての右翼」という論文で、全共闘の学生と二・二六の青年将校を対比したのですが、その著書を丸山さんに送ったら、その返書に「二・二六は日本全体を震撼させたけれども、全共闘は天下泰平の日本の神田あたりを震撼させただけだ」とありました。日本は天皇に絶対価値があり、軍隊では上官の命令は天皇の命令とされていたけれども、二・二六の将校たちはそれに叛旗を翻《ひるがえ》した。そうすると丸山さんとしてはそれを評価しないといけなくなる。さらに言えば、「天皇の軍隊」を「国民の軍隊」にするというのが北一輝の思想ですが、二・二六の将校たちが実際に行動したのはまさにそれだったわけで、丸山さんの論理からすると本来これを評価しなければいけない。

しかし丸山さんは、北一輝についての評価は「彼は浪人である。浪人者が天皇という神輿を担いで騒いだのでファシズムが高まり、日本を破滅に追いやってしまった」と厳しかった。

保阪　東條について丸山さんは「小心翼々としている」という表現を使っていますが、それは東京裁判での振る舞いを指していますね。その意味はどういうことに通じているのでしょうか。

松本　東條が昭和十八年二月五日の衆議院予算委員会で、喜多壮一郎委員の「独裁政治を行なっているのか」という質問に対して、「自分は総理大臣であるけれども偉いわけではない。ただの草莽《そうもう》の臣であって天皇陛下の威光によって光っているだけ。威光がなければただの石ころに等しい」という答弁をします。このとき東條は内閣総理大臣兼陸軍大臣です。丸山さんは、この第八十一衆議院議会での発言をとらえて、ここに軍人の典型的な特徴があるというわけです。上に対しては絶対に服従であって、下に対しては威張り散らすという構造そのものだと指摘しています。要するに、東條は軍人官僚にすぎない。

保阪　東條のその発言は、彼の本質的なところです。「陛下の威光を得て国民に伝える」ということをしばしば口にしていました。つまりかれの指導者論というのは奇妙な二面性をもっていて、自分は天皇に信頼されているがゆえに、自分への批判は天皇への批判だと考えること、そして自分は天皇のその威光によって国民の一歩手前にでているとの強い選良意識があるということですよ。本質は小人物にもかかわらずです。

半藤　それを指摘している点は、丸山さんの軍隊経験が色濃く影をおとしていると私は思う。「軍隊内務令」にもとづいて、インテリの彼は兵隊としてノン・キャリアの古参兵から相当やられているはずです。彼は帝大助教授だから士官として軍隊に入ることもできたはずだけれども、あえて二等兵として入隊している。上等兵や伍長に「この野郎」とばかりにね。二回目の召集でも二等兵です。のちに一等兵に〝昇進〟していますがね。

保阪　丸山さんは、戦後の戦友会的な集まりにはいっさい出なかったのではないですか。軍隊組織について骨身に染みて批判的であったということのほかにも理由があるのでしょう。丸山さんが親しい人というのは誰ですか。

松本　信頼してつきあっていたのは、埴谷《はにや》雄高《ゆたか》や竹内好《よしみ》さんでしょうか。広島の軍人時代での同僚としては、副島種臣《そえじまたねおみ》の孫の種典《たねのり》でしょう。戦争に負けたとき、「どうも悲しい顔をしなけりゃならないのは辛いね」と、副島に言っています。副島種典は、私たちの学生時代、経済学部で「社会主義経済論」、とくに中国経済を講義してました。

竹内　埴谷さんとの対談本がでていますが、じつに仲の良い感じがうかがえますね。

松本　同時代に観ている映画なんかがおなじなのです。趣味が合ったのではないでしょうか。いずれにしても最初の論文で一躍脚光をあびて以来、丸山さんの鮮烈なイメージは最後まで変わらなかった。六〇年安保以降、実際の政治活動にはほとんど関わらなかったけれども、終生、その良心的学者としてのスター的な神話が残りました。私たちは「戦後民主主義者」、つまりアメリカが導入した民主主義、もうすこし普遍的にいえば西洋近代を理念型（イデアル・ティプス）として追求した近代主義者として批判の対象にしましたが、いまでは「戦後民主主義者」はプラスイメージですからね。

第二章
民主化のなかの宮様たち

報告

竹内　昭和二十二年五月三日、日本国憲法と日をおなじくして新しい「皇室典範」が施行されました。憲法十四条において「華族その他の貴族の制度は、これを認めない」とあり、華族制度が廃止されます。同年十月十三日、直宮《じきみや》、天皇の弟である秩父宮《ちちぶのみや》、高松宮《たかまつのみや》、三笠宮《みかさのみや》の三直宮を除くすべての宮家に対し「皇籍離脱」の宮内府告示が下りる。そして翌十四日の官報告示により、十一宮家、五十一人もの皇族が一度に皇籍を離れる事態になりました。これは日本近代における一つの特権階級が、ほぼ壊滅するというたいへん大きな出来事でした。

ということで、まずは近代日本における宮家の成り立ちを確認しておきましょう。この報告は浅見雅男、小田部雄次、茶谷誠一各氏の著書を参考にしていることをはじめにお断りしておきます。そもそも明治期に世襲皇族は四つありました。伏見宮《ふしみのみや》、桂宮《かつらのみや》、有栖川宮《ありすがわのみや》、閑院宮《かんいんのみや》です。世襲皇族とはつまり、天皇との血縁の有無にかかわらず江戸時代から代々皇位継承権をもつ皇族であり続けた宮家のことです。これらがいわば皇統断絶の危機に備えてスペアとして存在していた。

いちばん古いのは伏見宮家で、一〇二代の後花園天皇が伏見宮貞成《さだふさ》の皇子でした。在位は十五世紀のことです。いちばん新しくて閑院宮家。一一九代の光格天皇が閑院宮典《すけ》仁《ひと》親王の皇子で在位は十八―十九世紀。ただしこの四つの世襲皇族家は、それぞれが〝万世一系〟をとっていたせいで、年代を下るうちに天皇家からはどんどん遠くなっていたのです。

明治維新後に山階宮《やましなのみや》や小松宮、賀陽宮《かやのみや》など、江戸時代に経済的に困窮して出家していた宮家が還俗します。明治三十九年になると竹田宮、朝香宮《あさかのみや》、東久邇宮《ひがしくにのみや》があらたに創設されました。なんのためかというと、明治天皇の娘のしかるべき嫁ぎ先が必要だったからです。大日本帝国憲法の規定により、内親王は皇族に嫁がなくてはなりませんでした。

明治天皇は、皇后との間には子を生さず、掌侍、典侍など五人が、あわせて皇子五人、皇女十人を生みましたが、多くは夭折。後に大正天皇となる親王ひとりと、最後の生母からの内親王四人だけが成人します。内親王たちの結婚適齢期を見計らって、伏見宮家の息子たちのなかから部屋住みに甘んじていた男子に宮家を設立させた、というわけです。竹田宮、朝香宮、東久邇宮はそれぞれ六女、八女、九女と結婚しています（七女は先に伏見宮家から早くに分かれていた北白川宮家へ）。

鈴木貫太郎内閣を引き継いで戦後初の首相となった東久邇宮稔彦《なるひこ》王が、若い頃からさまざま破天荒な行動に出た背景には、本当は妻《め》あわせられた明治天皇の娘、聰子妃を気に入っていなかったからだとも巷間いわれました。じっさいことあるごとに皇族をやめたい、と漏らしていた。あの反抗の裏には、やはり望まない結婚を押し付けられたルサンチマンがあったからと見るべきか。まあ、いずれにせよ、十一宮家すべてが伏見宮邦家の子孫たちです。そして直宮をのぞく宮家十一家すべてが、天皇家と四十何世も離れているような人たちの血筋でした。

戦後の日本に対するアメリカの国策は、ご存知のとおり、一九四四（昭和十九）年十二月にできた国務省、陸軍省、海軍省の三省による調整委員会、State-War-Navy Coordinating Committee、略称SWNCCでまとめあげていくことになります。ここに米国の官僚や学者が結集して占領計画を立案し、そのプランが連合国軍最高司令官ダグラス・マッカーサーのもとで実施されていったわけです。

SWNCCが発足するまでには前史があって、まず一九四二年十月、国務省に特別調査部極東班が作られて対日戦後政策が検討される。翌年十月には（国務省）部局間地域委員会（FEAC）が出来、四四年一月にはSWNCCの下に極東小委員会が作られて、ここでの討議によって最終策が練られたことが知られています。ここには終始、日本専門家のジョージ・ブレイクスリー、ヒュー・ボートン、マックス・ビショップといった人たちがかかわっていた。四二年十二月の時点で、「天皇は日本国の象徴である」という意見がすでに出されていた。天皇は象徴的な存在でしかなく、実質的な意味はない、と。滅すべきは天皇をとりまく軍国主義者なのであって、戦後日本の統治をスムースに行なうためには天皇を断罪すべきではないという明確な主張があったのです。それにしたがって皇居は空襲せず、という方針も決まりました。

十年前に一橋大学の加藤哲郎教授が米公文書館で発掘した資料によれば、この「天皇を平和の象徴として政治的に利用する」という構想は、なんと真珠湾攻撃の半年後、ミッドウェイ海戦の直前の六月三日に陸軍省軍事情報部心理戦争課の「日本プラン」としてすでにあらわれていた、ということです。

のちの駐日大使、当時ハーヴァード大の教授だったエドウィン・ライシャワーがその三カ月後に陸軍省に提出したメモも発見されていて、そこには「日米戦争勝利後、天皇を中心とした傀儡《かいらい》政権をつくること」の利点が述べられています。彼らの天皇利用の発想は、戦争中の日本指導層には考えもつかないことでした。

いっぽう、皇室をどうすべきか。この課題については議論した形跡がほとんど見つかりません。議論の記録はないが、占領下でやったことを見ると結論は明白です。彼らは皇室に対して「兵糧攻め」の大方針をとることになった。資産がなくなれば、自ずと活動範囲も影響力も減ずるという確信があったのでしょう。

では、宮家の人びとがどのように終戦を受け入れたのか、これについてもざっと振り返っておきましょう。昭和二十年八月十一日、高輪にあった高松宮邸に皇族が集まりました。高松宮に招かれた宮様は朝香宮鳩彦《やすひこ》王、東久邇宮稔彦王、東久邇宮盛厚《もりひろ》王、竹田宮恒徳王《つねよし》、閑院宮春仁王《はるひと》、三笠宮崇仁王《たかひと》、賀陽宮恒憲王《つねのり》の七人です。七月二十七日にポツダム宣言が発せられてからの、外交交渉の経緯などを東郷茂徳外務大臣から聞くためでした。東郷の説明と質疑は三時間に及んだと言われています。翌十二日、今度は宮城内にあった天皇の防空壕「御文庫」に、皇族と朝鮮王族の、成年男子が全員集められた。秩父宮と伏見宮博恭王《ひろやす》、朝香宮孚彦王《たかひこ》は欠席しています。この日は天皇自身が経緯を語り、ポツダム宣言受諾の意思を伝えました。天皇の話が終わると、七十二歳で長老の梨《なし》本宮守正王《もとのみやもりまさ》が、皇族を代表するかたちで「宮家一致協力して陛下をお助けいたします」と奉答しています。

梨本宮以下、講和受け入れが大勢でしたが、やはり強硬派はいました。これは『昭和天皇独白録』にある有名なエピソードですが、朝香宮鳩彦王が「講和は賛成だが、国体護持ができなければ戦争を継続するのでしょうね」と天皇に詰め寄った。これに天皇は「もちろんだ」と答えています。これが敗戦前の、天皇と皇族の最後の話し合いとなりました。

GHQ（連合軍総司令部）が初期対日方針を正式に発表したのが、マッカーサー来日（八月三十日）から三週間後の九月二十二日のことでした。皇室について示されたことはたったひとつ。「お金を取り上げてしまう」ということです。具体的な文言としては、「皇室の財産は占領の諸目的に必要な措置から免除させられることなかるべし」。この基本方針に従ってさまざまな措置がとられていくことになります。

いわゆる御料林を含む不動産、大企業の株や有価証券、現金など、かつて天皇家がもっていた資産というものはたいへんなものでした。アメリカは、近代日本がその植民地政策によって得た資産のうち、かなりの富が皇室に流れ込んでいたと見ていたようです。十月十一日に通達された五大改革案のなかに「財閥解体」が謳われますが、アメリカは天皇家を財閥のひとつとして認識していました。じつは「財閥解体」の目玉は「天皇家という財閥を解体すること」だったのです。

さっそくGHQの経済科学局（ESS）が財産の査定をはじめました。対象は美術品と貴金属をのぞくすべての財産です。結果、総額はじつに三十七億二千万円。ちなみに住友吉左衛門は一億七千三百八十万円。三井高公《たかきみ》は九千六百二十八万円です。天皇家の資産は財閥の、なんと三十倍以上もの巨額にのぼったのです。いっとき天皇家の財産がスイスやアルゼンチンに逃げたという風説が流れたことがあり、それは事実ではありませんが、そうした事態が起きることを阻止する意味もあったのでしょう。GHQは、昭和二十年十一月十八日には皇室財産凍結という措置をとった。さらには天皇家から宮家に対してお金を渡すな、との通達も出した。これは昭和二十一年五月のことでした。

新憲法の公布を見越して、昭和二十年の十一月二十九日に戦後初の皇族会議が開かれるわけですね。山階宮武彦《たけひこ》王をのぞく全員が集まりました。どんなことが話し合われたのか公式記録は残っていないのですが、このときの天皇の発言を、出席していた梨本宮伊都子《いつこ》妃が日記に記録しています。

「この時局に関し申しにくき事なれども、私より申し上げます」。「生活その他につき、典範改正になり、色々の事情より直系の皇族をのぞき、ほかの十一宮家はこの際、臣籍に降下してもらいたく、実に申しにくき事なれども、何とぞこの深き事情をおくみとりくだされたい」。

この場にいた方々に対する兵糧攻めはすでに始まっていますから、了承せざるを得なかったわけですね。さらに昭和二十二年には皇室に、財産税を国庫に納めさせることを決める。その額は、じつに査定財産額の八〇パーセントです。財産上の特権が次々と剝奪されて、宮家は事実上存続することが不可能になった。そういうことがあって、木の葉が枯れて幹から落ちるがごとく十一宮家が皇籍離脱に至る。かれら自身のつよい抵抗もありませんでした。つまり宮家は、否応なく皇族を離脱せざるを得ない状況に追い込まれていったわけです。アメリカとしては、巧い具合に兵糧攻めをやりおおせたといえるのではないでしょうか。

討論

松本　アメリカが皇室を大財閥と考えていたということは、おそらく彼らは日本の皇室を、イギリス王室と同様に捉えていたせいではないでしょうか。宮家についても、たとえばイギリスのウインザー侯などと同様自分の領地を持ち、そこから収入を得ていたと考えていたのではないか。ところが日本の宮家は違う。江戸時代の公家とおなじで天皇家から御料を、つまり言うなれば給料をもらっていたわけですね。あてがい扶持でした。

竹内　ええ、宮家が江戸時代から明治以降も、ずっとあてがい扶持であったことに変わりはなかったのです。もとより領地などもってはいませんでした。もっとも、いろんな名目で皇室財産から宮家へはけっこう潤沢な金が流れていた、という指摘もありますが。

半藤　ですから宮家個々の財産は、そうたいしたものではなかったでしょう。SWNCCは皇室の経済的側面についてはあまり関心を寄せていなかったのではないでしょうか。勉強もしていなかったのではないですか。

竹内　じつはそのとおりなのです。天皇および天皇の政治的影響力については、どのように占領統治に利用できるのかということを含めてトコトン議論しますが、皇室の経済的側面というのはほとんど議論も研究もされていないみたいです。いわんや宮家のことは考慮にいれていませんでした。

保阪　ちなみに『昭和財政史』(大蔵省財政史編纂室編)によれば、終戦前後の皇室の財政規模は約二千五百万円と推定されています。うち四百五十万円が政府の一般会計から支出されていたようです。この額は明治四十三年度から完全に固定されていましたから、不足分は皇室独自の財源であるところの山林、有価証券などから上がる御料からまかなわれていた。これがご指摘の「あてがい扶持」ですね。

半藤　しかし、さきほど竹内さんが紹介されたGHQの経済科学局（ESS）が出した天皇家の資産の査定ですが、実際は、なんぼなんでも財閥の三十倍以上などということはないでしょう。かつて日本の国体は天皇の下におおぜいの官僚がいる、というかたちでしたから、ヘタしたらアメリカは、東京帝国大学や京都帝国大学も皇室の財産としてカウントしていた可能性もある。

松本　日本のマルクス主義者もGHQとおなじ論理で、天皇家は「日本一の大地主である」と見ていたくらいですからね。

竹内　アメリカで宮家の皇籍離脱が問題にされたことは、先ほども申し上げたとおりほとんどありませんが、昭和十九年の時点で議論のテーブルにのぼったことがありました。「もしも日本から天皇制を廃絶したらどうなるか」という議論です。そのとき「たとえヒロヒトとその直近皇族を排除したとしても、神武天皇や天照大神の子孫がすぐ現われるであろう」という認識が示されているのです。「政治においても宗教においても日本の天皇に対する厳しい処遇が、日本国民の思想や制度の面で連合国が望むような改革に資すると信ずべき理由はない」と。日本は天皇制を維持していくよりほかないと結論づけていたのです。

保阪　じっさい戦後になって、我こそは天皇の子孫なり、と言ってでてきた「自称天皇」が熊沢天皇はじめ十九人もいましたからね。「自称天皇」の横綱、熊沢天皇が、突然世に出たのは昭和二十一年一月のことです。アメリカのジャーナリスト五人とGHQの将校が、名古屋市千草区にある雑貨商熊沢寛道《ひろみち》を訪れて、熊沢は当時五十六歳でしたが、五時間にわたり取材を進め、それが「ライフ」や「スターズ・アンド・ストライプス」紙に掲載され、APやロイターなどを通じて世界にも流された。「正統な皇位継承を主張する熊沢天皇の登場」というのが記事のニュアンスでした。

半藤　そんなことがありましたね。たしかチョビ髭でハゲの熊沢天皇が名乗りをあげると、熊沢家に連なる一門のなかから「いや、ほんとうは私のほうこそ本家だ」という声まであがって〝宗家争い〟まで起きたほどです。とはいえ、ただの空騒ぎでしたからすぐに人びとも飽きて忘れてしまったわけですが、それはともかく。「もし天皇を廃絶したら」とアメリカ側が考えたのに対し、こちら日本の側でも「万が一、天皇の身になにかあった場合」ということは想定していました。職制を、天皇をサポートする侍従職から切り離して東宮職《とうぐうしき》として独立させ、はじめて皇太子を支える体制が制度化されたのは、終戦のわずか六日前のことだそうです。初代東宮大夫《とうぐうだいぶ》として穂積重遠《ほづみしげとお》が任命されたのは、それほど押し詰まってからのことだったのですね。時局極まって、皇統をいかに護持するかを日本の側も真剣に考えた。

竹内　そんなギリギリのタイミングでしたか。それは驚きだ。

松本　昭和天皇が摂政《せっしょう》だったときにすでにありませんでしたか？「東宮御学問所」もありました。もちろん、「東宮御学問所」のばあい、御用掛だったわけですが……。

半藤　いいえ、あのときはまだ「東宮職」はなかったのです。終戦直前になってつくられたのだそうです。つい先だって宮城に呼ばれて天皇皇后と雑談をしてきたのですが、これは両陛下がそうおっしゃっていたことなので間違いありません。

竹内　アメリカの主軸にいた連中は早いうちから天皇を温存して利用しようとしていましたが、あくまで内々の秘密としてひた隠しにしていました。というのも、アメリカの首脳陣は国内世論の反発を恐れたからです。また、中国とソ連が天皇に対する反発を表明していたせいで、国際的な軋轢を生むことを避けるためにも露わにすることはなかったわけです。日本側は当然「温存方針」など知るよしもなかった。

アメリカの議論のなかには、天皇と直近の宮三人は、どこかに監禁して丁重に扱い、特定の人間にだけ接触させ、それを通じて間接統治したらどうかという意見さえありました。いっぽう皇族全部を特別待遇で監禁したほうがいいのではないか、というような意見もあった。最終的には直近の宮だけ特別扱いするということに決まったわけです。ところが秩父宮、高松宮、三笠宮の三人は、自分たちだけ特別扱いされるということをまったく知らない。直宮温存の方針が正式に発表されるまで、とくに高松宮は、ほかの十一宮家といっしょにされてはかなわん、というような意思を表わしていました。残されてさぞかしホッとしたことでしょう。

●人間宣言への布石

竹内　もうひとつ興味深いことには、アメリカ側の昭和十九年の議論のなかで、天皇がもし戦犯に問われるようなことがあったらどうするか、という問題が話し合われていたという事実です。そのとき「退位させたうえで戦犯にすべきである」という強硬な意見が出るのです。そして導き出された結論はこうでした。「天皇に、戦犯に値するような行ないがあったかどうかを徹底的に調べ上げるべし。そんな事実はないと確信できたのなら天皇制を存続させることにしよう」と。その方針を受けて統合参謀本部がマッカーサーに対して証拠集めを命じます。調べた結果、そんな証拠はなかったとマッカーサーが報告。それで天皇保持という大方針が形式的に完成したというわけです。

保持が決まったら、さあ、天皇にどのようなアクションを起こしてもらおうか、という議論が起きる。「天皇に対して自らの本質を明らかにすることに関わるよう説得する努力を、日本国民に知られないよう行なうべきである」という意見が、昭和二十年十二月十八日の議論の記録に残っています。つまり天皇自身が、自分は神様のような存在ではないということを国民に表明するように、そうしむける努力をアメリカがするべきである、と。しかもその表明は、「強制めいたような感じを与えないように巧みになされるべきである」との演出の方針まで示されました。

松本　いわゆる「人間宣言」、「新日本建設に関する詔書」が発布されるのが昭和二十一年一月一日のことでした。該当部分を引きます。

「朕《ちん》と爾等《なんじら》国民との間の紐帯は、終始相互の信頼と敬愛とに依りて結ばれ、単なる神話と伝説とに依りて生ぜるものに非ず。天皇を以て現御神《あきつみかみ》とし、且《かつ》日本国民を以て他の民族に優越せる民族にして、延《ひい》て世界を支配すべき運命を有すとの架空なる観念に基くものにも非ず」

まさに天皇自らが神格を否定する内容です。アメリカ側の先の議論がこの半月前ということは、なるほどかなり微妙なタイミングですね。

保阪　マッカーサーが一月一日の天皇の人間宣言を読んで、二日に声明を出すのですが、これが少々不思議な声明でした。「まことにいい内容でとても感動した」と褒めちぎっている。ちょっと褒めすぎじゃないかと思うほどです。そしてアメリカが「極東国際軍事裁判所憲章（条例）」を公布するのが人間宣言の直後とも言うべき一月十九日でした。これによって、裁判所の構成、裁判手続き、適用法規など裁判の基本的枠組みが示され、平和に対する罪、戦争犯罪、人道に対する罪の三つの戦争犯罪概念が規定された。

竹内　ですから私は「人間宣言」の裏にはSWNCCの振り付けがあったのではないか、と勘ぐりたくなるのです。

保阪　人間宣言がいったいだれの発案であったかについては諸説ありますね。マッカーサー説、学習院の院長だった山梨勝之進説、また、日本文化研究家で学習院の教師だったレジナルド・ブライス説と、それぞれ相応の理由があるのです。

半藤　私が調べたところでは、マッカーサーが独り言のように、ボソッとつぶやいたというのです。「天皇が戦争責任から免れるためには、現人神であるということを天皇自らが否定するといいのだがな」と。それを聞いた侍医のロジャー・エグバーグ中佐が、同僚のGHQ民間情報教育局（CIE）のハロルド・ヘンダーソン中佐に話したところ、ヘンダーソンが、それはグッドアイデアだと、言ったかどうかは知りませんが、彼が親友のブライスに話した。そしてヘンダーソンとブライスが人間宣言起草に加わることになった。これがまあ、定説となっているストーリーです。

松本　マッカーサーが命令したのではなく、側近が仄聞した話として定着したというところが面白いですね。

竹内　民政局か、あるいはGHQ顧問のジョージ・アチソン経由かわかりませんが、SWNCCの議論は間違いなくGHQに入っていたことでしょう。マッカーサーの個人的な意思だと言われていることが、じつはその大部分がSWNCC、または統合参謀本部の方針であった可能性が極めて高いのです。SWNCCの議論の記録とマッカーサー指令とを、克明に照合してみるとまだまだ発見があるかもしれません。その一方で、SWNCCとマッカーサーとのあいだでは齟齬もあった。憲法についてです。

統合参謀本部の方針にマッカーサーは大筋では従っているけれども、マッカーサーがいうのも、幣原喜重郎内閣がつくった憲法草案が二月一日に毎日新聞にスクープされて、二月の三日に、いわば勝手に「大至急草案をつくれ」と民政局に命令を出しました。とそれを見たマッカーサーが、内容が保守的すぎてこれではダメだと即断した。すぐにマッカーサーは三原則というものを局長のコートニー・ホイットニーに示した。いわゆる「マッカーサー・ノート」ですね。その一つ目は「天皇は国家の元首の地位にある。皇位は世襲される。天皇の職務および権能は、憲法に基づき行使され、憲法に表明された国民の基本的意思に応えるものとする」。第二に「国権の発動たる戦争は、廃止する。日本は、紛争解決のための手段としての戦争、さらに自己の安全を保持するための手段としての戦争をも、放棄する。日本はその防衛と保護を、今や世界を動かしつつある崇高な理想に委ねる。日本が陸海空軍を持つ権能は、将来も与えられることはなく、交戦権が日本軍に与えられることもない」。そして三つ目、「日本の封建制度は廃止される。貴族の権利は、皇族を除き、現在生存する者一代以上には及ばない。華族の地位は、今後どのような国民的または市民的な政治権力を伴うものではない。予算の型は、イギリスの制度に倣うこと」と、まあ、こういう内容でした。
これを受けてただちに民政局のスタッフが集められ、二月三日から作業に入っています。ところがそのあたりのことを、SWNCCは全然承知していない。憲法はどうすべきかと、三月になってからも本国では議論していたのですから。

半藤　ほう、マッカーサーが二月に入ってすぐ、「憲法はオレたちでつくろう」と言っていたのを……。

竹内　SWNCCは知らないのです。本国は、憲法についてはあくまで極東委員会マターだと思っている。実際のところ、二月二十六日から極東委員会に権限が移ることが決まっていました。民政局がつくった草案をホイットニーが外相公邸で日本側に提示したのは、その直前の二月十三日。要するにマッカーサーは、極東委員会が憲法に干与する前に、その間隙を縫って既成事実をつくってしまえ、とばかりに話をつけてしまったわけです。三月には、民政局は日本側との交渉をほぼ終えていました。

半藤　極東委員会を入れるといろいろと註文がでてうるさくなりますからね。というのも、一月九日にロンドンで連合国戦争犯罪委員会の会議があって、オーストラリアから「ヒロヒト」を含めた戦犯リストが提出される。二月二十六日からはおっしゃるとおり極東委員会が第一回目の会合を開くことになっている。憲法改定問題が極東委員会の権限に移るまえに手を打っておかないと、天皇危うし、という展開もあり得たわけです。

保阪　天皇を制度として保持するためには、憲法第九条のような一種のインパクトの強いものをもってこなければ諸外国を納得させることはできないとマッカーサーが考えていた。そのように見る研究者は少なくありません。

竹内　極東委員会とGHQのあいだでは、皇族に対する認識もかなり異なるものでした。極東委員会の前身、極東諮問委という連合国各国の委員会があったのですが、その代表団が昭和二十年の十二月、日本に視察に来ていました。パブロックというアメリカの代表が書いた報告書のなかに皇族について述べた文章がある。彼は「皇室グループ」という言い方をしています。日付は二十一年の二月十日。その内容を紹介します。

「このグループは日本では敗戦と占領による影響も、また総司令部による規定の影響も実質的には被っていない唯一の団体である」。そう彼は思っているのです。

「私の得た印象としては、彼らは特権を保持することに余念がなく、彼ら自身の特権的地位に影響する恐れのない限り、諸事件に無関心な利己的集団である。彼らは外部からのいかなる影響であろうと、それが天皇に及ぶことを恐れ、とりわけ米国の影響によって皇太子に対する彼らの支配力が失われるのではないかと気を揉《も》んでいる。彼らは英国に望みを託し、うまくいくものと自信をもっている。現状維持に関心をもつ人びとの間では、このグループは結集の核になるかもしれない。その動きは今のところないが」

　つまり視察を通じて極東諮問委は、彼ら宮家が特権を保持して将来的に政治利用されることに恐れを抱いた。少なくともそういう可能性があるとの印象を受けた。これが、終戦の年の十二月の観察でした。察するに、宮家もこの時まではまだ暢気そうにしていたのでしょうね。申し上げたとおり皇室財産の凍結は十一月二十日に施行されていましたが、皇室歳費が打ち切りになったのはつぎの年の五月です。その間はまだどうにかなるんじゃないかと楽観視していたのかもしれません。そんな気分がこのリポートに影響しているように思います。

●梨本宮戦犯指定の謎

竹内　皇室財産凍結令施行の翌月、十二月二日に梨本宮守正王が戦争犯罪人に指定されて逮捕され、巣鴨プリズンに拘置されました。宮家では唯一の逮捕です。いったい梨本宮の戦犯容疑の理由はなんだったのでしょうか。

半藤　私はかねて申し上げているが、梨本宮には、戦犯として引っ張られるような材料はなにもありませんでしたよ。

保阪　実際に聴取された後、昭和二十一年四月十三日には放免されています。

竹内　冒頭紹介したとおり梨本宮は宮家のなかの長老でした。久邇宮朝彦《あさひこ》親王の第四王子として生まれ、梨本宮を継いだ陸軍大将です。けれども彼に与えられた元帥や軍事参議官といった地位は名誉職にすぎませんでした。ほとんど軍務や政務には関わっていません。ただ、ひとつだけ戦犯容疑の材料があるとするならば、伊勢神宮の祭主だったことでしょうか。国家神道というものをGHQはひどく敵視していましたから、その象徴として捕らえたとしか考えようがないのです。

松本　梨本宮の長女、方子《まさこ》妃が李氏朝鮮最後の皇太子李垠《りぎん》と結婚していますが、満州事変および満州事変後の対中国政策とは異なり、朝鮮に対する植民地支配は東京裁判の訴因には含まれていませんでした。

竹内　ですからそれも関係ありませんね。

保阪　梨本宮逮捕にあたったGHQの民間諜報局（CIS）の局長だったE・R・ソープ准将は回想録で、たとえ宮が神道の名目上の頭目であったとしても、神道こそは日本の侵略戦争を鼓舞した最大の推進力であり、また日本人に皇族であっても戦犯を免除されないことを示すために拘禁したと、梨本宮の逮捕理由をのちに記しています。

竹内　やはりそうでしたか。

保阪　そもそも皇族が軍人となる義務は、明治四十三年三月施行の皇族身位令第十七条において明文化されました。「皇太子、皇太孫は満十年に達したる後、陸軍及び海軍武官に任ず。親王、王は満十八年に達したる後、特別の事由ある場合を除くの外、陸軍又は海軍の武官に任ず」と。実際には、皇族は十五歳か十六歳までに陸軍幼年学校あるいは海軍兵学校に入学して、ほぼ例外なく陸軍か海軍いずれかの軍人になっています。

半藤　ですから健康な宮様は、軍人以外の職業を選ぶことができなかったわけですね。それゆえに、単なるお飾り、よく言えば名誉職、ソープ准将流に言うならば「名目上の頭目」として軍の上層に鎮座したのです。あれはむちゃくちゃ乱暴な拘禁でしたな、どう考えても。

竹内　そんなお飾りの代表格、梨本宮とは対照的に、対米戦争開戦への途上で積極的に軍政軍務に関わった二人の宮様がいました。海軍軍令部総長の伏見宮博恭王と、陸軍参謀総長の閑院宮載仁《ことひと》親王です。梨本宮を引っ張ったのに、この二人を戦犯指名しなかったのはなぜだろう。バランスを大いに欠く処遇ですよ。

保阪　たしかに。この二人については私からちょっと説明しましょう。閑院宮載仁親王が陸軍統帥部門のトップ、参謀総長になったのは昭和六年十二月二十三日のことでした。この年の三月と十月に、陸軍の中堅将校らによるクーデター計画が発覚して派閥抗争が激化します。陸軍内の混乱を抑えて統制を確立するためには宮様の登場をまつしかないと、そんな期待に答えての就任でした。ところが融和どころか各派閥は、権勢の伸張を期して閑院宮の抱き込みにしのぎを削る。本人は参謀次長に昇進した真崎甚三郎を嫌い、統制派に肩入れするようになります。昭和十五年七月に、参謀たちから、米内光政内閣打倒のために陸相の畑俊六の辞職の決裁を求められた宮は、「畑には気の毒であるが、国家の大事のため非常手段もやむをえない」と言って捺印していますね。そして米内内閣は崩壊。引き継いだ第二次近衛内閣が、日独伊三国同盟を結んで太平洋戦争への歩をぐっと前に進めることになりました。三国同盟締結は、半藤さん言われるところの「ノーリターン・ポイント」です。閑院宮の場合は部下に操縦されるロボット的なお飾りとは言えない所業が、とくに就任当初は少なからずあった。九年目に当たる昭和十五年十月、ついに参謀総長を更迭されてその地位を杉山元に譲ることになりました。

いっぽう伏見宮博恭王も閑院宮とほぼ同時期の、昭和七年二月から十六年四月まで、これまたおなじく九年間も海軍統帥部門のトップ、軍令部総長であり続けました。その登場は、昭和五年のロンドン軍縮会議に端を発する内部抗争のさなか、条約に反対するいわゆる艦隊派に担がれてのものでした。終始艦隊寄りの強硬路線を貫いて、昭和十六年十月に戦争回避のための日米交渉が行き詰まると、伏見宮は「開戦決定の御前会議を即刻にも開かれたい」と、わざわざ上奏しているほどです。

半藤　おっしゃるとおり、二人とも日中戦争開戦前夜から対米戦争へといたるプロセスのなかで、まことに責任ある立場で折々の重要な決定に関わっていました。

竹内　もうひとり、戦犯に指名されても不思議ではなかった宮様がいます。浅見雅男氏が指摘する通り、朝香宮鳩彦《やすひこ》王です。彼が上海派遣軍司令官となったのは昭和十二年十二月二日でした。支那事変がその年の七月に始まり、日本軍が南京攻撃を開始したのが十二月十日のこと。激戦の末十三日に南京は陥落して、十七日には松井石根《いわね》大将と鳩彦王を先頭に司令官たちの入場式が行なわれました。いわゆる「南京事件」、日本軍が捕虜や市民に対して陥落から数日間にわたって残虐行為を行なったことは、のちに松井大将自身も認めているところです。この事件の責任を問われた松井がA級戦犯として絞首刑になったのはごぞんじのとおりです。

保阪　松井の南京事件における責任について、おなじく絞首刑になった武藤章が遺著『比島から巣鴨へ』で興味深い証言をのこしています。

「松井大将は上海派遣軍および第十軍を統率（統御・経理、衛生、司法等）していないのであって、両軍司令官が部下を統率し、この上に松井大将が立って一時作戦の統一に当たったという次第である。従って部下の軍紀風紀の取締りも両軍司令官が全責任を持ち、松井大将は上級指揮官として作戦指揮上の責任のみを有するのである」

要するに武藤は、東京裁判で松井が南京事件についての責任を問われるいわれはないと、彼を弁護しているわけです。監督責任を問われるべきは上海派遣軍司令官と第十軍司令官だ、と暗に言っている。このときの第十軍司令官は柳川平助ですが、この人は昭和二十年一月に病死していましたから、東京裁判で生きて責任を問われるべきは上海派遣軍司令官だった朝香宮鳩彦王だという主張でした。

竹内　松井石根にまったく責任がないかどうかは別としても、実際の監督責任を問われる立場にあったのは司令官ですから、朝香宮は戦犯に指名されてもなんら不思議ではなく、当然とさえ言える。ですからぼくは、皇族は意識的に政治的に、戦犯リストから省いたのかなと考えたのです。天皇を免責するために、かれら皇族を免責したとは考えられませんか。

半藤　結局宮様はひとりも戦犯指名されませんでしたね。GHQの側にその意図はなかったのではないでしょうか。あるとすればむしろ、天皇に累《るい》が及ぶことを心配した日本の軍人や政治家、官僚たちが、GHQの聴取に際して口裏を合わせたのでしょう。みんなして宮様軍人を庇ったことは、たぶん間違いありません。

●皇族軍人はその名を変えて

半藤　戦争中から陸軍も海軍も、宮様軍人にはかなり気を使っていました。皇族がのちのち戦争責任を問われるようなことにでもなったら一大事だと、そんな想定のもとであらかじめ予防線を張っていたと思えるほどです。たとえば竹田宮恒徳《つねよし》王中佐は、昭和十八年八月に関東軍の参謀となって家族を連れて満州の新京（現・長春）に渡りました。関東軍では細菌戦研究機関であったいわゆる七三一部隊の担当参謀でした。竹田宮は赴任に当たってその名を「宮田参謀」と変えています。ソ連軍は関東軍の細菌研究を知っていたから敗戦ともなればその責任者としてイの一番に逮捕される可能性があった。いよいよ敗色濃厚となると、竹田宮は日本本土に戻しておいたほうがいいということになるのです。責任を追及しようにも、日本に戻せば「宮田参謀」はこの世からいなくなります。二十年七月に日本に帰国するのですが、代わりに派遣されたのが参謀本部作戦課にいた瀬島龍三でした。

瀬島を悪く言う人は、「敗戦になれば開戦前から参謀本部に在籍しつづけて『陰の参謀総長』といわれていた瀬島自身の責任問題が起きるから、それから逃れるために行ったのだ」とか、「本土より満州のほうが安全だと思って行ったのだ」とか言いますが（笑）。まあ、いずれにせよ関東軍に行った。瀬島はどうもソ連は出てこないと踏んでいたようです。帰国に当たって竹田宮は家族を新京に残していました。彼もまた激しい空襲と本土決戦が予想される東京よりも安全だ、と判断したのでしょう。

保阪　ところが案に相違して八月八日、ソ連が中立条約を破棄して日本に宣戦布告。即日からソ満国境を越えて侵攻してきた。

半藤　そのとき瀬島がいちばんはじめにやったことはなにか。飛行機を一機用意して、竹田宮の夫人と子どもたちをひとまとめに乗せて一気呵成に日本へ帰国させたのです。竹田宮の母は明治天皇の第六皇女常宮昌子内親王。つまり竹田宮は昭和天皇の従兄弟にあたる人でした。瀬島はこのとき皇室に最大の恩を売った、いや、彼の言葉を借りれば、お助け申し上げたわけですな。

保阪　瀬島自身は九月五日に捕虜となって、以来十一年間におよぶ抑留生活を送りましたね。

半藤　それにしても「宮田参謀」がもしソ連側に捕まっていたらコトでしたね。ですから、先の竹内さんの問い、「なぜ皇族は戦犯にならなかったのか」に対する一つの答えは、名前を変えていたから、です。

松本　昭和天皇の弟、三笠宮崇仁《たかひと》親王は「若杉参謀」と名を変えて支那派遣軍参謀となりました。昭和十六年十二月に陸軍大学を卒業すると、そのまま陸大で戦史を研究していたのですが、昭和十八年一月に支那派遣軍司令部参謀として南京に赴任しています。そのころはすでに重慶作戦も中止となっていて戦闘は行なわれていませんでした。そして三笠宮は現地で、それまで日本軍が行なってきた様々な残虐行為を知ることになるのです。昭和十九年一月、大本営参謀に転任するため南京を離れることになり、宮は司令部の将官たちに講話を行なっています。その内容は、日本軍の自戒を強く求めるものでした。また「第一次大戦の青島占領より後のすべての行動は認められない侵略行為だ。満州事変も山東出兵も、そして支那事変も天皇の命によって行なわれていない」と語り、これをすぐ後で「支那事変に対する日本人としての内省（幕僚用）」と題する文書にまとめています。限定的に配布されたのですが、危険文書として「若杉参謀」転任後に総司令部によって没収され、廃棄されたそうです。

半藤　そんなことが表沙汰になったら大騒ぎになってしまうから、総司令部は必死になって回収に当たったことでしょうね。もっとも皇室とは無縁の一般人の参謀がそんなことをしゃべったり書いたりしたらただではすまない。皇族であればこそ大目に見てもらえたのです。

保阪 それにしても大胆な発言でしたね。

●血脈途絶の危機にあって

竹内 十一宮家の皇籍離脱が正式に決まったあと、首相だった片山哲が昭和二十二年十月、皇室典範の改正について皇室会議で説明をしました。皇籍離脱の意思をもう何人かの宮家が申し出ていたタイミングです。「皇籍離脱のご意見を有せられる皇族は、後伏見宮天皇より二十世ないし二十二世を隔てられ……今上陛下よりしましては、男系を追いますと、四十数世を隔てていられるのであります」。さらに、「新憲法の精神とか新憲法による皇室財産の処理、およびこれに関連する皇室諸般の事情からいたしまして、皇籍離脱のご意思を実現いたしますことが適当であると思います」と述べた。二十何世もさかのぼってやっと天皇家とつながる家系だから、ここでなくなったとて、それもいたしかたないだろう、というようなニュアンスでした。

半藤 それでいま困っているんだよね、日本は（笑）。

竹内 ですから男系男子の皇統を維持するために宮家復活を唱える声はやみません。ですが、いったい何年ですか、そもそも元宮家の皆さん方のオリジンは。たとえば伏見宮家は一三四八年から一三五一年の北朝三代が先祖ですよ。いま血脈が絶えてしまいそうだからといって、そんな人たちを皇籍に戻すことに果たして説得力があるのでしょうか。私は、だれも説得されないのではないかと思うけどなあ。

松本 そうですね。いわゆる万世一系からすれば、今上天皇の皇女清子さんの嫁いだ黒田家を宮家として立てる、というのがせいぜいでしょう。

半藤 女系でつないでおいて男子誕生を待つ、か。ところでみなさん、私と鈴木貫太郎が親戚であることをご存知ですか?

保阪 いいえ、知りませんでした。どうしてそれがわかったのですか?

半藤 夏目漱石の家系図を見てわかった。つい最近見つけましてね。漱石の奥さんの鏡子は貴族院書記官長だった中根重一の長女ですが、中根家の系統を見たら岡田啓介にたちまちたどり着いた。岡田啓介と夏目漱石は義理の従兄弟だったのです。付き合いこそなかったようではありますが、関係自体はとても近い。そして岡田から鈴木貫太郎へとつながる。私のカミさんが漱石の孫なので、要するに私は鈴木貫太郎と親戚ということになるわけですな。

松本 そうでしたか。もっとも日本人は、あいだを七人つなげばすべての人が親戚になるとも言われていますが(笑)。

半藤　いや、近いんですってば（笑）。伏見宮と天皇家なんて、私と貫太郎さんにくらべれば、遠すぎるほど遠いのですよ。

●皇室典範改正までのプロセス

松本　ところで皇室典範改正の発議はだれによるものだったのですか。もともと明治の皇室典範をつくったのは井上毅《こわし》でした。第一次伊藤博文内閣で、伊藤とともに大日本帝国憲法、教育勅語、軍人勅語とならんで起草したわけですが。

竹内　日本国憲法の八十八条に皇室に関する条項があります。「すべて皇室財産は、国に属する。すべて皇室の費用は、予算に計上して国会の議決を経なければならない」と規定された。要するに財産召し上げ。これは、もうあなた方は財政的に立ちいかないことになったのですよ、と宣言するに等しいものでした。ですから発議もなにも、この第八十八条を踏まえたときに、おのずと皇室典範を変えなければならないということになったわけですね。その前提として、宮家が兵糧攻めにあって身動きがとれない状態にあったことはすでに申し上げたとおりです。天皇家から各宮家に送られていた歳費等は昭和二十一年の五月分までで打ち切りにすることが決まっていたわけですから。もっとも、のちにGHQの了解を得て、一部では六月分以降も支給することになったようですが。皇室いずれにしても、先の皇族会議は憲法公布を見越した上で行なわれていたのです。皇室典範は二十二年一月十六日に法律ができ、冒頭申し上げたとおり施行はその年の五月三日です。憲法と合わせました。

松本 なるほど、やはり兵糧攻めから来ているのですね。憲法に従って兵糧攻めをするならば、その結果として皇室典範は改正せざるをえないことになったわけか。しかし皇室典範の基本とも言うべき第一章の第一条、「皇位は皇統に属する男系の男子が、これを継承する」という規定は明治の憲法とおなじですね。

半藤 おなじなのですよ。ということは、歴史探偵的に言わせてもらうならば、兵糧攻めのために邪魔になるところだけ変えたのではないか。

松本 案外そうかもしれませんね。第九条は養子の禁止。「天皇及び皇族は、養子をすることができない」とされた。これもまた文言こそ違え、その示すところは旧皇室典範(第四十二条「皇族は養子を為すことを得ず」)をそのまま引き継いでいます。皇統を維持するためには女性宮家をつくれるようにしておくべく、いまから省みればここも変えておかなければならなかった。

保阪 それにしても、都心の一等地にあった十一宮家のなかでいまも残るお邸は三つだけですか。東京都庭園美術館になった白金台の朝香宮邸、グランドプリンスホテル高輪の貴賓館となった竹田宮邸、渋谷の常陸宮《ひたちのみや》邸となった東伏見宮邸だけ。三番町にあった賀陽宮邸は千鳥ヶ淵戦没者墓苑に、永田町の閑院宮邸は衆参議長公邸に、高輪の北白川宮邸はグランドプリンスホテル新高輪に、紀尾井町の伏見宮邸はホテルニューオータニになりました。

竹内　莫大な財産税を払えと言われたときに、もうしようがない、と思ったには違いないですね。

半藤　こうなったらズラかるしかない、とね。

●天皇巡幸の厖大な予算と宮家の退職金

竹内　面白いことに、皇籍離脱に当たって退職金のようなものがでていたことがわかりました。民政局政務課長だったガイ・スウォープというひとが、まことに興味深い覚え書きを残していたのです。なにについての覚え書きかというと、天皇巡幸についてです。ごぞんじのとおり巡幸は昭和二十一年二月十九日に神奈川から始まり、たいへんな頻度で行なわれました。その費用について彼が書いていました。

ＧＨＱは天皇の巡幸を認めているのですが、予算の上限を決めていた。ところがいざ始めてみると上限を越えるお金が使われていることがわかる。スウォープはその費用が厖大である、けしからん、と怒っているのです。その金はどこから出ているかというと、皇室からでているわけではなくて、県、市、そして地元の私企業から、半ば強制されるような恰好で寄付として吸い上げられていました。

天皇の行幸の奉迎と関連して、国旗掲揚や小国旗、いわゆる手旗の使用のルールのようなものも策定されました。昭和二十一年十一月十六日付けの「国旗掲揚に関する総司令部覚書き」にこうあります。

「占領期間中いかなる個人に対しても特別な敬意を表するため日本の国旗を掲揚することは好ましいこととは考えられず、かえって外国人の間に誤解を招き、天皇個人に対する不利な、敵意ある反響をひきおこし、現在の微妙な状勢は天皇に対する不当な偏見を不必要に導入するであろう」

天皇の戦争責任を追及しようとしている諸外国に対して、刺激を与えないようたいへんな気の使いようでした。そして日の丸は、特定の時と場所でない限り掲揚してはならないという以下の方針を定めたのです。

「国旗掲揚については、未だ基本的指令はない。従って現在の所、個々の場合はその都度許可を受けなければならない。しかし数次の会談或いは半公式の文書により右指令のほか司令部係官より、国旗の掲揚について明らかにされた意嚮は左のとおり。

十二の国家的祝祭日（四方拝、原始祭、新年宴会、紀元節、春季皇霊祭、神武天皇祭、天長節、秋季皇霊祭、神嘗祭、新嘗祭、明治節、大正天皇祭）については当方より個別的に申請をなし、これに対し、司令部より国旗掲揚をすることの差し支えない指示があった。今後この種の祝祭日の国旗掲揚に関しては、やはりその都度申し出を要する」

ところが意に反して巡幸先では、県が勝手にたくさんの日の丸手旗を子どもたちにばらまいた。その覚え書きには、掲揚の規定を無視するとはけしからん、というくだりも出てくる。天皇の随員は七十人もいて、しかもみんなが威張っているから地元では応対しきれなくて困っている、とも。

半藤　日の丸掲揚を規制すべきだとは、もとはソ連が言いだしたことなのです。

竹内　そうでしたね。僕が注目したのはつぎのくだりです。

「巡幸費用は四十七年の十二月十二日までの十八件総計で、二千四百万円を越える。これは皇室費用から出ているのではなくて、政府や地方公共団体が出している。そして巡幸のためにさして必要でもない道路の整備工事をやったりして莫大な金を使っているのはまことにけしからん。積算すると四十六県を回ったら総額一億四千万円に及ぶだろう。この額は皇籍離脱した皇族に与えられた四千七百五十万円に比べてどれほど大きな額であることか」

このことで、図らずも降下した十一宮家に渡されたお金、退職金の総額がわかる。じつに四千七百五十万円もの退職金が出ていたらしい。

松本　ほう、その覚え書きが退職金支払いの証拠というわけですね。

保阪　意外な発見ですね。

半藤　宮家はみんな軍人ですからね。軍人退職金、いわゆる恩給もそれとは別に出ているはずです。そして、スウォープは文句つけているようですが、巡幸のおかげで地方の道路や橋といったインフラはずいぶん復興しちゃったんです。

竹内　いや、彼はそれにも文句をつけておりまして、金を使った割には肝心なところや本当に必要なところは直さずに、見えるところだけしか直していないと怒っています。

半藤　文句の多い男だね（笑）。

竹内　いずれにせよ、十一宮家に退職金が出ていたらしいとは、今回私は初めて知りました。ほかにも資料があるのでしょう。

米政府のそれぞれの部局が、日本占領のための準備や実施について行なった会議や決定、覚え書きなどの膨大な記録文書の集積から、中でも重要と見なされるものを選んでリストアップした「日本占領・米国企画文書　一九四二―一九四五」という検索リストがあります。のちに防衛大学校長となられた五百旗頭《いおきべ》真《まこと》氏（現・熊本大学理事長）が神戸大学在籍時代、研究のために滞米中に米公文書館のスタッフと共に編んだ労作で、ここに載せられている文書はすべて国会図書館憲政資料室のマイクロフィルムで容易に閲覧することができる。私が「アメリカ側の資料」というとき、おおむねそれを参照していることをお断りしておきます。

第三章　二・一ゼネストの中止命令

報告

松本 二・一ゼネスト（統一要求をもって、職業別、産業別の枠を越えて、地域的あるいは全国的な規模で多数の労働者が一斉に行なうゼネラルストライキのこと）とは、そしてゼネストの中止命令とはなんだったのか。それを再考するに当たって、ひとまず事の成り行きを押さえておきます。

ＧＨＱが行なった戦後日本の三大改革といえば、農地改革、財閥解体、そして労働改革です。敗戦直後の当時、激しいインフレによる生活苦に悩まされていた労働者たちは、改革の大方針にもとづくＧＨＱのお墨付きを確信して、労働組合を組織し、さまざまな待遇改善を要求していくことになりました。その運動が最高潮に達したのが昭和二十二年二月一日午前零時を期して予定されたゼネストです。

これより前、民間労働者による昭和二十一年の十月闘争があったために、官公庁労働者たちの意気は、おおいに刺激されていました。十一月二十六日には、全日本教員組合協議会、全逓信従業員組合（全逓）、国鉄労働組合総連合、全国官公職員労働組合協議会などが「全官公庁労組共同闘争委員会」を結成。賃金アップあるいは勤労所得税の撤廃などを政府に要求します。しかし吉田茂首相はこれを拒否。翌年の「年頭の辞」でゼネスト指導者たちを「不逞《ふてい》の輩《やから》」という、穏やかならざる言葉で非難しました。闘争に立ち上がった労働者はそれを契機としていっそう態度を硬化させていったのです。

同時期に日本社会党と日本労働組合総同盟（総同盟）、全日本産業別労働組合会議（産別会議）の幹部たちが吉田内閣打倒の国民会議を計画します。これによって、労働者の怒りは官公労働者のみならず、民間の労働者にまで広がって、昭和二十二年一月十五日には、総同盟、産別会議、全官公など三十組合、四百万以上の労働組合員から組織された全国労働組合共同闘争委員会（全闘）が結成され、同委員会は一月十八日に、「二月一日に二百六十万人が参加する全国一斉のストライキに突入する」と宣言します。政府と中労委は基本給引き上げによる妥協をはかったのですが、実らず、全官公庁共同闘争委員会は吉田内閣打倒を掲げてゼネストに向かったのです。全官公庁共同闘争指導部は日本共産党の影響力が強かった。一月十八日の宣言文を以下に示します。

「全勤労階級の生活権の獲得なくして祖国の再建は絶対にあり得ないことを深く信じたるわれわれ全官公労働者は、基本的人権確立の要求を提出し二ケ月にわたって団体交渉を続けて来た。然るに非愛国的政府は常にわれわれの要求をふみにじり十五日ついに誠意なき一片の文書回答を投げ与えたのである。（中略）

われわれはわれわれの祖国を限りなく愛し敗戦日本民族の復興を熱願する情切々、ここに血涙をのんでついに建設的大手術を断行せざるを得ざるの止むなきに至った。われら二百六十万の全官公労働者は二月一日午前零時を期して決然として起ち全国一斉にゼネストに突入し全要求の貫徹するまでは政変の如何にかかわらず断乎として戦うことを宣言する。

なお、二月一日以前において弾圧を受けたる場合はそれがいかなるものであろうとも自動的にゼネストに突入するものであり、これによって生ずる事態の一切は政府の当然負うべき責任であることを警告する」

全官公庁共同闘争指導部はマッカーサーが公式に中止等に言及しなかったことから、ゼネスト計画の継続を推し進めるわけです。これを受けて一月三十一日、つまりゼネストの前日についにマッカーサーがつぎのようなゼネスト禁止の声明を出しました。少々長くなりますが全文を紹介します。

「連合軍司令官として余に付与された権限に基づき、余はゼネラルストライキを行う目的のもとに連合した組合の指導者に対し次のように通告した。

即ち余は現下の困窮かつ衰弱せる日本の状態において、かくの如き致命的な社会的武器を行使することを許容しない。従ってかような行為を助長することを断念するよう彼らに指令した。

余は現在、懸案の問題でこのような程度まで干渉せざるを得なかったことを最も遺憾とするものである。

余がこのような措置をとったのはすでに著しい脅威を受けている公共の福祉に対する致命的衝撃を与えることを未然に防止するためにほかならない。

日本人社会は今日財政と連合国占領の制限下に運営されている。その都市は荒廃に委《い》され、その産業はほとんど停頓し、国民の大部分は飢餓線上を彷徨《ほうこう》している。ゼネストは輸送および通信を崩壊せしめるもので国民の必要とする食糧の輸送をはじめ、緊急必要品を確保するための石炭の移動を阻み、今日なお、依然として操業を続けている産業活動をも停止させるものである。麻痺状態は不可避的に起る。これは日本人の多くをして事実上の飢餓に導き、かつ社会的階層および、基本問題に対する直接の利害関係にかかわりなく、日本人の各家庭に恐るべき結果をもたらすものである。日本における事実上の飢餓をさけるため、米国民は今なお、その少ない食糧資源の中から多量を日本人に放出しているのである。目前に迫るゼネストに関係している人々は日本国民のごく小部分にしかすぎない。しかもこの少数の人々は、ついこの間日本を戦争の破壊に導いた少数派のもたらしたものと同様の災禍の中へ大多数の人々を投げこむかも知れない。このことは日本国民によって、かくも向う見ずに負わされた運命の中に打捨てて置くかまたは連合国自体の乏しい資源を犠牲にしても必要以上に大量の食糧とその他の生活必需物資を無制限に日本に移し、今後事態を収拾すべきかの不幸な決定をなすべき羽目に連合国を追いこむであろう。かかる状態の下において余は連合国民にこの余分の重荷を引受けることを強調することは出来ないのである。

余はさし迫った非常手段の一つとして今回の措置をとったが、これ以外のことで労働者が正当な目的を達成するため今日迄与えられて来た行動の自由をあえて制限するつもりは毛頭ない。また、それと関連ある基本的社会問題をそらせたり、それに影響を与えたりする意思は全くない。これらの事柄は自然に進化して行くべき問題である。日本が現在の悲境から次第に立ち上るにつれ、時と環境が災害を避けて是を定めて行く性質のものであろう」

占領下日本の労働者たちは、天皇より偉いGHQ最高司令官直々の命令とあってはこれを受け入れざるを得ず、やむなくゼネストを中止することになりました。指揮していた全官公庁共同闘争委員会の伊井弥四郎議長のラジオ放送での中止宣言の、最後の部分はこうでした。

「わたくしは今、一歩退却、二歩前進の言葉を思いだします。最後にわたくしは、声を大にして、日本の働く労働者・農民のためのバンザイをとなえて、放送を終わることにします。労働者、農民、バンザイ！　われわれは団結せねばならない」

まことに予期すべからざる大きな出来事でした。これによって「真の民主化」あるいは「革命」への道が断ち切られたと人びとは落胆し、マッカーサー司令部は解放軍ではなくて占領軍であるということを、共産党は初めて認識した。戦後日本の進路はここから変わったという見方も少なくありませんが、さて、まずは半藤さん、当時の空気はどうであったか、お聞かせ下さい。

討論

半藤　このとき私は十六歳。旧制長岡中学の五年生でした。東京から遠く離れた長岡の地に緊迫した空気はありませんでしたが、それでも新聞やラジオを通じて入ってくる情報によれば、東京ではいまにも革命が起きるのではないか、と。そんな張りつめた空気に東京が包まれているということは、充分感じることができましたね。

この前年の昭和二十一年の三月に、チャーチルの「鉄のカーテン」演説がありました。第二次世界大戦が終わると同時に、ソ連が東欧諸国をつぎつぎに社会主義化していったためにソ連対米英の対立がヨーロッパでは深刻化していた。対立するソ連を批判すべく、アメリカ旅行中のチャーチルがミズーリ州フルトンで行なった演説が「鉄のカーテン」演説です。「バルチック海のステッテンからアドリア海のトリエステまで、ヨーロッパ大陸を横切り鉄のカーテンがおりている。その背後に……弱小であった共産党が、いたるところで全体主義的な支配をしこうとしている」と。つまり米英カナダの軍事同盟でソ連率いる社会主義陣営に対抗しようと呼びかけたわけです。これを契機にスターリンが硬化してすべての情報をシャットアウト。ソ連圏内部で起きていることは知ることができなくなり、いわゆる冷戦という言葉が一般化して、東西冷戦が厳しさを増したというのはごぞんじのとおりです。社会主義陣営と自由主義陣営が、世界を真っ二つに分けて相争うとしたらはたしてどっちが勝つのかという、緊迫感や不安のようなものが人びとのあいだに蔓延し始める。そういうヨーロッパの、いや世界状勢でした。

長岡の中学生のなかにも「社会主義のほうが正しい」なんて言いだしたヤツがいましたよ。そして「いや、自由主義のほうがいいんだ」なんて言い返す者もいて。田舎の中学でも意見が二つに分かれ出す、というような雰囲気がありましたね。

松本 労働者の状況はどうかというと、昭和二十一年の十月には全日本産業別労働組合会議（産別会議）による十月闘争が起きて、民間では賃金が一定程度上がったのだけれど、国家・地方公務員の賃金は置き去りにされたままでしたから、自ずと彼ら公務員の不満は昂まっていたわけでした。

保阪 産別会議といえば、その結成は九月ですが、結成宣言であげた綱領のひとつに、賃金アップ要求とならんで労働時間短縮要求がありました。「われわれは一週四十時間労働制獲得のため闘う」というスローガンが掲げられ、彼らはその理由をこう述べています。

「いままでの長時間労働は、われわれを疲労におとしいれ、健康を害し、文化的生活の余裕を奪い、文明人としての生活を妨げ、そのためにわれわれ労働者は教養さえもひくめられていた。（中略）われわれは一般的に一日七時間、一週四十時間労働制を要求し坑内作業、高熱作業、健康上有害な労働についてはさらに短縮すべきことを要求する」

この認識は戦後の労働運動に一貫して流れることになります。たしかに炭鉱や一部基幹産業では労働条件が過酷で人間的生活を営む以前の状態におかれた時代が長かった。時短要求は社会的にも理解されて徐々にその方向に向かいましたし、敗戦を契機として、組合がこうしたスローガンを掲げてストを行なうことに国民が協力的であったということも重要な事実です。

半藤　そういう認識や動きもあったでしょうねえ。いずれにしても言えることは、とにかく食うものがなかった。長岡はまあまあ食うには困らない感じでしたが、東京では、サツマイモの蔓やフスマ入りのパンや芋ガラの入った粥などがごちそうだったと聞きましたよ。東京の食糧不足は昭和二十一年が最悪だったのではないですか。

竹内　いまの人には、フスマと言ってもなんのことやらわからないでしょうね。小麦を粉にひいたときにできる皮の屑で、飼料や洗い粉に使われたのですが、それがこのとき東京では、人間様のだいじな食糧になっていた。敗戦直後の食糧事情の窮乏は言語に絶するものでした。

半藤　しかし、それでもみんな必死で働いた。電車はのべつ超満員でしたよ。

松本　配給米以外の米を買ったらそれは闇米、食糧管理法違反です。闇米を拒否して栄養失調で死んだ山口良忠判事の餓死事件は、新聞で報道されたために ずいぶん話題を集めました。苦労して育った判事の息子さん、良臣氏はずっと父親を恨み続け、長じて私小説『父を売る子』を書いています。この人は大学を出たあと出版社に入るのですが、その後転職を重ねて酒と女と借財まみれの火宅の日々に落ちて行く。転職先のひとつがこの筑摩書房でした。それはまあ、どうでもよろしい。

そしてついに東京市民たちの「米よこせデモ」がはじまるわけです。昭和二十一年五月十二日にデモ隊は坂下門から宮城のなかに押し入って「天皇の日々の食事の献立表を見せろ」と叫びを上げたという。つづく十九日には、皇居前広場で「飯米獲得人民大会」が開かれました。

保阪　この大会に参加した人数はじつに二十五万人。かの有名な、「国体はゴジ（護持）されたぞ　朕はタラフク食ってるぞ　ナンジ（汝）人民飢えて死ね　ギョメイギョジ（御名御璽）」は、林立するプラカードのひとつでした。

半藤　書いたのは松島松太郎。松島は検挙されて不敬罪に問われる一幕もありましてね。これが最後の不敬罪による起訴です。もっとものちに免訴となり、まあ無罪だったわけですが。

松本　天皇という絶対権力者対飢えた労働者、という構図が少なからず人びとの意識のなかにあったことがうかがえますね。

半藤　越後ではそれが大地主対小作という構図になる。

竹内　それに加えて鉄のカーテン演説に見るごとく、社会主義陣営対自由主義・資本主義陣営という対立軸も生まれていた。

半藤　これは、昭和二十一年六月二十四日のことですが、戦前からの日本共産党のトップで獄中生活十八年、戦後初の書記長をつとめた徳田球一がこういうことを言っているんです。新憲法成立前の国会での演説です。

「吉田内閣の政策の基本は、（中略）労働者、農民、勤務者、戦災者、帰還同胞、復員戦士、中小資本家の利益の一大飛躍を政策の中心とするのでなければ、日本民族は破壊に陥ると信ずるのである。しかるに政府諸君はかかる重要なことを考える前に、憲法を設定しようとしている。何事であるか。われわれは憲法よりも食糧を、これが我が党のスローガンである。また労働者、農民、一般人民諸君の叫びである」

大事なのは憲法よりも食糧だ、と。あからさまに背に腹はかえられないと叫んでいた。それほど食えない時代だった。腹がペコペコ時代（笑）。じゃあ、どうするかということになれば、共産党を旗頭に立てて資本家どもと特権階級を倒せ、という声がもの凄い勢いで高まったわけです。

松本　特権階級のトップに天皇がいる、と。

半藤 そういう構図です。ところがいっぽう新宿では、昭和二十二年一月十五日にストリップが始まってたいへんな人気を集める。それを指して「国破れて裸あり」と、私はこれまでもずいぶん書いたりしゃべったりして参りましたが。

保阪 これまた有名な「額縁ショー」ですね。

半藤 そう、新宿の伊勢丹の前にあった映画館「帝都座」の五階に小さな劇場がありまして、そこで「名画アルバム」と題するストリップがはじまったのです。カーテンが上がると額縁があってそのなかに裸の女の人を立たせた。ショーと言ったって、下半身を大きな帽子で隠してじっと動かずにポーズをとっているだけなのですが、これが爆発的な人気を呼ぶのです。連日押し合いへし合いの超満員。客の男たちはみんな固唾《かたず》を呑んでその裸を見つめていて、劇場内はシーンと静まり返っていたといいます。これを見て浅草にロック座が開いたのがその年の八月。二十四年に浅草座、二十六年にフランス座ができて、いよいよ浅草ストリップの全盛時代がはじまるわけですが、いずれにせよこのエンターテインメントというものは要するに、労働者のための娯楽だったのです。飢えと裸と革命の気運とがないまぜになって……、そういう騒然たる雰囲気の時代でした。

●共産党とゼネスト

竹内 革命の気運という意味では、あの頃、共産党は人気があった。共産党の人びとも

GHQが応援してくれると思っていた節がありましたね。

保阪　戦前の日本社会では警戒心を生むような響きの「アカ」というレッテルを貼っていたものの、共産党には恐れと同時に期待を寄せるという側面があったことも否定できません。昭和の戦争のなかで、清新なイメージをもっていたのは共産党だけとの言い方もできる。戦後GHQの民主化政策のもとで、共産党は当初、その存在が日本の封建体制を打破するための革新勢力の要とも捉えられていたわけです。治安維持法によって獄中で十八年もすごした志賀義雄や徳田球一などはGHQによって釈放され、しかもGHQからは政治的発言を自由に行なうように勧められもした。共産党にとってこの時GHQは、まごうかたなき解放軍だったわけです。「人民に訴ふ」の第一項には「連合国軍隊の日本進駐によって日本における民主々義革命の端緒が開かれたことに対して我々は深甚の感謝の意を表する」とありますよ。

松本　共産党のなかにマッカーサー幻想があったのは間違いありませんね。

竹内　そもそも労働組合が戦後になって復活したのはGHQの基本政策、五大改革のひとつでした。ですから共産党のみならず、みんなが、当然アメリカの支持のもとに労働運動を行なうことができると思ったのは無理もないのです。

松本　その五大改革の指令は終戦からわずか二カ月後の昭和二十年十月十一日に出ています。その内容は、婦人参政権、労働組合の奨励、教育の民主化、司法の民主化、経済の民主化でした。二番目の労働組合の奨励を指導しているのが共産党であり、その指導者はマッカーサーによって獄から解放された。マッカーサーは自分たちの労働条件の改革要求、具体的にはゼネストを認めてくれるだろうと。

半藤　当然そう思ったでしょうね。

竹内　少し遡りますと戦中からアメリカは、民主的制度において労働者が権利を主張することは当然のことだと思っていました。したがって労働組合というものは組織されるべきものであり、それを日本にもつくらせようとした。それが占領政策にとっても役立つであろうと考えたわけですね。終戦の前年の昭和十九年十一月に、戦後計画委員会（PWC）で、メンバーの一人であったウィリアム・カルピンスキー空軍大尉がこう言っていました。彼はのちにGHQ初代労働課長というポストについています。「占領当局にとっては日本の労働組織は国内の秩序を維持し、占領軍のための労働力を入手するとともに軍政府が目的達成のために必要とする生産を組織し、提供するための有効な手段となり得る」。つまり労働組合は大いに奨励すべきであると。ところがいざ日本に労働組合ができあがってみると共産党に乗っ取られてしまった。これは想定外だ、クスリが効きすぎた、ということになって、急遽方向修正を余儀なくされたのです。

松本　はじめは労働運動を認め労働組合を奨励しながら、ではなぜマッカーサーが二・一ストを禁止したのか。その意識の中には、声明にあるとおり「日本人社会は今日財政と連合国占領の制限下に運営されている」という、まさに占領軍としての自負があった。つまり、敗戦国の国民が勝手に労働条件の改善を要求したり行動を起こしたりするのはまかりならん、と。

半藤　許可を求めに来いと言わんばかりです。

松本　それと同時に、街は荒廃して産業もほとんど停滞して国民の大部分が困窮かつ衰弱しているというのに、そんなことをしたら国民に致命的な衝撃を与えかねない。恐るべき事態になると認識している。その結果として、連合国はもっと食糧支援をせざるを得なくなって、日本にとって大切な救世主を窮地に陥らせることになるぞ、という、いわば脅しの論理なのです。そこがマッカーサー声明のおもしろいところでして、じっさい状況はそのとおりだった。

半藤　しかも後ろには共産主義社会が勢力を伸ばしつつあった。中国も朝鮮半島も、もうゴチャゴチャ、ゴチャゴチャ始めているのですよ、国内戦争の前哨戦を。ヨーロッパではじまった米ソの冷戦がアジアにまでやってきていた。そういう世界状勢を横目で見れば、GHQは日本国民が共産化するのではないかという不安を覚えたのであろう、とは思いますがね。これを阻止しなければならない、と。

●ゼネスト前夜・ゼネスト後

竹内　それは、日本政府の危惧でもありました。昭和二十一年の二月のことですが、政府は「四大臣声明」を出しています。三土《みつち》忠造内務相、岩田宙造司法相、小笠原三九郎商工相、芦田均厚生相連名の声明です。

「近時、労働争議などに際しては、時々暴行、脅迫または所有権侵害等の事実も発生を見つつあることは真に遺憾に堪えない――かかる違法不当なる行動に対しては、政府においてもこれを看過することなく断固処断せざるを得ない」

これが二・一のちょうど一年前のことです。それに対してもちろん労働組合総同盟から強い抗議声明が出る。それにつづく四月一日に同盟から新しい労働方針が発表される、ということがあった。日本の当局側から見て目に余るような行為というのがすでにあり、なんとか歯止めをかけようという当局と、労働者側の軋轢《あつれき》が水面下でヒートアップしていたわけですね。

もうひとつ面白いのは、首相吉田茂の例の「不逞の輩」発言。あれは二十二年の一月一日ですよね。おなじ月の二十二日にGHQマーカット経済科学局長の言明がありました。GHQ経済科学局長マーカットとコーエン労働課長は、伊井弥四郎全官公庁共闘議長を呼びつけてこう諭しているのです。「ゼネストなどで全国的通信網や輸送機関の継続的業務を阻害することは占領軍の目的を妨害するものと見做し、さらにゼネストは日本の大衆全体に対しても破壊的で、司令官は断固たる措置をとる必要がある」と。さらには、「日本の労組の権利は連合国司令部の承認するところだが、その権利には限界がある。全体としての社会の必要を考慮するに、ゼネストにせよ、全国的な通信や継続的な業務を疎外するような、必要な物資の生産を減少させるような行動は占領軍の目的を妨害するものと見做され、ただちに占領軍によって行動が起こされる。ゼネスト共同行動は許さない」と、はっきりゼネスト中止の勧告を申し渡しているのです。

松本　それを踏まえた形で、一月三十一日マッカーサーの声明ということになったわけですね。しかしマッカーサーは、「さし迫った非常手段の一つとして今回の措置をとったが、これ以外のことで労働者が正当な目的を達成するため今日迄与えられて来た行動の自由をあえて制限するつもりは毛頭ない」と言って、要するに、今回は非常手段として措置をとったけれども、労働者の権利を守ったり労働組合を奨励したりということに変わりはない、とまで明言していたわけです。

竹内　大義名分は守った。

松本　ですから大衆のなかにマッカーサー幻想はこの後も残るということになりました。多くの人が、マッカーサーは労働者の権利を認めているのだと信じた。だからこそマッカーサーが帰っていくときに、「マッカーサー陛下万歳！」と言って見送ったのでしょう。

半藤　先に申し上げたとおり、私ははるか遠くから見ていましたけれど「もし東京中の電車やバスといった交通機関、そして官公庁全部の機能がストで停まったら、たちまち人民内閣ができるのではないか」と、そう先生が言ったのを覚えていますよ。「日本も社会主義国家を選択するのではないか」と。私が、「そうなったらアメリカはどうするでしょうか」と聞いたら先生が答えていわく、「アメリカはたぶん許さんだろうなあ……」。

竹内　ほう、そうでしたか。僕は当日のラジオ放送を覚えています。伊井弥四郎が泣きながら演説しました。「一歩退却二歩前進。労働者、農民万歳！　我々は団結しなければならない」。

半藤　あれは忘れられませんね。まさか、と思いましたからね。

松本　しかしマッカーサーは「米国民はいまなおその少ない食糧資源のなかから大量に日本国民のために放出している」とまで言ったくせに、昭和四十年くらいになって、アメリカ政府があの食糧は貸したものだから金を払えと言ってきた。あとになってその代金を要求するとはなにごとか、と言いたいです（笑）。

半藤　いや、ほんとうです。

竹内　小麦や脱脂粉乳、あれらをＧＨＱはくれたのだと僕らは心から信じていましたよ。

半藤　まあ、それはともかく。占領下日本では二・一ゼネストが中止されても、マッカーサー幻想が消えなかったのとおなじく、社会主義への憧れもまた断たれたわけではありませんでした。戦後日本をどういうかたちで再建するのか。国家の選択として社会主義を選ぶという道もあるのではないかと、そんなイメージを頭に描いていた人はたくさんいたと思います。社会主義国家への幻想なんでしょうがね。それが証拠に、新憲法のもと、昭和二十二年の四月二十五日に行なわれた第一回総選挙で勝ったのは日本社会党でした。百四十三議席を獲得して第一党です。

保阪　書記長の西尾末広がそのことを知って、思わず「そいつはエライこっちゃ、あとをどうする」と言って囲んでいた記者たちの爆笑を買った（笑）。それほど思いがけない勝ち方だったのですね。

半藤　でもこの数では衆議院の過半数には及ばない。では、どうするか。荒畑寒村ら左派が連立に強く反対するのです。左派は単独内閣で三日天下でもいいから、社会主義政策を断行すべきだと主張したのですが、結局、民主党、国民協同党との連立内閣、片山哲内閣の誕生となった。

松本　しかし連立による足の引っ張り合いがあってわずか九カ月足らずで内閣は総辞職。昭和二十三年二月のことです。

竹内　それと接するように日経連（日本経営者団体連盟）ができるのが昭和二十三年の四月です。創立総会の宣言が「経営者よ、正しく強かれ」。このスローガンには経営者の危機感と緊張感が感じられます。要するに労働運動の熱はゼネスト中止ですっかりシュンとしてしまったわけではなくて、いまだ冷めやらずといった雰囲気が瀰漫していたわけですね。それに対して経営者側は、正常な経営権を守り抜くのだ、という姿勢を明らかにした。つまりこのあたりまで労使の騒乱がずっと続いていたと見るべきでしょうね。

松本　ほんとうの転機は朝鮮戦争とレッドパージ・公職追放でした。

半藤　ですから日本人は、朝鮮戦争が起きるまでのあいだに、これからどういう国家を築くべきかについてよくよく考えて論議しておくべきだったのです。戦争特需に沸いて以降は国を挙げての大忙しとなり、そういう論議がほとんどなかったことが、返す返すも悔やまれる。

竹内　あまりに貧しくて腹が減っていましたからねえ。もう少し食えていたら、考えることができたかもしれません。

●**戦後食糧の窮乏**

半藤　竹内さんはいつ台湾から日本に帰って来たの？

竹内　昭和二十一年の三月です。

半藤　では二・一ゼネストの前ですね。

竹内　僕が帰って来て暮らしたのは米どころの弘前でしたから、食糧で苦労した経験はほとんどありませんでした。でも、街から一張羅の着物を携えてきて、わずかな食糧と換える人の姿をずいぶん見かけましたね。

松本　あの頃、都会の人間は農民にそうとう苛められたようです。タケノコ生活という言い方があって、都会人は芋やなにかを手に入れるために、言われるまま絹の着物を一枚一枚剝がれていった。戦中の疎開よりも終戦直後の食糧難のほうが厳しかったという人もいます。高度経済成長のはじまる一九六〇年代から農村が疲弊していくわけですが、そういう目にあった都会の人間たちは、俺たちを苛めたバツだと冷ややかに見ていたとも聞きます。

半藤　そういう言い方していた人が事実いましたよ。

保阪　それとあの頃はいまの中国の農村戸籍のように、地方人の東京流入は制限されていましたでしょう。

半藤　そうでした。以前に住んでいた人間は戻っていいのだが、地方人が新たに住むことは制限されました。

松本　制限といえば、僕は大学入学で上京するときに米穀通帳をもって出てきました。一九六四年のことです。このときまだ米穀通帳をもって来ないと大学生の県人寮で飯を支給してもらえなかったのです。

保阪　米穀通帳というのは、戦後ずいぶん長いあいだ身分証明書やパスポートみたいなものだったのですね。

半藤　私が長岡から通帳をカバンに入れて、浦和高等学校に入るために出て来たのは昭和二十三年の春でした。高等学校の寮に入ったのですが、その時は当然ながら配給で、寮番が全員分の配給を代表して受け取っていました。ある日寮番が、今週は米がないと言う。その代わりにチョコレートの固まりが来たと言うのです。そんな馬鹿な話があるか、と騒然となったのですが、大揉めに揉めて、結局どこかでそれを売って米に換えることになった。ところが馬鹿なヤツがいて、チョコレートをもらうと言うのです。そいつ、一人で大きなチョコレートの大きな固まりをその晩のうちに全部食っちゃったんだよね。栄養状態の悪いところに高カロリー食品を一気に食べたものだから、興奮しちゃって夜中に鼻血を吹き出しながら寮の廊下を走っていましたよ（笑）。まあ、そのくらい配給というのが厳しい時代ですから、いわんや昭和二十一年から二十二年にかけては、東京の人たちは本当に凄い状態だったと思いますね。あのときの食糧難というのを背景におかないと、ゼネストについてもほんとうのところは理解できないと思います。

●ゼネストがもし行なわれていたら

松本　さて、そういうわけで一月三十一日夜、九時過ぎに全官公庁共同闘争委員会議長の伊井弥四郎のラジオ放送となりました。

半藤　このラジオ放送はGHQによる指示だったようです。終戦のときの玉音放送と違いましてきれいな音声で流れました。しかしねえ、くどいようですががっかりしましたよ、国民の多くが。もし、このゼネストが成功していたらどうだったでしょうか。

松本　まずは、マッカーサー司令部の権威失墜ということになる。天皇よりエラいとされたマッカーサーもたいしたことないぞ、と。そして日本共産党の目論みどおり、吉田茂内閣なんか吹っ飛んだことでしょうね。ほんとうに人民内閣ができていたかもわからない。

竹内　そうなっていたらたぶん、流れは天皇制打倒に向かったでしょうね。

松本　まさにそうした動きを阻止するように天皇の巡幸というのが実行されたわけです。巡幸がはじまったのは前年二月十九日でした。

竹内　神奈川県川崎市からスタートして、この年は二月、三月、六月、十月と行ないました。ちなみに四七年は、「六月、八月、九月、十月、十一月」です。二・一ゼネスト中止後も燻ぶり続けた騒乱の気配ともピタリ重なります。

保阪　このあとも中断はありましたが、結局昭和二十九年八月の北海道まで足かけ九年に及ぶことになりました。総行程じつに三万三千キロ、総日程は百五十五日です。右手でソフト帽をあげるポーズ、ウンウンとうなずく様子、少々ぎこちない歩き方を国民は親しみをもって話題にしました。なかでも「アッ、ソウ」というお返事は流行語にもなりましたね。

半藤　ウソかマコトか、九州巡幸のときには「あちらに見えますのが、阿蘇でございます」と説明されて思わず「アッ、ソウ」と答えて笑いをさそったこともあったらしい（笑）。いずれにせよ、あの巡幸で天皇の人気がいや増しに増したのです。

松本　昭和二十一年の新年の一般参賀が三万七千人。それがつぎの年になると三十万人。翌年は五十万人です。まさに昭和天皇の人気は鰻登りとなりました。

竹内　あの時、総司令部がゼネストを禁止しなかったらどうなっていたか、というイフは面白いですね。

松本　なにしろ労働者・公務員にスト権が認められていたわけですから政府は止められません。その前提として、ＧＨＱは労働者の権利を守ると言って、お墨付きもらった恰好だったわけですからね。

保阪　このあと官公庁公務員からスト権を奪おうという動きがでてきたのは、こんなことをもういっぺんやられてはかなわない、という危機感が為政者に深く刻まれたからでしょう。そして昭和二十三年七月三十一日、すべての公務員のストライキを禁止する政令が出されたわけです。

半藤　二・二六事件は青年将校が天皇陛下を誤解して始まった。二・一ゼネストは、共産党がGHQを誤解して始まったと言えませんか。

松本　まさにそうでした。ひと言つけ加えさせていただくなら、二・二六事件は青年将校が天皇陛下を誤解して始まり、天皇によって鎮圧された。二・一ゼネストは、共産党がGHQを誤解して始まり、GHQによって鎮圧された。権力に逆立ちした革命幻想をいだき、権力によって潰された。

半藤　歴史というのは時おりそういう似姿を見せるのですよ。

●社会主義への憧れは残った

竹内　そこへもって来て、一九五〇（昭和二十五）年六月の朝鮮戦争が始まると、それをきっかけとする占領政策の転換があるわけです。たとえば共産党に極端に圧力がかかるようになります。先の話にでたように、いっとき共産党は日本人に「愛され」、労働組合なども応援を受けていましたが、両者ともギリギリのところに追い込まれてGHQの弾圧はエスカレートしていきました。

半藤　そして時代はクルッと変わってしまった。あの後もう少し社会主義への憧れが残ったのですが。

松本　いや、半藤さんのいたジャーナリズムの世界では少しでも、アカデミズムの世界では少しどころではないでしょう。昭和三十八年から出た岩波書店の『講座現代』という十六巻本があります。そのほとんどの論調というのが、「恐慌という資本主義のカタストロフが訪れて、いずれ日本は社会主義化するであろう」というものでした。

竹内 昭和三十年代の僕たちが学生の頃だって、社会主義への憧れはありましたもの。

松本 その憧れがあったからこそ、肩を組みながらロシア民謡を歌声喫茶で歌う、というようなことも流行したのでしょう。「全国の労働者よ、団結せよ」というスローガンもしっかり生きていました。私は経済学部の学生でしたが教授の三分の二から四分の三はマルクス主義者でした。戦前戦中はずっと逼塞《ひっそく》していたけれど、戦後いっせいに復活。財政学でさえマルクス主義者でしたね。こういう学者たちの講義をわれわれは日々聞いていたわけですから、そりゃあ影響を受けますよ。では社会主義幻想がなくなったのはいつだろう。一九七二年の連合赤軍事件でなくなったというのが、全共闘世代の実感です。

竹内 いや、あれは特殊な例だとして幻想はまだありましたね。社会主義への憧れは一九九一年のソ連崩壊まではあったように思います。

半藤 お言葉ですが、私は浦和高等学校一年生のときに共産党は危ない組織だってことがよくわかりましたからねえ。入学してすぐ、まわりにどんどん左翼になる者が増えていった。一年生の終わりごろ、共産党の浦和の細胞（党）に、上級生に連れられて行ったことがあるのです。そうしたら、寮生大会などでは壇上で、「これからの日本は、断乎社会主義で行かなければならないッ」「天皇制打倒！」なんていつも怒鳴っている人が、党の集会ではヘイコラしている。その一方で学校ではおとなしそうにしていた男が細胞の大将で、「お前のこの前の演説はなんだッ」とほかの連中を怒鳴りつけている。それを見て、「革命はわれわれが頭で考えたり本で読んだりするのと違って、裏側ではなにが起きているのかわからない」と、政治というものへの不信感が生まれました。つまり、言論の自由はないんだ、徹底的に抑圧されるんだと。

そうしたときに出会った本が、岩波文庫のアナトール・フランスの小説『神々は渇く』。元共産党員で戦後は経団連理事や産経新聞社長として活躍した水野成夫《しげお》さんの訳でした。フランス革命が裏側でいかに謀略や陰謀が渦を巻き非人間的なものであったかが書かれていて、「なるほどそういうことなのか」と、たいそう感銘を受けたものでした。同時に、党というものへの不信ももつようになりました。

先ほどの話に戻りますと、当時の日本人の心を象徴するように、二・一ゼネスト中止のあとで生まれた片山内閣。これがわずか九カ月足らずで総辞職に追い込まれてしまいました。これがもし一年でも二年でも続けば、どんどん社会主義政策が断行されていたかもしれない、そうしたら日本はどう変わっていたか。この「イフ」はいかがでしょうか。

竹内　朝鮮戦争勃発前、昭和二十二年のGHQの体制はまことに進歩的でした。もしかしたら社会主義政権そのものは許したかもしれませんね。そういえば、先に論じた宮さまたちの皇籍離脱はまさに片山内閣のときでした。

保阪　昭和二十二年三月三十一日に教育基本法ができて教育勅語が廃絶されています。もっともこれは片山内閣ではなく前の吉田茂内閣がやったことですが。

半藤　いずれにしても日本の民主化のためにもっともっと改革をやりなさい、というのがこのときのＧＨＱの立場でした。片山内閣がやったことはもう一つ、民法改正。「改正民法」の公布が昭和二十二年十二月二十二日。これがまことに民主的かつ自由平等的で、過去の封建的家族制度が全否定された。夫婦平等、戸主権や長子相続は廃止、成年者の自由結婚の尊重などなどがどんどん決まっていきました。そしてかつて「地震、雷、火事、オヤジ」と恐れられたオヤジさんは月給運搬人となって権威失墜、となったわけですが。

竹内　まあ、片山でなくとも民法は改正したでしょうけどね。

半藤　まあ、そうでしょうね。いままで威張っていた男の権威はどこへやら。居場所が小さくなるのは時間の問題でありましたな。でも、民法改正をあそこまですることが、本当に日本人のためにいいことであったかどうか。私はいささか反動的ながら、そう思っているんですよ。いずれにせよ、二・一ゼネストというのは、戦後日本のほんとうに大きな結節点だったと思います。

第四章 アメリカ文化の大流入

報告

竹内　占領下日本にはアメリカ文化が滔々と流入し、それはまさに怒濤のような勢いでした。アメリカ文化の何に衝撃を受けたかについては、あの頃何歳くらいであったかによってずいぶん異なるかもしれません。昭和二十年に九歳だった僕にとって、もっとも鮮烈な印象をともなって記憶に残るのはアメリカン・コミック「ブロンディ」なのです。「ブロンディ」はチック・ヤング作の新聞漫画で、本国アメリカでは一九三〇年から連載が開始されていました。日本では昭和二十一年から三十一年まで「週刊朝日」に、昭和二十四年一月一日から二十六年四月十五日まで朝日新聞朝刊に掲載されています。つまり週刊誌には、新聞より早く、長く掲載された。ついでに言うと、僕と半藤さんの古巣、文藝春秋の「漫画讀本」にも昭和三十年から三十三年にかけて断続的に掲載されておりました。

　主人公の名はダグウッド、綴りはDagwood。北アメリカ原産で合衆国の国花に準ずると言われるハナミズキはDogwoodと一字違いですが、もともとは木製の刀剣Dagger woodに由来する樹名がa→oに転化した、ということのようですから、アメリカの代表的な樹木を連想させる名があてられている。ということは、この漫画の主題は、アメリカン・ウエイ・オブ・ライフそのものではなかったかと僕には思えるのです。日本におけるハナミズキの植栽は一九一五年にアメリカ政府から贈られたのが始まりですが、それは一九一二年に当時東京市長だった尾崎行雄がワシントンDCへソメイヨシノを贈った、その返礼であったという。日米関係をめぐる、そんないわく付きの樹木の名がらみのキャラクターが登場する漫画が占領下日本にもたらされた。偶然にしては面白い巡り合わせでした。

さて内容はというと、言うなればこの後登場することになるテレビの、アメリカン・ホームドラマの先駆けのようなものです。食べることと寝ることが趣味という、なまけ者の会社員ダグウッドと、浪費家の美人妻、ブロンディ一家の日常を描いた物語です。

夫婦のあいだには息子と娘がいて、飼い犬もいる。ダグウッドの上司も登場します。彼は部下に対して口うるさく厳しいのですが、妻には頭が上がらない。そしてそこには、冷蔵庫、洗濯機をはじめさまざまな家電製品をこともなげに使う日常など、当時の日本人には想像もできないような生活が描かれていました。

当時の僕たちの暮らしとは別世界でしたから、「アメリカってすげえなあ」と、アメリカの中流家庭生活の豊かさを強く印象づけられました。家電製品の存在しない時代の日本の主婦は一日じゅう労働に追われていましたから、女性読者はさぞかし驚いたでしょうねえ。

僕にとっての驚きは、家電製品より食べ物でした。ダグウッドが大きな冷蔵庫からチーズやハムやコンビーフやら、何種類もの贅沢な食材を取り出して何枚もの食パンの間にはさんだ、まことに美味そうな分厚いサンドイッチをつくって食べる。台所にある電気トースターからパンが飛び出てくるのを見たとき、ギャグなのかホントなのかわからなかった（笑）。

何年か前にインターネットで、「ダグウッド・サンドウィッチのレシピ」というのを見つけました。だれがつくったサイトかはわかりませんが、あそこに登場した食べ物に強い郷愁をもつ人が僕以外にもいるんだなあと、へんに感心したのを覚えています。これは最近新聞記事で知ったのですが（二〇一二年四月三日、朝日新聞）、モンキー・パンチこと加藤一彦氏は、少年の頃この漫画にすっかり魅せられたのですって。北海道の東端ちかくの基地霧多布《きりたっぷ》湿原の近くの町、浜中町に暮らす小学生だった加藤氏は、ダグウッドを夢中で模写したそうです。学校でつかうノートを模写で埋めてしまい、出せといわれれば忘れましたでごまかした、と語っておられた。大人気アニメ「ルパン三世」のルーツが「ブロンディ」とは驚きでした。

朝日新聞での「ブロンディ」連載が終了した日は、GHQ総司令官を解任されたマッカーサーが日本を離れる前日でもありました。翌日から朝日新聞朝刊には、「ブロンディ」にかわって長谷川町子の「サザエさん」が掲載される（一九五一年四月十六日）。つまり「マッカーサー離日」と同日に「サザエさん」の連載がスタートした。ブロンディはマッカーサーとともにやってきて、そして一緒に去っていったような恰好になったこともまた、興味深いなりゆきでした。

一九五二年生れの文化社会学者・岩本茂樹氏が『憧れのブロンディ――戦後日本のアメリカニゼーション』という本を著わしています。いろんな角度から犀利な分析がなされていて興味深い本ですが、敗戦後「日本は科学で負けたんだ」としきりに言われましたね。当時の日本の読者が「ブロンディ」でいちばん注目したのは電化製品という科学技術文明がアメリカの一般家庭の生活に入りこんでいることであり、それは家庭生活を合理化し、ひいては主婦の地位を高めることになる、と捉えていた、ということ。そして、この本が出版された二〇〇七年ころの学生たちははじめてこの漫画を読んで、ほとんどが自分たちと同時代の作品と受け取っていました。敗戦から半世紀を経て、モデルとしてのアメリカンライフをキャッチアップした結果だ、というべきでしょうか。

討論

松本　アメリカ文化の流入によってオキュパイド・ジャパンは、アメリカナイズド・ジャパンにごく自然に内面化されていったわけですね。私は昭和二十一年一月の戦後生まれで、中島飛行機の本社があった群馬県太田市で育ったのですが、その本社が占領軍、のち米軍司令部として接収されていました。わが家の裏には米軍将校の愛人、いわゆるオンリーさんが住んでいたんです。朝、登校するときに、よくジープが停まっていましたが、そのタイヤを蹴飛ばしながら学校に通いました。敗戦国の少年だった私には、もしかしたら米将校に対する憎しみに似たような感情があったのかもしれません。

その群馬県のアメリカ軍基地の返還は昭和三十九年、東海道新幹線が開通した年のことです。車体の白と青のツートンカラーを見た時、家から百メートルほどの将校宿舎（かつての中島飛行機の社宅）の青い瓦と白い壁の組み合わせが思い浮かんだことを覚えています。

私は中学一年生のときに一人の青年兵士GIと教会で知り合うことになりまして、彼が自分のハーレーダビッドソンの後ろに私を乗せて進駐軍基地に連れて行ってくれた。敗戦国の少年にとってハーレーダビッドソンはアメリカの強さ、豊かさ、美しさの象徴でしたね。連れて行かれた基地内の売店で、ソフトクリームという食べ物を初めて見たときの驚きはいまも忘れられません。「これは、いったいなんだ？」という感じでした。兵士たちはそれぞれの個室をもっていて、個人用の冷蔵庫があり、そこにコカ・コーラが入っているのです。コーラを私が最初に飲んだのはその米軍基地のなかでした。その兵士のベッドの脇の机の上にはいっぱいカタログ雑誌があった。たとえば男性用のベルトや靴ばかりが何ページも載っていたりする。アメリカの豊かさというのは凄いなと思ったわけです。また部屋には、当たり前のように個人用のラジオがあってジャズが鳴っていました。

保阪　僕の体験もちょっとご紹介します。これは昭和二十一年秋の、北海道南部の八雲町でのことです。僕は六歳でした。湾に面した小さな町で、はじめてGI（米兵）を見たときの記憶が僕の脳裏にはいまも鮮やかに残っておりましてね。ある日、やっと二十歳を超えたと思われるGIがどうしたわけかひとりで町を歩いていたんです。僕ら子どもたちは、背が高く金髪のGIを物陰から見つめていました。僕たちに気づいた彼はポケットからガムやチョコレートをとりだして投げてよこした。そのときはだれも拾いませんでしたね。そのあと僕らは去っていくGIのあとをつけて行ったんです。すると彼はある家に入り、しばらくして日本人の女性といっしょに出て来た。女性は真っ赤な唇で白いレインコートを着て、ガムを嚙みながらGIと腕を組んでいました。「パンパンだ」と仲間の一人が叫んだとたん、みんなが「パンパン、パンパン」とはやしたてた。するとその女性は血相を変えて、GIの腕を振りほどいて走って逃げる僕たちを追いかけてきました。

残念ながら記憶はそこで途切れてしまう。後年、大学時代にアメリカ人と話をしているときに、ふとこの時の記憶が浮かんできて、なぜか急に自分が惨めになったことがありました。同世代の者に聞くと、多かれ少なかれ似たような体験をもっていたように思います。

●米軍基地とジャズ

保阪　ところで基地といえば、日本の戦後の音楽の起源は進駐軍の基地である、と言っても過言ではないでしょうね。多少とも洋楽の心得のある人たちは、みな基地に行って演奏し、糊口をしのいだ。ナベサダ、北村英治、ジョージ川口をはじめ日本のジャズマンのほとんどがそうではないですか。プレイヤーのみならず歌手たちも。あそこから江利チエミも、雪村いづみもスタートしたはずです。

松本　ジャズマンといえば森山良子やかまやつひろしのお父さん（森山久とティーブ釜萢）もそうでしょう。

竹内　戦争中日本のミュージシャンたちはずっと抑圧されていたから、戦争が終わってまずは進駐軍を舞台に復活し、やがて戦後のポピュラー音楽を花開かせていく。それを援助したのが進駐軍放送でした。

僕らはその放送局をＷＶＴＲと呼んでいたのですが、ＷＶＴＲとは東京をキイステイションとする進駐軍兵士向けの放送局で内幸町のＮＨＫの設備を使って放送を開始したのが昭和二十年九月二十三日。敗戦からわずか一カ月半後のことです。

サンフランシスコ講和条約が締結されてNHKの接収が解除されるまでの間、WVTRは昭和二十七年七月末まで続きました。その後はFEN（FAR EAST NETWORK）東京と看板を変えて長く親しまれることになります。

ではWVTRが流した音楽の、音源は何だったかというと、ロサンジェルスに本部を置く、Armed Forces Radio Service 通称AFRSから空輸されたプレス盤でした。AFRSはアメリカの将兵向けのラジオとして一九四二年五月にアラスカで開局していきます。太平洋戦争で米軍が日本軍を追い詰めるにつれ、ニューギニア、フィリピン、硫黄島、サイパン島と軍とともに北上して放送局をつくっていく。昭和二十年八月三十一日、つまりマッカーサーが厚木飛行場に到着した、その翌日にはさっそく横浜にAFRS支部が開設され、日本政府に「占領軍向けの放送設備を提供せよ」と命令していたそうです。

半藤　日本人の大多数がアメリカ人の英語を肉声で聞いたのは進駐軍放送でしたね。学校の先生から「英語を覚えるために聞け」とでも指導されていたのでしょうか。私もちゃんと聞いていましたよ、ちっともわかりませんでしたが。

竹内　僕もそう先生から言われた記憶があります。

半藤　初めて天皇がマッカーサーに会ったのは、ごぞんじのとおり昭和二十年九月二十七日のことですが、その翌日であったか、そのことを伝える駐留軍向け放送を私は聞いているのです。「ヘロヘト　バウ、ヘロヘト　バウ」と盛んに言っていたのだけ聞き取れた。なんのことかわからなかったが、翌朝の新聞を見て合点がいきました。なんだ、ヒロヒトがマッカーサーにお辞儀したってことだったのか（笑）。

竹内　それ以前の情報統制とは一八〇度変わって、進駐軍放送はダイヤルを回せばだれでも聞けた。その影響力というのはそうとうすごいことですね。日本人のある年代の人たちにとっては生の英語に触れることであり、初めて耳にするジャズに魂を奪われることにもなりました。ナット・キング・コールの「煙が目にしみる」とか、懐かしいなあ。

松本　占領下の日本を描いた私の小説、「エンジェル・ヘアー」をテレビで二時間ドラマにするという話があったのですが、テーマ音楽の候補が当時日本人にも愛されたグレン・ミラー・オーケストラの「茶色の小瓶」でした。

半藤　先頃あるシンポジウムで川本三郎さんと大宅映子さんといっしょになったのですが、お話を聞いていると、どうやら二人ともアメリカがほんとうに好きなのですよ。私は空襲や機銃掃射の影響もあって、アメリカをあんまり好きになれないと言ったらね、川本さんが私の顔をしげしげ見て、「アメリカが嫌いな人もいるんですね」と感心していた（笑）。あの年代の人たちは、きっと進駐軍ラジオが流すアメリカ音楽を聞いてアメリカ好きになったのでしょうね。

竹内　僕もあの頃は中毒のようになりました。だって戦争中のラジオからは、それこそ前線兵士を送る音楽や、空襲警報の情報みたいな陰気なものしか流れてきませんでしたからね。それが突然、水道の栓をひねったように洗練され洒落たアメリカ音楽が溢れ出た。

半藤　ところが私らの世代では、アメリカ音楽はウルサイだけで馴染めない、という連中がじつは少なくないのです。

保阪　ああ、なるほど。敵性音楽として完全にシャットアウトされていたわけですからね。半藤さんよりひと世代上で、戦前にある程度ジャズになじんでいた人、そして洋楽の素養があった人たちは飛びついたでしょうし、また、ひと世代下の多感な少年少女には新鮮なものとしてスンナリ入ってきたのでしょう。昭和ヒトケタの半藤さん世代はジャズを受け入れるには少々ヒネていたかな？（笑）

松本　半藤さんたちよりちょっと下の十三、四歳の連中は、アメリカ音楽から自由を感じとったのかもしれませんね。川本三郎が書評でわたしの「エンジェル・ヘアー」という小説について取り上げてくれたことがあって、そのなかで、自分にとって「基地とは差し当たって関係のない東京の町で育ち、アメリカとは映画であり、ミステリ小説であり、音楽でしかなかった」と書いていました。東京・渋谷、杉並育ちの彼は、占領軍を見てはいない。実際にアメリカ軍の兵士が町のなかを闊歩する姿や、パンパンと呼ばれる売春婦が彼らの腕にぶら下がっていた敗戦国の光景を見ていないとすると、豊かな食べ物、ジャズ、そしてハリウッド映画は違和感なく入ってきたことでしょう。そして憧れの対象となった。

進駐軍基地の鉄条網や、その鉄条網越しに見えるキラキラ光るジュラルミンでできたヘリコプター、ザーッと並んだフォードのジープ、あるいはライフル銃をかかえたMP（軍警察）の姿。基地の町に育った私には、それらが目に焼きついています。ですから豊かなアメリカ、フランクなアメリカ人への憧れのみをもつことに対しては、いわく言い難い違和感がどうしても残ってしまうのです。私のひと世代上の、保阪さん世代のもつ屈折に似たものが私のなかにはある。先の書評で川本はこうも書きました。

「松本健一は、そのアメリカに明らかに愛着（『アメリカ好き』）と反発（『民族主義者』）という両義的気分を抱いている。『アメリカは素晴らしい』と素直にはいえない。同時に『アメリカは嫌いだ』と単純にいい切ることもできない。

（小説の）『わたし』は、『豊かなアメリカ』への憧憬と『軍事力のアメリカ』への反発に引き裂かれている。この時、昭和二十年代、オキュパイド・ジャパンの物語は、実は、現在のわれわれの物語でもあることが分かってくる。基地の町の風景は、そのまま、現在の日本の風景ではないのか」

いまもなおその呪縛が続いていることを彼は看破したのです。

●受け入れられた男女同権

半藤　違和感といえば、さきほど松本さんから「アメリカナイズ」という言葉がでましたが、「アメリカナイズ」における重要な要素のひとつが「男女同権」でした。日本男児の多くがこれにびっくりしたのです。今日は、竹内さんから「ブロンディ」の話があるというので「ブロンディ」を評した記事をもってきました。一九四九年四月十二日の朝日新聞の天声人語です。いわく、

「一家の主人は亭主ではあるが、家庭の主人はむしろ主婦である。どちらかといえば、夫の方から男女同権をさけびたいくらい。家庭における主婦の地位と権威はたいしたものである」

どうです、「天声人語」氏は正直に違和感を表明していました。

保阪　しかし亭主が女房の尻に敷かれて女房が主導権を握っているのは、朝日新聞朝刊の連載漫画を引き継いだ「サザエさん」だってそうですよ（笑）。

半藤　あ、そうか。もう女房殿には、降参せざるをえない趨勢がきていたのか。

竹内　獅子文六が一九四九年に、ブロンディについてこんなことを書いています。

「ああいう家庭生活がアメリカに多く、それによってアメリカ人は家庭の幸福を見出しているのであろうか。……日本の主婦も亭主より賢くなる時代が来たら、やはりブロンディ一家のように主権在婦になるのであろうか。その将来は近いか、それとも遠いか」

「天声人語」氏や獅子文六のような受け取り方はあったにせよ、男女同権というものが時を置かずスーッと入ってきたのには日本人の中にそれを歓迎する要素があったのでしょう。男たちが戦争にとられているときに女たちがいかに強かったか、ということは日本人のだれもがわかっていましたから。

半藤　働いたんですよねえ、日本の女たちは。とくに戦争中は。男以上に頑張っていた(笑)。

竹内　それが下地になっていると思います。それと、男たちは復員してきた人たちも含めてみんなヘタっていました。

松本　だから男は男女同権に文句など言えないわけですよ。女性たちには、戦争中食糧がないなか子どもを育てて家庭を支えていたのは私たちだ、という自負も大いにあったことでしょう。愛国婦人会は戦後すぐ、主婦連合会、いわゆるおしゃもじ党に看板を付け替えました。主婦連の結成は昭和二十三年です。

竹内　そういえば、主婦連が日本の消費者団体の嚆矢でしたね。関係官庁におしゃもじをもってエプロン姿で抗議におもむく勇ましい姿は記憶に残っています。

保阪　女性に参政権が初めて与えられて、昭和二十一年四月十日に行なわれた戦後初の総選挙では、加藤シヅエさんを初めとして三十九人の女性が当選しました。この数は二〇〇五年の総選挙で四十三人が当選するまで最多記録です。こんなに当選した理由ってどこにあるんですかね。

竹内　女性たちは戦中に目覚めて、戦後にそれが常態になったということでしょうか。男女同権は、どうもアメリカナイズとばかりは言えませんね。

●戦後日本の流行歌と映画

竹内　戦後日本の流行歌というものがどうだったか。それは戦時歌謡とは全然ちがうモダンな趣きを携えて登場しました。

昭和二十一年は「リンゴの唄」「かえり船」。二十二年になると「星の流れに」。このへんの歌謡曲はぜんぶと言っていいほど覚えています。「夢淡き東京」とか「夜のプラットホーム」「山小舎の灯」「ブンガワン・ソロ」。二十三年は「東京ブギウギ」「異国の丘」「憧れのハワイ航路」。年表風に続けますと、二十四年には「悲しき口笛」「青い山脈」「銀座カンカン娘」「長崎の鐘」。

松本　「東京ブギウギ」「銀座カンカン娘」などはアメリカ音楽が入ってこない限りは生まれなかった曲でしょうね。

半藤　「星の流れに」なんかもそうではないですか。

松本　「青い山脈」は石坂洋次郎の小説の映画化でした。この作品が謳ったのは男女平等、恋愛至上主義。いわゆる戦後民主主義の風俗版です。最近、高橋源一郎が「石坂洋次郎がいかに戦後男女平等、恋愛至上主義、肉体主義を流行らせたか」を書いた。石坂用語があって、いくつか事例を上げていました。

竹内 二十五年になると「水色のワルツ」「東京キッド」。

半藤 私みたいな音痴でも、いま挙げられた曲はみんな知っていますね。

保阪 つまり娯楽がなかったのです。テレビなどいっさいないのですから。

半藤 ラジオしかなかった。あと映画ですよね。

竹内 昭和二十一年になっていちばん初めに封切られた外国映画が「キュリー夫人」と「春の序曲」でした。それから二十一年は「カサブランカ」です。それから「我が道を往く」とかね。二十二年になると「ガス燈」、〝総天然色〟というキャッチフレーズも懐かしい、ソ連映画の「石の花」、「荒野の決闘」。西部劇の「荒野の決闘」は大当たりでした。二十三年には、アカデミー賞を総ナメにした「我等の生涯の最良の年」。そして「ヘンリー五世」。

半藤 私にとっていちばん印象深いのがその「石の花」。これはまことに奇麗でした。色付きでね。日本映画はどうです？

竹内 記録によると終戦の年、昭和二十年には三十六本の映画が封切られており、八月十五日以後の封切りはそのうち十三本。五所平之助、稲垣浩、マキノ正博などの作品がありますす。敗戦がどう反映されているのか、興味がありますね。二十一年に「或る夜の接吻」「大曾根家の朝《あした》」がある。ほかに「或る夜の殿様」「わが青春に悔なし」。二十二年からは本格的にたくさんつくられています。昭和二十三年公開で記憶に残るのは「肉体の門」「三百六十五夜」。二十四年は「仔鹿物語」「大いなる幻影」ローレンス・オリヴィエの「ハムレット」、戦前にも封切られていたらしいけれど「オーケストラの少女」には感激しました。昭和二十五年公開の「また逢う日まで」は、主演の岡田英次と久我美子が窓ガラス越しの接吻をして話題となりましたね。とにもかくにも日本国民みんなが映画を見ましたねえ。終戦の年、映画館の数は全国で約八百館。往時の三分の一まで減っていまして、この年の観客動員数は記録されていません。翌二十一年になると映画館数が約千三百館となって、観客動員数は七億人を超えたそうです。以降昭和三十三年にピークを迎えるまで鰻登りに増えていきました。

他では触れる余地がなさそうですから「テレビ以前」、「民放以前」の占領下、一世を風靡したラジオ番組を列挙しておきたい。個人的にはいずれも少年時代に夢中になって聴いたものです。

平川唯一の「英会話教室」、例のカムカムエヴリボディの歌で始まるやつですが、これと「話の泉」は昭和二十一年から。「二十の扉」は翌年から。「話の泉」とともにアメリカのラジオ番組のアイデアの換骨奪胎です。戦災孤児施設を舞台にした菊田一夫の「鐘の鳴る丘」はGHQの民間情報教育局の示唆によって始まったそうですが、これと三木鶏郎の「日曜娯楽版」も同じ昭和二十二年にスタートしています。「とんち教室」と内村直也の「えり子とともに」は昭和二十四年。まだまだあるのですが、まあこのへんで止めておきましょう。

●消えた「鬼畜米英」

半藤 編集部から「鬼畜米英」が一夜にして変わってしまったのはなぜか、との質問をいただきましたのでお答えしましょう。「鬼畜米英」という言葉はあまりにも有名ですけれども、その言葉が生まれたのが戦局も押し詰まった昭和十九年だったことはあまり知られていません。戦況が悪くなって国民のあいだに厭戦気分が蔓延するのを恐れた政府当局が、戦意や士気高揚のためにつくった標語でした。前々から言われていたわけではないのです。つまり身についた言葉じゃなかった。日本人はアメリカ文化にだれもがなじんでいましたからね。対米英戦争のはじまる前は、映画にジャズに、それと野球。開戦のその日だって、アメリカ映画は上映されていましたからね。ですから戦争に負けて一夜にしてひっくり返ったところで、不思議でもなんでもないのですよ。

松本 進駐軍が大阪に上陸したとき、地元の人たちは拍手喝采でこれを迎えたそうです。標語といえば、のちに戦後日本のライフスタイル・マガジン『暮しの手帖』をつくる花森安治さんは、戦争中に「ガソリンの一滴は血の一滴」という名コピーをつくっていました。

保阪　「欲しがりません、勝つまでは」も花森安治さんでしょう。

松本　それは、戦意昂揚スローガンの一般公募作の中から、花森が一等当選作として選んだものです。戦争中はそういう標語をつくっていたが、敗戦後はさほど間をおかず、戦後民主主義をリードする役回りを担うことになる。

半藤　戦争中のことは、花森さん本人は黙っていましたけどね。いずれにせよ日本人は、もともとアメリカを嫌っていたわけではないのです。というのは、戦争を始める直前まで、日本は石油をアメリカから輸入しなくてはならなかったから、アメリカに対してはできるだけ敵意を見せないようにしていました。いっぽうイギリスに対してはものすごい敵意を示しましたがね。

松本　頭山満をはじめ右翼の連中はみな反英主義で、北一輝はアメリカとはぜったい戦争を起こすなと言っていました。北は昭和七年四月に発表した「対外国策ニ関スル建白書」において、日米戦争をいうものは「世界第二次大戦」をいっていることに気づいていない、と指摘しています。さらに昭和十年六月の「日米合同対支財団ノ提議」では、もし戦争をやるのなら太平洋においてアメリカと同盟を結び、大西洋においてフランスと同盟を結んで、イギリスと戦え、と言っている。また、第二次大戦が必ずヨーロッパではじまると予言し、しかも極東でそれを点火してはいけないと警告していました。そのためには、中国における権益をアメリカと争ってはいけない、アメリカと戦えばそれは必ず英米露支対日本の世界戦争になって日本が第二次大戦を極東で戦うことになる、と警告していたのです。

半藤　しかし残念ながら北一輝の警告は容れられることなく、けっきょく北が危惧したとおりの道筋をこの国は辿ってしまった。反英主義者は山ほどいましたが、反米主義者はいなかったのですよ。私たちの世代は、それこそさきほど紹介のあったジョン・フォード監督の西部劇「駅馬車」とかジェームス・スチュアート主演の「スミス都へ行く」といったハリウッド映画を戦争前に見ているのですから。「駅馬車」が日本で封切られたのは昭和十五年ですが、私はその翌年に小学校六年生のときにこれを見ましたもの。アパッチの襲撃シーンの迫力たるや凄かった。私ら悪ガキがインディアンの真似して羽根つきの鉢巻きをして、ア〜なんて叫びながら女の先生のスカートをめくったりしていたのだからね（笑）。

昭和十六年十二月八日に東京で上映されていたのが「スミス都へ行く」。この映画はアメリカの理想を訴える物語でしたが、これも評判を呼んだ。主演女優のジーン・アーサーに惚れていた人がいましてね。戦争が始まったのを知って、これでもう会えなくなってしまうとばかりに、何べんも映画館に足を運んだという。九日、十日くらいまで上映していたように思いますね。

保阪　「風と共に去りぬ」が全米で公開されたのは一九三九（昭和十四）年ですが、日本で封切られたのはサンフランシスコ講和条約が発効して独立を果たした昭和二十七年のことでした。こんな映画をつくれる国に勝てるわけなどなかったと、それが戦後の日本人の偽らざる実感でした。なにしろ総天然色ですからね。南北戦争をリアルに描き、空前絶後のスケールでした。とはいうものの、この映画を戦争中に見ていた人も結構いたのですよね。

半藤　私は調べたことがありましてね、「風と共に去りぬ」の戦前・戦中の上映は、国内ではわかっているだけでも華族会館、ドイツ大使館、三越ホール、陸軍省の講堂、東宝撮影所、そして東大安田講堂の六カ所。

竹内　高松宮も見ていたのですよね。

半藤　見ています。高松宮は、敗戦二週間前の八月二日に華族会館で見たことを日記に記しています。『高松宮日記』によれば、このとき華族会館は海軍省の宿舎になっていたとあります。高峰秀子さんも見ていました。『わたしの渡世日記』で、戦争中に撮影所でマル秘の試写会が行なわれたことを書いておりまして、このとき上映されたのは陸軍が南方で押収したという外国フィルムの特別公開だったということがわかる。いずれにせよ、あるところにはあって、ごく一部の日本人はちゃんと見ていた。

竹内　国民の多くがこの映画を通じてアメリカの国力の、ほんとうの凄さを戦後になって、それも占領が解かれた後で知ったわけですが、戦前・戦中に見た人たちは戦争を始める前からそれを知っていた、ということになりますね。

半藤 そうなのですよ。高峰さんの記述を紹介しておきましょう。「試写が終わって、ドアが開かれ、夕闇のせまった戸外へ出たとき、だれかの、呟きとも、ひとり言ともつかない声が低く聞こえた。/『こんな映画を作っている国と戦争しちゃ、まずいな……』」

この〝だれかさん〟のみならず、あの映画を見た人ならだれもがアメリカとの戦争には負けるに決まっていると気づいたはずなのですがねえ。

保阪 戦後になってアメリカの音楽と映画が堰《せき》を切ったように入ってきたにしても、もともと日本人はアメリカ文化は嫌いではなかったのだと、やっぱり言えそうですね。ですから人びとがたちまち親米主義になるのは当たり前でした。アメリカ文化に拒否反応を起こさない日本人、といっていいでしょうね。

松本 しかも日本人は、太平洋戦争は反米英の戦争であったのに、アメリカに負けたとのみ思っていて、イギリスに対しても宣戦布告したことなどすっかり忘れてしまいました。精神分析学者の岸田秀氏がこう言っています。

「日本は一八五三年にペリーに強姦され、その屈辱感を抑圧したために、アメリカを崇拝する外的自己と、憎悪する内的自己とに分裂し、一種の精神分裂病者になった」(『黒船幻想』）

竹内　なるほど崇拝と憎悪ですか。この点は、現代日本人も変わっていないように思います。アメリカという国の政治的なふるまい、あるいは経済行為に対する評価と、彼らの文化・娯楽・風俗的なポテンシャルや成果に対する評価というものはまったく別ものなのでしょうね。

半藤　それが戦前からずっとそうだというところが不思議ですよ。しかし日本人がアメリカ人を好きなほどアメリカ人は日本人を好きではないのではないですか。

松本　それはそうですよ。アメリカ人の憧れはなんといってもヨーロッパですから。

竹内　日本人はアメリカから問題にもされていなかったというのが適切かもしれない。文化にしても国力にしても。

保坂　日本に憧れや関心を持つ人は極端なまでにその関心を深めるというのも特徴だと思いますよ。

松本　日本人はつねにアメリカに幻想を抱き、そして幻滅させられるという宿命にありますね。先頃のオスプレイ配備問題も、じつはまったくおなじ図式なのです。

つまり、普天間基地やＴＰＰ（環太平洋経済連携）の問題もそうなのですが、アメリカは日本を守ってくれるはずだ、もしくは悪いようにはしないはずだ、という幻想ばかりが先に立つのですね。オスプレイ配備だって、アメリカが沖縄を守り、その先の尖閣諸島の領土問題で日本を中国から守ってくれるはずだ、という幻想なのです。それがアメリカの世界戦略・アジア戦略の現実だとは考えもしない。だから、アメリカがリアリズムに立って、中国との戦争状態を避けるために一歩引くような対応を見せたら、日本は一気にアメリカに幻滅を覚えることになる。

アメリカがオスプレイ配備で日本を守ってくれるはずだという幻想があるから、それが沖縄に次々に配備されても仕方がない、と考える。現実に沖縄が苦痛をおぼえているといっても、その現実を無視する。日本の外交感覚にはリアリズムがないのですね。

第五章

黒澤明・小津安二郎が描いた戦後風景

報告

半藤　前章では、占領下日本に滔々と流入したアメリカ文化について語ってまいりました。竹内さんは敗戦直後につくられた邦画についても若干触れておられましたが、続いて日本映画界の勃興を牽引した二人の巨匠、ごぞんじ黒澤明と小津安二郎を取り上げることにいたします。さて、彼らが敗戦直後に描いた作品から、占領下日本のなにが見えてくるのか。

明治四十三年、東京の大井町で生まれた黒澤明は、戦争には行っていません。昭和五年、二十歳のときに徴兵検査を受けるのですが不合格になった。徴兵司令官が、陸軍で指導教官をやっていた父の教え子だったせいでお目こぼしがあったのではないかと、黒澤自身が自伝『蝦蟇《がま》の油』に書いておりますが、その真偽はともかく。彼が志していた画業を諦めて映画界に入ったのは昭和十一年のことです。東宝の前身、P・C・Lに入社しました。

戦後最初の作品は原節子主演の「わが青春に悔なし」ですが、本人いわく「私にとって、題名とは逆に、大いに悔いあり、だ」。というのもこの作品、第一次東宝争議の結果、組合の力が強くなったせいで生まれた「脚本審議会」がシナリオにイチャモンをつけ、黒澤は大幅変更を余儀なくされたんですな。納得のいかない作品でした。つぎの「素晴らしき日曜日」は幼なじみの植草圭之助とホンを書いて、つくりたいようにつくった作品。

この映画を撮る前に、大河内伝次郎、長谷川一夫、山田五十鈴《いすず》、原節子、高峰秀子ら十人のスターが東宝をオン出て新東宝に去っています。昭和二十一年の第一次東宝争議の影響です。東宝からすっかりスターがいなくなってしまった。というわけで、黒澤が翌二十二年に撮った「素晴らしき日曜日」は無名だった沼崎勲、中北千枝子を起用することになりました。幸い職はあるものの、住宅難の折から男女とも居候暮らし。週に一度、日曜日に逢うことだけが楽しみという敗戦直後の若い恋人たちの物語です。

二人とも顔を知られていなかったせいで大いに好都合なことがありました。撮影用カメラさえ隠しておけば、ロケーション撮影をしてもそれに気づかれないですんだのです。盗み撮りのロケーションには、カメラを箱に入れて風呂敷に包んで、レンズのところだけ穴をあけて、それをぶら下げて撮ったそうです。新宿駅で、中北千枝子が電車から降りてくるシーンがあるのですが、これがその隠し撮り。あのシーンに登場した人びとは、役者でもエキストラでもなんでもない。まごうかたなき占領下東京に生きていた人間たちです。

沼崎は、よれよれの背広に兵隊の外套、中北もよれよれのレイン・コートという服装だから、人ごみのなかでは目立たないどころか、撮影スタッフが主役の二人を見失ってしまうことがよくあったのですって（笑）。おなじような恰好の男女がいかにたくさんいたかという証しです。

東宝が新人発掘をはじめたのは昭和二十一年の六月でした。黒澤は、ニューフェイス第一期オーディションを見ていた高峰秀子に「なんか凄いのがいるよ」と呼び出され、オーディション会場に足を運んで後に黒澤映画の看板役者となる三船敏郎と出会うことになった、というのはあまりにも有名な話ですね。このとき三船は二十六歳でした。三船の実家は青島から大連に移り住んで写真館を営んでいました。昭和十五年、二十歳のときに徴兵され、このときが両親と永の別れとなった。生まれ育ちが外地でしたから、敗戦後は故郷のない復員兵として本土に戻ったのです。

黒澤がその三船と志村喬《たかし》で撮ったのがつぎの作品、昭和二十三年の「酔いどれ天使」でした。

黒澤の師匠にあたる監督、山本嘉次郎が戦後（昭和二十二年）に撮った「新馬鹿時代」で、大きな闇市のある市街のオープンセットを建てさせたのですが、ずいぶんと金がかかってしまったそうでして、「酔いどれ天使」は、これを利用してなにか撮れないかというので発案された企画だったのだそうです。もちろん黒澤は、このオープンセットをそのまま使うなどという芸のないことはいたしません。もとのセットに大きな穴を掘って泥水を満たし、どういう仕掛けかメタンガスが吹き出しているように見える、ドブ沼をつくったのです。この闇市のオープンセットは映画評論家の佐藤忠男さんいわく「日本の映画美術史上、屈指の傑作のひとつ」。ほとんどすべてのドラマがこの沼と市場のなかで起こるのです。

志村喬演じる真田は、五十も半ばを過ぎたアル中の開業医で、栄達に背を向けて庶民のなかに根をおろしている。三船演じるやくざの松永が、縄張り争いで負傷して、その弾丸を抜いてもらいにこの医者のもとへ来る。その時、やくざは自分の肺にも結核菌による穴があいていることをこの医者に発見されて、物語は始まります。三船の松永は、出所してきた兄貴分のヤクザとの確執のなかで命を縮め、ついには殺されてしまう。映画のラストは、志村の真田医師に、結核が治癒したと微笑む久我美子の女学生に再会させて、絶望のなかに一条の希望の光のようなものを見せて「終り」にしています。

じつは「酔いどれ天使」の撮影中に、黒澤の父が秋田で亡くなっているんです。仕事を抜けられずに死に目に会えなかった黒澤は、一人新宿で酒を呑んで街をさまよい歩くのですが、そのとき人ごみのなかで聞こえてきたのが「郭公ワルツ」でした。「その明るい音楽は、その時の私の暗い気持を一層陰鬱な堪え難いものにした。私は、その音楽から逃げるように、足を急がせた」と『蝦蟇の油』にありまして、ごぞんじこの「郭公ワルツ」が、映画のなかで三船のやくざが暗い気持で闇市を歩く場面に使われるわけですね。あのみごとな対位法は黒澤自身の実体験から生まれたのでした。そしてこの「酔いどれ天使」が封切られた昭和二十三年四月に、第三次東宝争議がはじまった。

経営陣が激しい首切り攻勢にでたために、東宝撮影所の組合は分裂して脱退者が新東宝と合流。撮影所の奪い合いがはじまって、ついに強制執行です。会社側の要請に応じた警察の装甲車、アメリカ軍のタンク、空には偵察機が飛んで、「来なかったのは軍艦だけ」と言われるような騒乱となりました。この直後に黒澤は東宝を辞めています。この騒動の前にできた「映画芸術協会」という同人組織に身を置いて、そこを足場にフリーの映画監督として仕事をすることになったわけです。共産党が指導する組合には同調できないと考えたその同人には、山本嘉次郎、成瀬巳喜男《みきお》、谷口千吉、そしてプロデューサーの本木荘二郎がいました。そして黒澤が新東宝で撮ったのが「野良犬」でした。

主人公の若い刑事村上役の三船が、暑い夏の日に警視庁の射撃場からの帰りに混んだバスに乗り、そのなかでピストルを盗まれるところから物語ははじまります。コルトには七発の弾丸が入っていた。ピストル周旋屋を探して東京中の盛り場をさまよう三船は、わざと復員服を着ていました。村上刑事を失業者と思ったチンピラが声をかけ、米穀通帳で拳銃が借りられるという。千石規子演じる周旋屋の女が来るという喫茶店へいった村上は女を捕まえ交番に連れて行く。折しも、拳銃を使った事件が起こり、淀橋の事件というので淀橋署のデカ長の志村喬演じる佐藤が登場。千石は拳銃をもっている男の名と、彼が野球狂であることをしゃべる。こうして前半のクライマックスの後楽園球場の場面となるわけです。試合はジャイアンツ対ホークス。懐かしくも若い川上、青田、千葉といった選手が映ります。そして米穀通帳から木村功演じる犯人の名は遊佐とわかる。遊佐は復員兵で、復員の汽車のなかでカバンを盗まれ、自暴自棄になっていることが浮かび上がる。遊佐は幼なじみのハルミという踊り子によく会っていたこともわかってくる。ハルミを演じるのは十六歳の淡路恵子です。志村は三船を郊外の自宅に連れていって南瓜とビールでもてなすのですが、ここで三船は自身が復員の車中でリュックを盗まれた身であることを明かします。黒澤は、刑事と犯人を単純な善悪でなく、表裏、あるいは双子という構図で示したわけですな。

この作品では戦後風景がまことによく描けているとの評価が高いのですが、それもそのはず、黒澤はP・C・L時代からの親友で助監督の本多猪四郎《いしろう》に、毎日のように注文を出して、当時の敗戦直後の、さまざまな東京の実景を撮りに行ってもらっていたのです。三船の顔のわかるシーンは大オープンセットなのですが、上野の山、アメ横、上野山下公園、松坂屋などは実写です。本多猪四郎助監督が復員兵姿になり、三船の吹き替えを演じて隠し撮りをしたのです。映画のバックに流れる「夜来香」「東京ブギウギ」「ブンガワン・ソロ」といった流行歌が、まことにリアルに敗戦後四年目の東京の雰囲気を伝えていました。

さて、昭和二十二年の「素晴らしき日曜日」、二十三年の「酔いどれ天使」、二十四年の「野良犬」と、いま紹介した三本の、どこに黒澤は焦点を当てたか。それは復員兵でした。日本人にとって復員兵とはなんであったか。アプレゲールという言葉に象徴されるような、自暴自棄になりがちだった当時の若者たち。彼らがどういう気持ちと考え方で戦後を生きようとしたのかということに黒澤明は目を向けた。「素晴らしき日曜日」の主人公、沼崎演じる雄造は自分が復員兵とは言っていないのですが、着ているものも履いている靴も、どう見ても復員兵です。「酔いどれ天使」の主役の三船敏郎は、映画のなかでは説明は一切ないのですが、こちらも明らかに復員兵。あのヤケクソになった感じというのは特攻くずれだと私は思います。「野良犬」の犯人木村功と、それを追っていく三船の刑事は、作中でも明らかにされているとおり復員兵でした。

主要な登場人物が復員兵なら、役者本人もまた復員兵。三船は先に説明したとおりですが、沼崎勲も復員兵です。「野良犬」の木村功もそうでして、しかも木村はようやく日本に帰ってみると、広島で暮らしていた家族が原爆で一人残らず死んでいた、という苛酷な体験の持ち主でした。いずれにせよ東京は、復員服を着て歩けば雑踏に身を紛れさせられるほど復員兵だらけだった。そしてスクリーンを見上げる観客席もまた。

　敗戦直後の若者は、多かれ少なかれ捨て鉢でした。しかも心のどこかで安らぎと希望を求めている。そんな戦後の若者たちを力づけるために黒澤は、しっかりと生きてくれよと、この三作品をつくったのではないかと思うわけです。黒澤のメッセージとはなにか。それは、坂口安吾の「堕落論」と同義であったろうと私は思います。

「日本は負け、そして武士道は亡びたが、堕落という真実の母胎によって始めて人間が誕生したのだ。生きよ堕ちよ、その正当な手順の外に、真に人間を救い得る便利な近道が有りうるだろうか」というのは有名ですが、私の好きな一節はつぎです。

「醜《しこ》の御楯《みたて》といでたつ我は。大君のへにこそ死なめかへりみはせじ。若者達は花と散ったが、同じ彼等が生き残って闇屋となる。ももとせの命ねがはじいつの日か御楯とゆかん君とちぎりて。けなげな心情で男を送った女達も半年の月日のうちに夫君の位牌にぬかずくことも事務的になるばかりであろうし、やがて新たな面影を胸に宿すのも遠い日のことではない」

　しかし、だからといって、人間が変わったのではない。人間は元来そういうもので、変わったのは世相の上皮だけなんだ、と安吾さんは言い切った。

「人間は変りはしない。ただ人間へ戻ってきたのだ。人間は堕落する。義士も聖女も堕落する。それを防ぐことはできないし、防ぐことによって人を救うことはできない。人間は生き、人間は堕ちる。そのこと以外の中に人間を救う便利な近道はない」

黒澤明が「堕落論」に影響されてこれらの作品をつくったとは思いませんが、しかし作品に仮託した思いはおなじだったのではないかと私は思う。

かたや小津安二郎。小津は黒澤より七歳年上の明治三十六年東京深川生まれ。小津には、昭和十二年九月から十四年七月にかけて、足かけ三年の日中戦争での従軍経験があります。戦後、第一作となったのは昭和二十二年の「長屋紳士録」でした。舞台は終戦直後の東京。飯田蝶子演じるおたねは、数年前に夫が死に一人息子も失っています。ある日、隣人が戦災孤児のような少年を拾ってきて、その子をおたねに押しつける。当初は迷惑がったおたねもしだいに情が湧いて来て、我が子として育てることを決意する。そこへ、少年の父親が迎えにやってきて、二人は礼を言って長屋を去る、という物語です。

途中、ロケーションによる市街の映像が流れるのですが、築地本願寺が映り込んでいるので、長屋は築地の一角にあるという設定であることがわかります。築地本願寺のすぐ脇が、いまは暗渠となっていますがここでは川が流れて橋が架かっておりました。あたりは荒寥とした焼け跡なのですが、ポツンポツンと煙突が立っていて、復興の家や建物もぽつぽつ建ち始めているんです。説明は一切ありませんが、おたねの飯田蝶子はおそらく戦争未亡人ではないか。一人息子は空襲の犠牲になったのか。いずれも劇中での説明はありません。小津は「長屋紳士録」の封切直前の昭和二十二年四月に、「映画春秋」という雑誌で志賀直哉と対談をしています。そのとき志賀直哉から、「この映画でつかったエキストラの子どもたちは松竹撮影所の大船から連れてきたのか」と聞かれているんです。小津は、最後のほうにでてくる上野公園のシーンでは、「東京都の無料宿泊所の子どもたちに出てもらった」と答えていました。無料宿泊所の子どもたちは戦災者や外地からの引揚者だったそうです。「汚い子が欲しくてあの近所を探しまして、十円やって出て貰いました」と。この映画もまたスクリーンと客席との間に、虚実境い目のない映画だったことがわかります。

翌年、昭和二十三年に小津が取り組んだのが「風の中の牝雞」。これも終戦直後の東京が舞台です。夫の復員を待つ妻が、食うや食わずの貧しさのなかで子どもが病気をしたことにより、医者にかかる金のために一度だけ売春をしてしまう。そのことから、戻ってきた夫、そして妻自身も苦しむという物語。つまり敗戦後の現実をリアルに描いたわけですが、評判は散々でした。

つぎに撮った昭和二十四年の「晩春」は、小津にとって記念碑的な作品です。原節子を初めて迎え、さまざまな点で小津調が完成した。娘と父の関係を日常のなかに淡々と描くスタイルはこの作品から始まりました。今回改めて見てみると、作品の細部には、そこかしこに戦後日本の風景が切り取られていたことに気づきました。たとえば原節子が、大磯の海岸を気持ちよさそうに颯爽と自転車で走るシーンがあるのですが、バッと後ろに看板が出てくる。「CAPACITY 30TON」、あるいは「SPEED LIMITED 35MPH」。看板の文字は英語なんです。ああ、あの頃はこんな看板が街中にあったなあ、と思い出さずにはいられない。また少し行くと、ダイヤモンド型の標識が出てきて、「DRINK COCA-COLA」。それから白い矢印で、「OISO BEACH」とある。そういう時代の細かい描写を小津は外すことなくしっかり押さえておりました。

ちょっと時代が下りますが昭和二十八年の「東京物語」。この名作には、戦後の東京都心がまことに丁寧に撮られていました。昭和二十八年といえば私が文春に入った年ですから、もうだいぶ復興しちゃっている。戦後といっても残念ながらちょっと遅い。遅いけれども、それでも戦後の東京の姿と表情は、いちばんよく出ているると言えるのではないでしょうか。

原節子演じる戦争未亡人の紀子が、尾道から出て来た老夫婦、義理の親にあたる笠智《りゅうち》衆《しゅう》と東山千栄子をはとバスに乗せる。で、東京見物をさせるのですが、丸の内、皇居のお堀端を走って銀座に来て、松屋デパートの屋上にいっしょにのぼる。あっちがなになにで、向うがどこそこでと説明をするのです。するとちょっと先の下町のほうにはまだ焼け跡があり、バラックが建っている。昭和二十八年の東京の、復興とまだ残る戦災の跡を切り取った興味深い場面でした。

この映画で、私みたいな下町生まれ下町育ちにとって嬉しいのは、堀切が映っているところです。長男坊の山村聰がやっている小児科病院が堀切にあるという設定なのです。堀切は隅田川の向うで、さらに荒川放水路の向こう側ですが、そのあたりがダーッと映されるのですよ。昔の堀切の駅も映った。これが私には懐かしい。「そうだよな、堀切駅、こんなだったよな」と。

小津は、終戦の年はシンガポールにいたので東京大空襲は知らないのですが、不思議なことに小津さんは戦後、隅田川の向こう側は撮らないんですね。わずかにこのときの堀切を撮っているだけ。杉村春子の長女は美容院をやっているという設定で、長女の亭主が「じゃ、今晩、金車亭でもお伴するか」「昨晩から浪花節だよ」と夫婦が話すシーンがある。金車亭っていうのは浅草六区にあった有名な講釈・浪曲席ですがね。杉村春子の家が映ると、その向うの遠くのほうに煙突が立っている。そのあたりはどう見ても私の生まれ故郷、向島なんだ。

しかし小津安二郎という人は下町のなかに入っていって撮ることはしなかった。小津が生まれ育った下町は戦争によって焼き尽されてしまいましたからねえ。見たくないというような思いがあったのかもしれません。遠景だけはかろうじて撮るわけですがね。

黒澤が復員兵なら、小津が焦点を当てたのは戦争未亡人でした。戦争で死んだ夫の面影を胸の奥底に抱きながら、傷つきながら、彼女たちはそれでも生きていく。「東京物語」のいちばんの名場面はあそこですね。紀子が義父から「息子のことはもう忘れて、いい人を見つけて結婚してほしい」と言われたときに、「わたしはそんないい嫁ではありません。夫だった人のことなんか、忘れているときだってあるくらいです」と言って泣く場面。あれはいい場面でした。先に紹介した坂口安吾の「堕落論」の一節が、この場面でもまた低く静かに聞こえてくるような気がします。黒澤の復員兵と小津の戦争未亡人というのは、戦後の日本人にとって、まことにつらく悲しく、そして重いテーマであったことよと、改めて思います。

討論

松本　復員兵の姿を黒澤は、社会復帰ができずに自暴自棄になった日本人として描いていますね。戦争未亡人も明るく生きていこうとしているようには描かない。多くの日本人が敗戦の絶望と脱力のなかにいて、まだ戦後を生きていこうという前向きな気持ちにはなれない、そんな日本人の心の機微を描いているようにも思いますね。

竹内　「酔いどれ天使」はほぼ全編オープンセットでの撮影だったということですが、僕のような東京を知らない人間が見ると、あれこそが戦後の東京だと思いました。この作品を初めて見たとき、この闇市をセットだとは思わず「やっぱロケは迫力あるなあ」なんて思ってしまいましたもの。闇市は活気にあふれ様々な物資が売り買いされ、街の向こうには電車まで走って、もう、その存在感は現実そのもの。黒澤のセットのつくり方というのは現実よりリアルに見える現実感と言っていいでしょうね。

保阪　ドブ沼にメタンガスをぶくぶくいわせたところは凄かった。

半藤　当時、放棄されたゴミが発酵して、じっさい水溜りはあっちこっちでブクブクしたのですよ。

竹内　三船はダブルの背広の下に飛行機乗りのマフラーみたいな白い布を首に巻いていて、あのスタイルも印象的でした。

半藤　あれは復員兵であることを示す小道具だったのではないかしら。私の従兄弟も予科練帰りでしたけどね、やっぱりあんな恰好をしていましたよ。

竹内　「酔いどれ天使」には、キャバレーのフロアで笠置《かさぎ》シヅ子が踊りながら歌うシーンが出て来ますでしょう。曲はこの映画のためにつくった「ジャングル・ブギ」。服部良一作曲で、作詞は黒澤明みずから手がけています。黒澤は笠置シヅ子が大きく口を開けたアップを撮り、まさに叫ぶように歌わせた。彼女の存在感は三船にも負けていませんでした。

半藤 笠置シヅ子という人は、戦後を生き抜くバイタリティーそのもののような歌い手でしたね。

保阪 ところで二〇一二年夏、英国映画協会発行の映画雑誌「サイト・アンド・サウンド」(Sight & Sound) 九月号が、「世界映画史上ベスト作品」の集計結果を発表しました。同誌は、一九五二年から十年に一度、ベスト作品を選んでおりまして、今年で七回目です。現在、世界でもっとも権威ある映画評価の一つです。投票は各国の映画監督三百五十八人と、批評家八百四十六人。つまり映画を見る目をもっている人たちの投票によって選ばれる。

今年、ほかでもない小津安二郎監督の「東京物語」が監督投票のベストワンに、批評家投票でも三位に入ったのです。この作品に票を投じた監督には、ウディ・アレン、クエンティン・タランティーノ、マーティン・スコセッシ、フランシス・コッポラといった錚々たるメンバーが名を連ねていました。この雑誌は「東京物語」を評して、「家族の絆が静かに崩壊する。それを諦観とともに比類ない様式的映像で描いている」と言っています。つまり小津芸術の普遍性が高く評価されたと述べていました。

竹内 一九五二年ということは、日本の占領開けの年から始まった映画賞なのですね。

保阪 ええ、ところが「サイト・アンド・サウンド」のベストスリーに、これまで日本映画が入ったことはなかったのだそうです。小津が初登場なのです。ちなみに「サイト・アンド・サウンド」のベストテンでは、一九六二年の投票で「雨月物語」が第四位に、七二年の投票では同じく「雨月物語」が第十位に入っています。

半藤　なるほど小津映画は古くならないというわけか。

松本　いま現役の映画監督のあいだでは黒澤よりも、むしろ小津ファンが多いかも知れませんね。票を投じた監督以外には、たとえば「パリ、テキサス」のヴィム・ヴェンダースも小津ファンです。

黒澤明は壮大な活劇のほうへ向かって行く。ところが小津は決して大きな物語を表現しようとは思わなかった。家族がどう崩壊していくかとか、あるいは戦争の影がどう残っているかというような、そういうことに目を凝らした。つまり戦争それ自体ではないわけです。冷戦構造の解体以後のわれわれの世界には、もう戦争や革命といった大きな物語は生まれないとするなら、いまの映画監督が惹かれるのはむしろ小津が描いたような戦争の影のほう。だからこそ小津の評価が高まっているのではないでしょうか。

●文法に囚われない小津の流儀

竹内　小津作品は、専門家に言わせるとカメラの技法においてとても学ぶべきところがあるのですって。たとえば二人で会話している場面。小津はそれまで〝常識〟あるいは

〝文法〟とまで言われた撮り方をせず、〝違法〟とも言うべき技法を使った。これは小津自身が自ら「映画の文法」という文章（『僕はトウフ屋だからトウフしか作らない』所収）に書いているのでちょっと紹介します。

「仮りに今ここに二人の男女が相対して会話をしている場面を撮影する場合、交互に二人をうつす時男と女との視線をつなぐ線をカメラがまたいではいけないといわれている。（中略）一方の側からのみ撮るということが常識であり、ほんとうであるというのである」。ところが小津がそうしなかったのには、理由がありました。続けます。

「映画の文法は飽くまで常識であって、それを踏襲する方が無難であるので、常識を好んで破る必要もない。私がこのような違法を敢えてやってみた最初の出発は、日本間に於ける人物と背景との関連に於て、その場の感情と雰囲気を自由に表現するためには、この常識に従っているとどうにもあがきがとれなかったことから始まったのであった」

つまり、カメラワークにおける小津のユニークネスは、日本間という独特の空間のなかでいかに表現力豊かに撮るかという問題に対して、彼自身が出してみせた回答だったことがわかるのです。

保阪　なるほどその伝でいくと、独特のカメラのローポジションもその回答の一つだったのですね。

竹内　そう、そして小津はこう言いきる。

「私はよくこのように映画の文法を無視する。私は理論を重んずる事も嫌いだし、理論を軽んずる事も嫌いだ。私は天邪鬼かも知れないが、物事の判断を好きか嫌いかできめるのである。

と云うのは、映画は、美術や、文学その他の芸術にくらべて、まだほんの赤ん坊であると思っているために、映画に文法などが出来てはいない筈だと思い、文法などにこだわって知識で身動き出来なくなる事が嫌だし、映画の文法がもし立派な不文律で天然自然の法則のようなものなら、今の世界に映画監督は十人も居ればもうそれでいいはずなのである。

私は映画を作るに当って、文学者が文学を創作する時、文法にこだわらないように、私も亦、映画の文法にこだわりたくない。私は感覚はあるが文法はないと思っている」

保阪　小津の時代からはるか下った現代の映画監督たちから彼が篤く支持される理由が改めてわかるような気がしますね。映画と向きあう姿勢の中に、映画人の本質があるということかもしれません。

半藤　それと、どうでもいいけど小津は銀座四丁目の和光が好きなのね（笑）。当時はＰＸ（post exchange／米軍酒保）でしたが。「お茶漬の味」でも「晩春」でもカメラを据えて長々と映している。

竹内　さしずめ黒澤なら和光を建てちゃう（笑）。

半藤　小津の和光好きは執念深いんです。セリフだって出てくる。タクシーの運転手に「あそこの、PXの角で停めて」とかね。

●小津が抱えた戦争の傷

保阪　さきほど半藤さんがおっしゃったとおり黒澤明は戦争には行きませんでした。志村喬も行ってない。これまで出てきた名前のなかで戦争に行っているのは沼崎勲、三船敏郎、木村功、そして小津安二郎です。なかでも小津はかなり劇的な体験をしています。

半藤　ええ、昭和十二年の夏に支那事変が起きるとすぐ、九月には召集されているのです。すぐに中国戦線に送り込まれています。

保阪　小津は平時においては一般社会で生活できる後備役。陸軍後備役伍長でした。盧溝橋事件が上海に拡大すると、予備役・後備役の比較的年嵩の男たちが続々と戦場にもっていかれた。小津は上海派遣軍直属の野戦瓦斯第二中隊、つまり毒ガスを使用して攻撃にあたる部隊に配属されています。そして昭和十四年夏に召集解除となるまで一兵士として従軍したのです。

支那事変当時、日本軍が多くの戦闘場面で毒ガス兵器をつかったことは、今でこそ広く知られるようになりましたが、それは比較的最近のことでして、とくに戦時中はいっさい秘密にされていた。国際的な協定に違反することは軍部も承知していたからです。

そして戦後は、東京裁判での告発を前提に調査が進められたにもかかわらず、免責されたのはみなさんごぞんじのとおり。日本軍が毒ガスをつかった事実そのものを抹消する工作は、戦後も長らく行なわれていました。

小津が除隊となる直前の昭和十四年の春に行なわれた南昌作戦では、小津が所属する部隊を含む日本軍が修水河の渡河作戦を行ない、そこで毒ガス弾、毒ガス筒を大量に放っていた事実がのちに明らかにされています。小津の日記にもその記述がある。

太平洋戦争が始まってからは、昭和十八年に軍の報道部映画班員としてシンガポールに赴き、この地で敗戦を迎えています。しばらく抑留生活を送って昭和二十一年二月に帰国しました。小津は中国でもシンガポールでも、戦争の苛酷な現実をさまざま見て来たことでしょう。その記憶は、彼の心の中に残っている傷そのものではないかと思うのです。

半藤　でも小津は決して表にはそれを出さないですね。

保阪　出さない。

半藤　松本さんがおっしゃったとおり、小津はその作品に戦争そのものは出さないんです。

保阪　おそらく彼は苦しんでいたのではないでしょうか。だから三船敏郎とか、木村功といった生々しい戦争体験をもつ俳優ではなく、笠智衆とか原節子とか、いわば緩衝地帯にいるような役者を使ったのではないか。そんな気が僕にはします。

半藤　戦争そのものは描かないけれども、笠智衆や原節子を通して、戦争が人間にいかに惨いことをするものであるかをきちっと描きました。

保阪　戦場のリアルを見なかった黒澤は、だから逆に、三船や木村を好んで使ったのではないかとも思うわけです。黒澤と小津。この二人の相違というものはまことに興味深い。ところで木村功はたしかに個性派俳優ですが、台詞なんか棒読みでどう見たって大根役者でしたよね。ずいぶん下手くそだったな、と思うのですが、いかがですか。

松本　私は木村功を好きだったから弁護したい。青年の傷つきやすさとか、朴訥さ。たとえば言いたいことをうまく言えないような不器用さとか。そういうものを体現しているいい役者だったと思いますよ。

半藤　それはまあ、下手だったからなのでは？

竹内　そんなことはないでしょう。影を背負った繊細な青年という感じがよかったなあ。

●放射能と黒澤明

竹内　ま、木村功の評価はともかく。占領期とは関係ないのですが、黒澤研究家から聞いた話を、時宜にかなっているのでご紹介します。

黒澤明は昔から、そして最晩年まで一貫して核問題に関心を寄せ続けたようです。手始めとして、昭和三十年に「生きものの記録」を撮った。これはビキニ環礁での水爆実験と第五福竜丸の被曝にインスパイアされてつくった作品でした。放射能の恐怖に正面から向き合った人間、それに目を背けて快楽に生きようとする人間、その間に立って苦悩する人間を描き分けています。まあ、しんどい映画ですから当たらなかった。大ヒット作となった「七人の侍」のつぎがこの作品だったわけですが、記録的な不入りとなってしまった。黒澤自身はこの映画には思い入れが深かったらしく、「あれは入らなかったなあ」とずっと後まで嘆いていたようです。

最晩年と言うべき一九九〇年、八十歳で「夢」を撮った。これは八話の短編、「日照り雨」「桃畑」「雪あらし」「トンネル」「鴉」「赤富士」「鬼哭」「水車のある村」からなるオムニバス映画です。そのなかの第六話「赤富士」は原発のメルトダウンを描いた作品でした。大勢の人が逃げ惑うなか、富士山までもが大噴火を起こす。人びとの目の前に迫る霧は放射性物質でした。これがつい最近、現実となったわけです。黒澤は二十年も前にたいへんな先取りをしていた。つぎの第七話は「鬼哭」。これは、核汚染によって人類が死に絶えたあと、一本角の鬼になった、いかりや長介が演じるかつての人間が、霧がたちこめる荒野をさまよっているというストーリーでした。つぎの年につくったのが「八月の狂詩曲《ラプソディー》」。これは村田喜代子の芥川賞小説「鍋の中」が原作ですが、モチーフは長崎の原爆でした。

半藤　私も、黒澤は核への関心が強く、敗戦直後から広島・長崎を撮ろうと考えていたと聞いたことがあります。

松本　ただ、じっさいに撮った作品は扱い方がちょっと愚直というか、真っ正直でしたね。

竹内　たしかに黒澤作品にはそういうところもありますが、とはいえ、いま在りせば、果たして黒澤は福島第一原発の事故後にどんな映画を撮ったか。それは見てみたい気がします。

序章と関連しますが、黒澤はコロンビアのノーベル賞作家ガルシア＝マルケスとの対談（一九九〇年十月）でこんなことを言っているんです。

「核っていうのはね、だいたい人間が制御できないんだよ。そういうものを作ること自体がね、人間が思い上っていると思うの」

「原子力発電というのをやっているでしょう。それより全然危険のない方法というのがたくさんあるんですよね。それを研究している連中を、原発の人たちが迫害しているわけ」

「もしチェルノブイリみたいな事故が起ったら日本中の人が日本に居られなくなるんですよ。四方を海に囲まれているから逃げられない。それなのにそれをやっている。しかも、どんどん増やしてる。だから人間がね、人間の手に負えないものに手を出すってのはは間違いよ」

「とにかく日本人はそこから目を逸らす。目を逸らすことがいちばん怖いね」

予言というより一種の預言というべきでしょうか。

松本　ビキニ環礁の水爆実験と第五福竜丸事件を受けてつくられたもうひとつの映画が「ゴジラ」でした。こちらは「生きものの記録」の前年、昭和二十九年の公開です。人間が生み出した核の落とし子、凶暴な巨大生物が日本を襲ってくるというストーリーです。上陸したゴジラは新橋の高架線路を踏みつぶしたのですが、皇居までは来なかった。皇居の直前で回れ右（笑）。当初は原爆と天皇が「ゴジラ」のテーマだったと言えるのかな。しかし大ヒットを重ねるうちに、五作目くらいからは逆に人類の味方になってしまって、子ども向け娯楽映画に変質していくのですが。

半藤　黒澤自身が選んだベスト一〇〇というのがありまして、そのなかに日本映画は二十本くらいあるかないかなのですが、そのなかに黒澤は「ゴジラ」を入れているのです。

竹内　やっぱり核問題への関心が黒澤をして「ゴジラ」を選ばせたと見るべきでしょうね。

第六章

西田幾多郎全集の売り切れ

報告

松本　昭和二十二年七月十日、『西田幾多郎全集』第一巻が東京神田の岩波書店で売り出されます。この日は土曜日。岩波書店の前には前日から行列ができ、発売日には長蛇の列となっていました。後刻、この現象をもって戦後の「哲学ブーム」と称されることになる。ちなみに西田幾多郎《きたろう》は敗戦のわずか二カ月前の、昭和二十年六月七日に七十四歳で亡くなっています。

ところでブームとはなにか。筑摩書房の『日本の百年』第十巻「新しい開国」を見てみたら、「ブーム、ブーム」という章があって、編著者の鶴見俊輔さんは「ブーム」についてこう説明していました。

「ブームとは、もともと英語で『つき』というような意味であるが、この言葉が日本で流行語となったのは、週刊誌が全盛時代に入ると同時だった。週刊誌はブームをつくり、みずからのつくったブームを食って行きつづけるしかないからだ。こうして、週刊誌乱立時代以来のトップ記事を書き抜いて、主題のダブっているものをたばねてゆくと、別ページにかかげたような、過去十年ブーム一覧表ができた」

というわけで、その一覧表のなかから占領下時代のブームを挙げると、昭和二十六年は「炭坑節ブーム」「軍艦マーチ・ブーム」「文庫本ブーム」「美空ひばりブーム」「整形美容ブーム」「草月流ブーム」「社用族ブーム」。昭和二十七年は「チャンバラ映画・女剣劇ブーム」、「ボクシング・ブーム」「源氏鶏太もの・三等重役ブーム」「山びこ学校ブーム」、「若返り法・臓器埋没療法ブーム」……という具合に並んでいます。こうしてみるとすべて大衆流行現象です。この表は昭和二十六年から始まっているので昭和二十二年の「哲学ブーム」は扱っていません。少々うがった見方をすれば、鶴見さんは「哲学ブーム」は扱うほどの意味がないと思ったのかもしれません。というのも、私もまた、あの難解をもって知られる西田幾多郎の思想が、戦後の日本になにか影響を与えたかというと、はなはだ疑問だからです。

いっぽう戦争中は、日本の青年たちにとっていかに生きるべきか、死すべきか、ということが焦眉《しょうび》の問題でした。その答えを探して彼らの多くが哲学書を必死に読み、あるいは戦場にも哲学書をもって行った。そこでみなさんよくごぞんじの例を挙げます。

昭和二十三年ですからこの「哲学ブーム」の翌年のことです。この年の五月四日に、経済学者の塩尻公明氏が戦争中に高知高校で教えた木村久夫の刑死について「或る遺書について」と題した文章を書きました。陸軍上等兵で二十五歳の木村久夫がシンガポールで死刑にされたのは、それより二年前の昭和二十一年五月二十三日のことです。木村は享年二十五。京都大学経済学部在学中に召集された学徒兵の青年でした。彼が、その余白に遺書を書き残した田辺元《はじめ》の著書『哲学通論』が、塩尻のもとに両親から送られて来たのです。

木村久夫はインド洋上のカーニコバル島で、島民のスパイの検挙が終戦直前に行なわれたときに通訳をつとめていました。処刑せよとの命令を下した上官たちが言い逃れをして責任を回避したために、一通訳であった木村が罪を被ることになってしまった。彼は死刑の数日前に戦友から小四六判岩波全書の『哲学通論』をもらうことができ、これをくり返して三回通読し、その余白に自分が刑死にいたる事情と最後の心情を書き残した。その一部を紹介します。

「生の幕を閉じる寸前この書を再び読み得たということは、私に最後の楽しみと憩いと情熱とを与えてくれるものであった。数ケ年の非学究的生活の後に始めてこれを手にし一読するのであるが、何だかこの書の一字一字の中に昔の野心に燃えていた私の姿が見出されるようで、誠に懐しい感慨に打ちふるえるのである。真の名著はいつどこにおいても、またいかなる状態の人間にも、燃ゆるがごとき情熱と憩いとを与えてくれるものである。私は凡ての目的慾求から離れて、一息の下にこの書を一読した。そして更にもう一読した。何ともいえないすがすがしい気持であった。私に取《ママ》っては死の前の読経にも比すべき感を与えてくれた。かつてのごとき野心的な学究への情熱に燃えた快味ではなくて、あらゆる形容詞を超越した、言葉では到底現わし得ないすがすがしい感を与えてくれたのである」

　この文章は塩尻氏によって雑誌「新潮」に発表され、そののち『きけ　わだつみのこえ』に収録されることによって多くの日本人に読まれることになったわけです。木村にとって、死に臨んでそれを受け入れるための一助として哲学があった。田辺元は西田幾多郎とならぶ京都学派の哲学者でした。

　戦争が終わってそれまでの価値観が覆った。そのときに、これからいかに生きるべきかという主題が、戦争中とはべつの意味で新たに青年たちの前に立ちはだかったわけです。

　ではなぜ西田幾多郎だったのか。その一つの理由として考えられるのは、「善の研究」があったと思います。「善の研究」は明治四十四年の西田の出世作で、旧制高校の生徒たちの必読書でした。西田の「善の研究」を読めば生を肯定すべき普遍的な善なるものについての答えが見つかるのではないか。戦後日本の青年はそういう幻想をもったのではないでしょうか。

　西田幾多郎は西洋思想を援用するとか、あるいは文献的なアプローチをとらず、日本の風土とか、そこでの死生観、あるいは仏教や神道といった先人たちの思考法やその蓄積から自らの思想を構築してきました。まさに日本の哲学者、日本を対象にした哲学者であったといえます。日本にはほかに哲学者といえる思想家はいなかったと言ったら怒る人も多いかもしれませんが、でもプラトンとか、ヘーゲルやマルクス、そういうヨコ文字の哲学をタテ文字に翻訳したにすぎない哲学者が日本に多かったこともまた、事実です。戦後になって入ってきたのはジョン・デューイに代表されるアメリカのプラグマティズムでした。しかし、その功利主義的、実証主義的な思想は、敗戦国の青年たちの迷いや悩みに充分寄り添うものではなかったのです。

さて、戦後青年たちの期待を浴びて登場した初の西田幾多郎全集。これが曲者でした。西田が戦争中に発表した論考、その代表作は「世界新秩序の原理」、「国体」ということになるわけですが、それらが西田の弟子たちによって除外されていました。

西田は昭和十三年くらいまでは、「日本文化の問題」にしろ純哲学者のありようを保っており、それほど政治問題には深入りしませんでした。戦争の原理に、その思想をもって直接ふれることはなかったのです。しかし、しだいに時局・時流とも無縁ではいられなくなりました。ちなみに「世界新秩序の原理」は、昭和十八年の春に、国策研究会の矢次《やつぎ》一夫の依頼に応じて書き下ろした論文です。矢次が原稿を受け取ったのは同年五月二十八日。矢次によれば「私はこの文章を二十部限定して作製し、陸海軍大臣、次官、軍務局長、参謀本部および軍令部の長と各第一部の長、および外務大臣、情報局総裁、首相、書記官長等に事情を詳しく説明して配布した」という。

戦争を始めてしまった日本の、国家としての大局的な合理性、世界史的課題をどう定めたらいいのか、あるいは大東亜共栄圏の原理はどこに求められるのか。国家の政治指導者たちが突きつけられたそういう難題にまともに答えられるのは、いや答えようとしたのは西田幾多郎だけしかいなかったのです。

戦後になって、そうした大東亜共栄圏の思想的原理などの問題に関する言説を除外して西田全集が編集されることを知り、それはおかしいじゃないかと抗議したのが、ほかでもない矢次一夫でした。国策研究会の機関誌「新政」の連載欄に「西田幾多郎博士の大東亜戦争」と題する文章を寄せたのは昭和二十六年。のちにこの連載はまとめられ『昭和人物秘録』（新紀元社刊）として昭和二十九年七月に出版されています。矢次はそこにこう書いています。「ある人の話によると、本稿（「世界新秩序の原理」）は『西田全集』には加えないことになっていると聞いたが、事実とすればおかしなことだと思う。本稿が世に出ることは、故博士のためにマイナスになるとでも、これ等の人々は思っているのであろうか。さりとは小胆なことである」。

そして「西田博士は、戦争遂行の手段としてアジア・ブロックの存在を力説しているごとくに見えて、事実は一つの世界への歴史的段階として、世界が数箇のブロック――特殊的世界を形成することの必然性を力説しておられるのが、其の真意であると理解すれば、博士の指摘された歴史的行程は矢張り正しい」と、その論を擁護しました。さらに矢次は「世界新秩序の原理」の全文を掲載してしまった。というわけで、いよいよ岩波もシラを切れなくなってしまい、ついに収録せざるを得なくなったわけですね。

矢次の批判を受けて、新しい西田幾多郎全集には、それら戦争中のきわどい論文も収録されることになったのですが、ここでも岩波は小細工を弄した。それらを新たに加えたことに関する表示をどこにも示さなかった。たとえば一九五〇年に出た第四刷の全集には「世界新秩序の原理」も「国体」も入っているのですが、目次にはそのタイトルがありません。よく見ると目次の最後の部分に書かれた「附録」につづいて、「補遺」とある。補遺とはごぞんじのとおり「もらした事柄を拾って補いました」という意味ですが、説明がいっさいない。そのつぎの行に「哲学論文集第四補遺」と続いていました。その実際のページを繰ってみると、そこにようやく、「世界新秩序の原理」と「国体」が出て来るのです。収録してなお、目次からは抹殺されていた、と言っていいでしょう。よほど丁寧に読み進めないと、この論文には出会えない仕組みになっていたのです。

私がなぜこれを発見したかというと、一九八九年にベルリンの壁が崩れたあと、これまでの「世界秩序の原理」が変わると考えました。そのときに私は元首相、大平正芳《まさよし》の回想録『永遠の今』のことをふと思い出したのです。その冊子は大平正芳が一九八〇年六月に亡くなりその年の暮れに刊行されました。これには、国会での演説や対談や座談の記録、さまざまな研究会での発言などが網羅され、弔辞や追悼文も収録された資料性の高い本なのですが、そのタイトルが『永遠の今』でした。この言葉は西田幾多郎の哲学的キーワードなのです。大平さんは、当時の青年たち、たとえば竹内好や武田泰淳や今西錦司などと同じく、西田哲学を深く学んでいました。

大平政権期の世界は、一九七八年に発生したイラン・イスラム革命や一九七九年のソ連のアフガニスタン侵攻などといった事件によって、「新冷戦時代」と呼ばれる環境にありました。そんななか、大平さんが環太平洋連帯構想をどう考えていたのか。アメリカとの関係を今後どのように構築しようと考えていたのか。それらを考察するにあたって、私は大平さんが西田幾多郎の思想をどういうふうに受けとめたのかを調べてみようと思ったのです。というわけで、西田全集第十二巻を改めてじっくり読むことになり、さきほど申し上げた編集上の作為に気づいた。こんなことでもなければ、私も矢次の指摘する事実に気づかなかったのではないかと思います。

「哲学ブーム」とおなじ年の三月から翌年二月にかけて、「ビルマの竪琴」が雑誌「赤とんぼ」に連載されました。のちに市川崑監督によって映画化され大ヒットするのですが、原作が竹山道雄による児童向けの作品であったことは、いまではあまり知られていません。主人公水島上等兵のモデルは、ビルマで終戦を迎えて、復員後僧侶になった実在の人物です。作品中の主人公はビルマに残って死んだ戦友の鎮魂をし、なおかつ終戦後もその国のために尽くそうとした。そういう人物として描かれ共感を呼びました。あの戦争に参加させられてしまった知識青年たちの「戦後をどう生きていったらいいのか」という深刻な問いはたしかにあったと思います。「自分たちはアジアの解放と独立のために戦ったはずではなかったか」という問いも空しくとり残されていたことでしょう。しかし、実際はそんな情熱を掠め取るようなかたちで『西田幾多郎全集』が出版された。ほかでもない渦中の西田哲学の戦争哲学は、このときもっとも検証されるべきであった主題が隠されたことをもってしても、相当いびつな「哲学ブーム」であったと言えるのではないでしょうか。

討論

保阪 僕は、西田幾多郎に「世界新秩序の原理」の執筆を依頼したという矢次一夫に昭和五十四年に取材で会っているんです。秋だったと思う。東京駅前のビルの一角にあった国策研究会を尋ねました。矢次は当時八十歳でしたが、しゃれたスーツを着て機敏な動作で、年齢からくる老いはあったにせよ、身体から発するエネルギーは四十歳を目前にした僕を圧倒するほどでしたね。

国策研究会は昭和八年に設立されています。中心になったのは陸軍省の将校と矢次一夫らですが、昭和十三年、十四年ごろになると矢次は事務局長としてこの組織を政策集団に変えていきました。昭和十五年の大政翼賛運動では、陸軍省軍務局長の武藤章や内政班長の牧達夫らとともに陸軍が期待する新体制運動の土台づくりをおこなっているのです。これはその、昭和五十四年秋の取材での出来事です。このとき僕は、明らかに矢次を不機嫌にさせる質問をしてしまった。「矢次さんは、陸軍のブレーンということでしょうが、その立場はどういう考えにもとづいていたのでしょうか」と単刀直入に聞くと、矢次は「君、もう少し勉強したほうがいいよ。君の質問は、前提そのものを知らない」と声を荒げましたね。いまでもはっきり覚えています。僕が昭和史のひだを少しも理解していないことにかれは苛立ったのだと思います。

「陸軍省の武藤章や佐藤賢了、それに東條さんらと私が懇意にしていたのは、とくべつにこっちが頼んでのことではなく、お互いにこの国をどうするかという根本のところで志をおなじくする気持があったわけだからね」と、矢次は感情的にそう付け加えました。奇妙な喩えになりますが、一と一を足すと二になるという定型を確認するような質問をするな、との叱責だったのでしょう。思えば僕も向こう見ずでした。

半藤　そんなことがありましたか。評論家の大宅《おおや》壮一は矢次を「昭和最大の怪物」と評しましたね。

さて、『西田幾多郎全集』の発売を前に、神田の岩波書店の前に大勢が徹夜で並んだという椿事は、当時たいへんな話題になりました。というのも記事が新聞に載ったからです。その新聞記事といっしょに掲載された写真がなんとも異様でした。岩波書店の前には復員服ありダブダブの国民服ありで、なかには寝ている人までいた。
その印象が強烈でしたから、文春に入って編集者となってしばらくして、当時岩波書店の支配人だった小林勇氏に会ったときはこのときの話を聞かずにはいられなかった。小林勇はごぞんじ岩波書店創業者の岩波茂雄の娘婿で、岩波文庫や岩波新書をつくり、のちに岩波書店会長となった人です。『西田幾多郎全集』は七千部刷ったそうです。しかし購入予約が殺到したために、ヘタすると七千部すべてが予約分だけでなくなってしまう可能性がでてきた。版元としてはなにがなんでも取引先の地方の書店には撒かなければいけません。そこで岩波書店は、「発売日に二百五十部だけお売りします」と看板を立てたのだそうです。するとそれを見たお客さんが居座って帰らない。しだいに引き寄せられるように行列が長くなっていったのだそうです。

竹内　まるで二〇一〇年五月の、iPad発売日の騒動みたいですね（笑）。

半藤　ほんとうですね。火の不始末から火事にでもなったらコトだと消防署が来て、帰りなさいとガンガン言って指導しても徹夜組は聞かなかったらしい。小林氏によれば、結局初日に千五百部は売らざるを得なかった、と。つまり行列は少なくとも千五百人以上だったことがわかる。全七千部のうち千五百部が初日にはけちゃった。

竹内　それくらい殺到したわけですね。

保阪　僕もあの時の写真を見たことがあります。じつは、やらせだったのではないかなと思っていたのですが、ほんとうだったのですね。

半藤　ほんとうもほんとう。小林勇氏に「よく思いつきましたね」と言ったら、「これからの日本にあってどう生きるべきか、それはきっと大問題になると確信していた」と言うのです。松本さんの説明にもあったように、「さがしてみたら日本人でそのことを真剣に考えていたのは西田幾多郎だけだった」と。終戦直後で印刷工場もまだちゃんとは制作体制が整っていなかったのでしょう。そこで戦争中に出た単行本の版をそっくりそのまま使ったのですって。なのでこのときの全集は版面が揃っておらずチグハグになってしまった。それでも売れに売れたんだと、小林さんは威張っていました。

ところで、私が旧制浦和高等学校に入ったのは昭和二十四年の春です。忘れもしません、その一時間目が柳田謙十郎の哲学概論でした。柳田はごぞんじのとおり西田の一番弟子の一人です。初日の一時間目、胸躍らせて先生を待っていたら、柳田先生は五分ほど遅れて教室に入ってきた。羽織袴でした。壇上に立つと後ろを向いて、黒板に「実存哲学」と書きました。きれいな字でした。が、それっきりカーッと考え込んじゃってねえ。またここで五分くらい間がありましたか。そしてやおら「実存哲学とは」としゃべり出した。岩波の騒動から二年が経とうとしていましたが、「いかに生きるべきか」というのはまだまだ青年にとっての大きなテーマであったと思います。

竹内　そのときの「実存哲学」の中身はなんですか？

半藤　キルケゴールでした。さっきのお話のように横文字をタテにしただけのような話ですから、そういう意味では独創性はないのでしょうが、みんなして真剣に耳を傾けていた記憶があります。

松本　柳田謙十郎はそのあとマルクス主義唯物論者になりましたね。私たちは学生時代に読みました。左翼イデオロギーだけで、感心しませんでしたが……。

半藤　そうです。それを公然と世間に発表したのが昭和三十年。私の浦高入学のちょっとあと、四月に設立されたわだつみ会(日本戦没学生記念会)の初代理事長になりました。

保阪　たしか一人息子が戦死していますね。細君も、息子が学徒出陣して間もなく戦没死すると、悲しみのあまり亡くなられたという。

●隠された戦争中の言説

半藤　そこで松本さんにお聞きしたい。もし西田幾多郎が生きていたら全集の出版をオーケーしたでしょうか。

竹内　僕もそれを伺いたかった。どうだったでしょう。

松本　私は了解したと思います。

半藤　では、戦前に書いたアブナイ論文も全部入れたでしょうか。

松本　入れたでしょうね。というのは、戦後の全集初版に収録された論文のなかに、昭和十三年の論文「日本文化の問題」が入っているのです。おとなしいタイトルなのですが、書かれていることは、戦後となってみればかなり過激な内容でして、たとえば「これから日本は王道を進むのか、それとも覇道をいくのかと聞くなら、我々は皇道の道を進む」と書いていました。孫文の「大亜細亜主義」の講演にある「日本は王道か、覇道の道を進むのか」を前提として、第三の「皇道」を言挙げしていたのです。凄いことを言っていたのです。また、「今日我国文化の問題は、何千年来養い来たった縦の世界性の特色を維持しつつ、之を横の世界性に拡大することにならなければならない」、そういう書き方をしています。これはどういうことかというと、天皇制の哲学、万世一系は日本文化のタテ軸である。これをヨコ軸に置き換えると世界に対する八紘一宇となる、というわけです。そういう具合にかなりアクロバティックな論理を駆使していました。いずれにしても、この論文を入れるなら、一連の論考として「世界新秩序の原理」を入れても不思議ではないのです。同じ論理なのですから。

半藤　では聞き直します。西田は戦争に負けて反省はしなかったのでしょうかね。

松本　死の直前には、彼自身もう敗戦を確信していたのです。いまの問いの答えになるかどうかわかりませんが、彼の弟子だった松本正夫が、西田の死の半月前、昭和二十年五月十八日の、鎌倉の西田の自宅でのやりとりを書き留めていました。

竹内　松本正夫とはどういう人物ですか。

松本　戦後法政大学の教授になった佐藤信衛の紹介で、西田のもとに出入りしていたようです。その時の会話は西田幾多郎全集の本文のなかには出て来ず、オマケの月報に収録されていました。そのまま引きます。文中の「私」が松本正夫です。

「『時に戦争はいつ終るかね』と（編集部註：西田から）聞かれてもその時は特別な情報ももちあわせず、遠からず終るという希望的観測とそれを裏付ける二三のことしか述べることが出来なかった。『天皇制はどうなると思うね』もちろん敗戦を前提にしての質問であった。私は『郷土意識《ハイマート・ベウストザイン》としてならのこるかも知れません』と答えた。勝手にハイマート・ベウストザインと造語しての私の答えであったが、先生ははたと膝を打たれ『君それだよ、それだよ』といわれたので、一瞬どぎまぎした。『明治以来天皇制を軍国主義《ミリタリズム》で表現したのが大きな誤りであった。君これから哲学者は国家でなく、連合国家の理念を研修しなくてはいけないね。そして天皇制は一地方国家の郷土意識に過ぎなくなるのだ』」

竹内　かつて語っていた国家原理としての天皇制とは、だいぶ異なる位相に置き換えられていますね。

松本　私はこの回想の記述すべてを信じるものではありません。西田が語ったという「連合国家」という考え方にしても、戦前の「特殊的世界」としての「共栄圏」の戦後的言い換えではないか、という気がしないでもない。すでに申し上げたとおり、西田は昭和十三年くらいまでは、それほど政治問題には深入りしませんでした。それゆえ、世界戦争の原理みたいなものに直接ふれることはなかったのです。しかし、その言説はしだいに時局・時流とも無縁ではいられなくなりました。敗戦後ともなれば、そのあたりの経緯や関わりについて弟子筋の学者連中は言いたくない。だからこそ彼らは「世界新秩序の原理」をはずしたのでしょう。

保阪　陸軍のみならず海軍も、もっぱらその旗振り役は教育局長の高木惣吉でしたが、今度の戦争の意義はなにかという主題で、京都学派といわれる西田幾多郎の弟子たちを集めてしきりに勉強会を開いていました。

松本　ですから西田哲学を聞きかじった海軍の将官たちは、自分たちの戦争は決して英米と覇権を競うものではないのだと信じていた。いや、信じようとした。じっさい皇軍は世界征服などということは考えていないと主張したのです。そのバックボーンに西田哲学があったことは疑うべくもありません。

●生き残った高弟たち

半藤　日本人が西田全集をほんとうにちゃんと読んだのであれば、もういっぺんその問題を考えたはずなのですが、残念ながらそうはならなかった。

松本　もし三木清が生きていれば様相は違ったかもしれません。三木はごぞんじのとおり京都帝大で西田幾多郎に学んだ後、ドイツに留学してハイデッガーの教えを受けたこともある人で、京都学派を代表する哲学者であったわけですが、戦争中に検挙され、敗戦からひと月後に四十八歳で獄中死してしまいました。

保阪　三木は昭和五年に、日本共産党に資金提供をしたという理由で逮捕されて有罪となり、教職につけなくなってからは在野にあって文筆活動を続けました。近衛文麿の友人たちが中心になってつくった昭和研究会にも積極的に参加して、新たな政策の思想的裏づけ作業に関わった。「協同主義」という多文化主義的な立場を掲げていましたね。この人も西田と同様、総力戦体制への抵抗と関与という二面性を抱えざるをえなかった。

松本　三木は帝国の覇道の論理ではなくマルクス主義でもない、〈近代の超克〉もしくは日本の理想としての東亜新秩序を作ろうと努力したと評価していいでしょう。だからこそ私は、もし戦後に三木ありせば、と考えたくなる。西田の戦前の論文について深い理解をもって収録を主張したであろうと思うのです。ところが編集に当たったのは、安倍能成《よししげ》、天野貞祐《ていゆう》、和辻哲郎、山内得立《とくりゅう》、務台《むたい》理作《りさく》、高坂正顕《まさあき》、下村寅太郎ら。西田幾多郎を政治との関わりでなく、純理論で収めておきたいという人が集まった。このなかでは和辻くらいでしょうか、日本の思想史をちゃんと押さえた上で哲学を志向したのは。

半藤　まあ、和辻さんはましですよ。ところが安倍能成のごときは旧制高等学校を残すと言っていたくせに、戦後になって幣原喜重郎内閣の文部大臣になったとたん、六・三・三制を主導する占領政策に抵抗することなく、いちばん初めにひっくり返った。

保阪　いま松本さんが挙げたメンバーの多くが、昭和四十年に佐藤栄作内閣のもとでつくられた中教審になだれこんで行きました。委員長が安倍能成、副委員長は南原繁で、天野貞祐、務台理作、高坂正顕が委員になっています。彼らが答申した「期待される人間像」を読むとびっくりするのですが、「当面する日本人の課題」として、「正しい愛国心をもつこと」だという。そして「象徴（天皇）に敬愛の念をもつこと」を主張しました。敗戦を経ても、彼らの考え方はほとんど変わらなかったのだなあと思わざるを得ない。それがあの答申に凝縮されている感じがします。

半藤　ここで少々松本さんに水をかけるような話をしますけどね。私は、戦争に負けたということを深刻に受け止め、戦争の原因はなんであったのかとか、われわれの理想は本当に正しかったのか、そういうことを考えるため人びとが『西田幾多郎全集』を買いにいったとは、思わないのです。

松本　私だって思いませんよ。ブームですからね。ただ、戦後をどう生きたらよいか、という悩みはあった。

半藤　このころの私たち日本人は、活字ならなんでもよかった。なにしろこの裏側では『肉体の門』が大ベストセラーになっていたのですから。

保阪　半藤青年は、キルケゴールに真剣に耳を傾けるいっぽうで、カストリ雑誌も読んだのですか。

半藤　もちろんですとも（笑）。ですから今日は、昭和二十一年から二十三年までのあいだに出たカストリの名前をメモしてきました。「美貌」「猟奇」「犯罪読物」「奇譚」「事実小説」「実話ロマンス」「犯罪雑誌」「近代読物」「大衆倶楽部」「面白講談」「娯楽小説」「浪漫春秋」……とまあ、ドカドカ出たんですよね。

保阪　「百万人の夜」は？

半藤　そういうスケベな本はちょっとあと（笑）。有名なカストリ雑誌の多くは、多少洗練されて第二弾として出てきます。いずれにしてもこういう読み物がエラいこと売れた。売れに売れた。やっぱり活字に飢えていたとしか思えない。

●復員青年の複雑な心理

保阪　さきほど松本さんが紹介されたカーニコバル島事件の木村久夫のケースについてちょっと話をさせて下さい。僕自身は陸海軍の戦争責任のとり方とその組織的問題に興味があって、BC級戦犯についていろいろ調べてきたわけですが、その過程で副次的な発見がいくつかありました。その一つが、復員してきた青年たちの心の奥深くの心理的なゆがみでした。

木村久夫について五十嵐顕という東京大学教育学部の教授が、「木村の書いていることは事実と違う」とクレームをつけたことがありました。『「わだつみのこえ」を聴く――戦争責任と人間の罪との間』（一九九六年刊）という本を彼は出しているのですが、要するに「木村はやはり加害者であった」と彼は主張したのです。五十嵐氏は大正十五年生まれで旧制第四高等学校を卒業し、東京帝国大学文学部英文科に入学します。木村久夫とは似たような経歴の持ち主と言っていい。木村が、幹部候補生試験を意図的に受けずに上等兵のままであったのに対して、五十嵐氏は陸軍少尉になっています。ここで、五十嵐氏も読んだ木村の遺書の一部を僕からも紹介させてください。

「日本は負けたのである。全世界の憤怒と非難との真只中に負けたのである。日本がこれまであえてして来た数限りない無理非道を考える時、彼らの怒るのは全く当然なのである。今私は世界全人類の気晴らしの一つとして死んで行くのである。これで世界人類の気持が少しでも静まればよい。それは将来の日本に幸福の種を遺すことなのである。（中略）日本の軍隊のために犠牲になったと思えば死に切れないが、日本国民全体の罪と非難とを一身に浴びて死ぬと思えば腹も立たない。笑って死んで行ける」

木村は冤罪によって処刑されたという悲劇性のみならず、その遺書によって多くの人の胸を打ち、強烈な印象を残してその存在が記憶に刻まれたと言っていい。上官の責任逃れも政治や軍部の過ちさえも承知していて、その責任のすべてを引き受けようと死におもむいた。

さて、五十嵐氏がなにをしたかというと、彼は弟子をロンドンの公文書館に赴かせ、シンガポールでの公判の記録をつぶさに調べさせたのです。すると証言記録から、木村は通訳をやっていただけではなく加害行為もやっていたことがわかったと、そういうことを言いだしたのです。まあソフトな語り口ではありましたがね。「木村は悲劇のBC級戦犯ではない」とばかりに彼を加害者だと断罪した。しかし僕は、それは違うだろうと言いたい。イギリスが日本兵の残虐行為を裁くためにつくった資料なのだから事実を歪めて記録することがありうることは容易に想像できるからです。証言した現地の住民にしても、日本軍憎しの思いから加害状況をオーバーに語った可能性も少なくない。

戦後復員して学問の世界に戻った五十嵐顕氏は母校東京大学教育学部教授として定年まで勤め上げました。戦争が終わっても故国に帰ること叶わず処刑台の露と消えた木村久夫とは対照的に、知的エリートとして誇り高い人生をまっとうすることができた。ところが木村と同世代のこういう人のなかに、木村を貶めたいような、なにか複雑な心理がはたらく。生き延びたことに対するうしろめたいような感情と、戦争中に自らが行なった加害的な行為に対する罪の意識、あるいは遺書によって木村が多くの日本人を感動させたことに対する嫉妬のようなものとがないまぜになったような、まことに奇妙な心理なのです。戦後の「哲学ブーム」の深層には、復員した青年たちの複雑なパトスもまた渦巻いていた、と言えるかもしれません。

●「世界新秩序の原理」と現代

竹内　ところで、西田の「世界新秩序の原理」は、いまのEUの思想にどこかつながってはいませんか？

松本　うーん、EUとはつながっていませんねえ。EUはアルザス・ロレーヌの鉄と石炭を共同管理しようということからはじまっています。ごぞんじのとおりフランスとドイツがつねにあの地域の取りっこをしていて、それがいつも戦争の原因でしたから、これを共同管理、共同利用して、仏独のナショナリズム対立の根を除こうということで始まったのがEUです。つまり発端は経済からの要請でした。

保阪　「世界新秩序の原理」はAPECのほうが近いのではないですか。

松本　そうですね。どちらかというと、リージョナリズム（地域主義）のAPECとか北米自由協定のほうが近い。

半藤　近いと言いつつも、東亜新秩序のいけないところは八紘一宇と結びつけたところ。我が日本が東亜の主人だというところです。

竹内　八紘一宇を横軸にするということは、フラットな世界であって、そこには主人はいない、ということにはなりませんか？

半藤　いや、主人はいるのです。日本が主になるのです。

保阪　日本を主人とするひとつの家、という考え方ですよね。

松本　主人とはつまり天皇家のこと。天皇を主人とする家の屋根の下に東亜の各国が繁栄する、という考え方です。

半藤　東亜新秩序というのはいい思想なのですが、そのトップに日本の天皇を置いてしまった。八紘一宇と東亜新秩序は結びつかなくてよかったものを、結びつけてしまった。

松本　じつはそこが西田も苦労したところなのです。彼は、十九世紀は国家的自覚の時代、つまりナショナリズムの時代でそれは当然、覇権的な帝国主義に向かって行くだろうと考えた。けれど東亜新秩序という原理は絶対に帝国主義に利用されてはいけないという。日本が主体になって、ほかの国を客体として統御・支配していくようなことにしてはならないと書いていました。ところがそのいっぽうで「皇室は過去未来を含む絶対現在として、皇室が我々の世界の始であり終である。皇室を中心として一つの歴史的世界を形成し来った所に、万世一系の我国体の精華があるのである」とも書いた。皇道のタテ軸が「万世一系」で、これをヨコ軸にすると「八紘為宇」になる、とも。それゆえ、「我国の皇道には、八紘為宇の世界形成の原理が含まれて居る」のだから、そこはどうしてもはずせないと。

竹内　それは、西田さん独自の思想ですか、それとも時代に対する迎合ですか。

半藤　時代に対する迎合でしょうね。なぜなら八紘為宇、八紘一宇というのは西田の言葉ではありませんから。

松本　ええ、日蓮宗の在家宗教団体の国柱会《こくちゅうかい》を興した日蓮主義者、田中智學による造語です。元は「古事記」ですが……。いずれにせよ、これによって東亜新秩序の西田とアジア主義を標榜した大川周明《しゅうめい》とは、お互いに認め合うことになりました。大川周明のアジア主義とは、植民地化によって西洋文明に侵略されてきたアジアが大東亜解放戦争によって西欧を押し返す、という論理です。ヨーロッパはキリスト教やラテン語が母体になっているが、アジアの場合は別の原理があるはずだと。その原理こそが「八紘為宇」の天皇制なのだという考え方でした。

半藤　これが困るのですよ。

松本　けれど西田は、それがいずれ西欧に勝つとまでは言っていません。それぞれ地域には地域原理がある。それが共存したときに「世界的な世界が生まれてくる」と。そうしたかなりトリッキーな用語を使うのですが、ヨーロッパ・ブロック、アメリカ・ブロック、アジア・ブロックが互いに競い合って、それぞれところを得るだろうというのです。東西対抗文明史観の大川周明と、波長が合うのは当然でした。

半藤　いずれにしても、戦後の日本人がこれをもう一度学んで冷静に考え直したら面白かったですよねえ。

松本　そのとおりです。西田はこうも言う。「それぞれの世界史的使命を以て一つの世界的世界に結合するのである。これは人間の歴史的発展の終極の理念であり、而もこれが今日の世界大戦によって要求せられる世界新秩序の原理でなければならない。我国の八紘為宇の理念とは、此の如きものであろう」。これはいかがですか。

竹内　八紘為宇の前まではすごくいい（笑）。

松本　けっきょく日本の八紘一宇にまとめてしまったのが間違いでした。戦後の世界秩序はどうあるべきかを考えるときに、八紘一宇をはずした上で西田哲学をもう一度学び直すということがあってもよかった。ヨーロッパ・ブロックとアメリカ・ブロックとアジア・ブロック、それぞれの地域の風土と歴史と文化に根ざし、かつ共存するための原理はないか。それを考えるためのいい材料になったはずなのです。

保阪　たしかにいまも通用する普遍的な思想のヒントになり得たかもしれません。真摯に理解すれば、という前提でのことですが……。

松本　「世界新秩序の原理」には、こうも書かれています。「我国の皇室は単に一つの民族的国家の中心と云うだけでない。我国の皇道には、八紘為宇の世界形成の原理が含まれて居るのである」。西田は残念ながら、ここまで言ってしまった。それぞれ地域には地域原理があると言いながら、最終的に皇道＝天皇制に収斂させてしまったわけですね。

竹内　みんなが再考するまでもなく、ほかでもない本人が敗戦直前に、「世界形成の原理」から「郷土意識」へと、概念を大幅に縮小してしまっているではありませんか。

松本　でも、「世界新秩序の原理」が執筆されたのは昭和十八年ですからね。

竹内　時代背景が違うと？　ということなら、思想なんてしょせんそんなものかと、僕は思わざるを得ないなあ。

松本　西田が国策研究会から乞われて「世界新秩序の原理」を書いた、その前提としてあったのは、これから日本が世界を制覇していくに際して思想的根拠、いいかえると日本における「世界史の哲学」をどう求めるのかという課題でした。昭和十七年から翌年にかけて『中央公論』で行なわれた連続座談会のテーマが、「世界史的立場と日本」（昭和十七年一月号）、「東亜共栄圏の倫理性と歴史性」（昭和十七年四月号）、「総力戦の哲学」（昭和十八年一月号）でした。登場したのは西田の弟子たちで、「京都学派四天王」と称された高山岩男、高坂正顕、西谷啓治、鈴木成高《しげたか》でした。彼らは西洋科学技術と日本精神というものが合致したからこそ、あの真珠湾攻撃の成功があったのだと評価し、戦争を大東亜共栄圏の建設という歴史上の理想、つまり「近代の超克」のために止むを得ないものと肯定しました。戦後に生き残った弟子たちはこの点を再考すべきだった。戦前の日本の「世界史の哲学」の失敗の本質は何であったのか。そういう議論が起きてもよかったと思います。

半藤　松本さん、無理だよ。彼らにそれはできません。

松本　まあ、無理だったのかもしれませんね。彼らは戦後、公職追放され、いわば政治的に処断されてしまった。ただ、そうではなくて、彼ら自身が思想的営為としてそれをどう乗り越えていくのか。それこそが重要で、そこに情熱を注いで欲しかった。思想家の責任とは、そういうものでしょう。

保阪　戦争が終わったときに、優秀な若者たち、それこそ陸軍士官学校を出たり、海軍兵学校を出たりした連中の多くは、哲学をはじめとする抽象度の高い学問よりも、医学や経済学といったプラグマティックな学問に向かっていきました。昭和四十年代の東大医学部の教授の六、七割が陸士か海兵出身だったと聞いたことがあります。僕自身、陸士出の人に、なんで医学部に行ったのですか、哲学をなぜ選ばなかったのですか、と尋ねたことがある。「戦争が終わったときに、生きるとはなんだ、生命とは、と、そういう興味に駆られて医学部を選びました」というような答えを返してきました。「それまで死ぬことばかり教えられてきたせいでしょうか」と、そんなふうにつぶやいたのも覚えています。

竹内　現実問題として食うに困っているときに哲学なんてやっていられるか、という事情もあったのではないですか。

保阪　それはすごく大きかったでしょうね。敗戦後の日本人はやっぱりそっちの方向へ行かざるを得なかったということなのでしょうか。

半藤　もっとも戦争中、医学や理工系の学生は戦場に駆り出されずに済んだという事情もありました。昭和十八年十月二十一日の学徒出陣壮行会は、雨の明治神宮外苑陸上競技場の、あのニュース映像と相まってわれわれの記憶に深く刻まれています。このとき約十万人の大学生、専門学校生が陸海軍に入営することになったわけですが、理工系学生は徴兵延期となってひとまず置かれることになりました。そういう理工系の学生が戦後になって、自動車、造船、機械、化学、電機、薬品などあらゆる領域で研究開発の中心的な役割を担っていったわけですな。

第七章　中華人民共和国と北朝鮮の成立

報告 その一

保阪 中華人民共和国の成立過程にはたいへん興味深い事実が数多くあります。そのなかで、日本の敗戦からしばらくのあいだ、国民党と中国共産党の関係がある程度宥和的なものであったことなどは、一般的にはあまり知られていないかもしれません。八年もの長きに及んだ戦争が終ったときには、さすがにもう戦争はこりごりだと、中国人のだれもがそう思ったのではないでしょうか。

一九四五年八月二十八日、国民党の拠点重慶に、毛沢東がアメリカのパトリック・ハーレー大使にともなわれ、周恩来と王若飛ら側近らを連れて延安からやってきます。この来訪は国民政府の呉鼎昌文官長の招きに応じたものでした。三十日には蔣介石・毛沢東巨頭会談（重慶会談）が行なわれ、以降首脳陣による話し合いが、じつに四十三回も行なわれることになります。十月十日には「双十協定」として合意がまとまり、内戦はいったん回避されることになったのです。

このときの秘話を陳立夫《ちんりつぷ》がその自著『成敗之鑑　陳立夫回想録』（原書房）に記しています。陳立夫はごぞんじのとおり蔣介石のきわめて有能な右腕として中国国民党や国民政府の要職を歴任した人物です。

毛沢東は重慶で党や政府の重要人物を訪問しているのですが、彼からたいへん丁寧に遇されたそうです。陳立夫自身も毛の訪問を受け、そのとき彼は毛に対してきわめて率直にこんな意見を述べていました。

「私はあえて断言しますが、共産主義は中国の人民に絶対受け入れられず、最後には葬られることでしょう。それに、中国の歴史を見ると外国からの侵略をたいてい北方から受けています。北極熊は凶暴残虐だから、侮ったり軽くあしらったりはできませんよ。中国が列強の戦場とならないためには、みんなが三民主義を信奉する以外にありません。だから私は共産主義には反対なのです」

「北極熊」がソ連を指していることはもちろんですね。このとき陳立夫は毛沢東に、ソ連と手を結び共産主義に突き進むことの危険を論難したのでした。これに対して毛沢東は半ば同意を示し、「共産主義を実行に移すのは時期尚早ですよ。私がきょうお話しようとしているのは新民主主義についてです」と答えている。陳立夫が「先生の新民主主義は私も拝読しましたが、孫文先生の民権主義には及びませんね」と応じたので、毛沢東の機嫌を損ねてしまったのか話が嚙み合わず、けっきょく物別れになってしまったようです。

「新民主主義」とは、毛沢東が一九四〇年に提唱した考え方で、社会主義革命に移行するまでの過渡期である、半植民地・半封建主義時代における革命原理のことです。つまりいまわれわれが思い描く「民主主義」とはかなりかけ離れたものでした。いっぽう孫文が唱えた民族、民権、民生の三民主義は、その大要には資本主義と社会主義の特質をそれぞれ生かした面がありました。こちらは陳立夫が毛沢東に主張したとおり、すぐれた国家プログラムといえます。

このときの会話としてつぎのようなやりとりもあったと陳立夫は証言しています。一九九一年と九二年に私は台北で彼にたっぷりと話を聞きました。その中でも語っていました。

陳立夫が毛沢東に、「国民政府はかなり空洞化し形骸化している。われわれの軍隊にあなたがたの軍隊が入ってほしい」と言ったところ、毛沢東は「入りましょう」と答えたというのです。

最後は物別れになったにしても、このときの話合いには統合の可能性をうかがわせるような雰囲気があったことをたしかに伝えています。しかし皮肉にも、合意がまとまった十月の双十協定調印の日に、中国北部の山西省で戦後初の軍事衝突、上党戦役が勃発してしまう。慌てたアメリカが調停に乗り出します。

一九四六年一月にはジョージ・マーシャルを派遣して国民党の張群、共産党の周恩来と三者会談を行なって停戦協定を発表しています。これと同時に統一政府樹立のための会議、「政治協商会議」が設立されました。「政治協商会議」の代表委員の人数は双方ほぼ同数とするなどして両方の顔を立て、力関係の均衡をわざわざ演出するという気の使いようでした。とにかく何度か話し合いがあって、重慶と延安のトップのあいだでは、アメリカの仲介によって和合的な内閣をつくろうという歩み寄りはあった。日本帝国主義を追い出したのだから、これからはともに新しい国づくりをしていこうという気運はあったと見ていい。しかしその後も国共両軍の衝突はやまず、統一の夢は崩壊していくのです。

国民党右派はぜったいに共産党とは同席できないと、そのかたくなな姿勢を変えることはなかったし、共産党の側には、腐敗した国民党を退けて最終的に共産党が政権のリーダーシップを取らなければならないと思っている者が多かった。戦争はもうこりごりだったはずなのに、けっきょく武力闘争への道を進んでいくことになりました。両方とも抗日戦争のあいだに、相当数の兵を持つに至っていました。国民党が四百五十万人、共産党は百十万人といわれています。イデオロギーを異にして、これらをひとつの軍隊に合体させ統一することは、現実的には無理な相談だったのかもしれません。

国民党と共産党では、その理念、綱領、そして階級基盤がまるで異なっていました。国民党はその支持基盤を都市ブルジョワジーに依拠したため、いわば根っこがないような抗日戦争を戦っていたわけです。抗日戦争中の共産党は、八路軍を編成して国民党指揮下に置いたものの、日本軍との過酷な戦闘はおもに国民党に任せて正面衝突を避け、華北の農村を拠点に力を温存していました。共産党がその間に推し進めたことはなにかというと、土地改革運動でした。それに専念していたといっていいほどです。国民党の人が言うことには、国民党の党史資料にも書いてあることなのですが、「日本軍と中国軍はつごう二千八百回軍事衝突をしたが、そのなかで共産党が主導して独自に戦ったのは八回だけであった」。もちろん二千八百回のなかには、八路軍が国民党軍の傘下の戦力として戦った戦闘もあった。けれど、戦いの過程において共産党が力を傾けていたのはつねに制圧地域を拡大し勢力を延ばすことだった。その間、国民党軍の四百五十万人のなかに細菌が繁殖するように共産党の隠れシンパが増えていったことも事実です。

進軍した八路軍は土地土地で、見せしめに地主を人民裁判にかけ、即座に地主一家を射殺し貧農、雇農らに土地を分け与えた。延安に行くプロセスで彼らはそれをやりつづけました。そのなかで土地財産を相続できない次男、三男が共産党軍の兵隊になっていく、というかたちで着実に軍の規模を大きくしていったのです。アメリカが当初「毛沢東は共産主義者じゃない、土地改革論者だ。封建体制の農村構造を変えようとしている男だ」と言って評価していましたが、実際そのとおりだったと言っていいでしょう。中国では地主というのはたいへんな大地主で、日本では考えられないような広大な土地を支配していた。それが分け与えられたことで、農民のあいだに共産党支持が広がるのと軌を一にして、人心は国民党から完全に離れていきました。抗日戦争八年のなかで国民党が疲弊するいっぽう、共産党は一の力を十にまで延ばした。共産党は抗日戦争のときに蓄えたその力を、国共内戦をつうじて飛躍的に拡大させ、あっというまに中国全土をその支配下においていったというわけです。

一九四八年十月に中国共産党の人民解放軍が満州の首都新京（現・長春）を解放し、国府軍十万人が降伏しました。翌年四十九年一月に人民解放軍は北京に無血入城。四月に国民党政府の拠点となっていた南京に入り、翌月には上海を占領します。ついに全中国を制圧した毛沢東は、十月に天安門で中華人民共和国の成立を宣言、追われた蔣介石が台北に到着したのは十二月のことでした。

一連の経緯を見ると、米ソの思惑を代弁する勢力が国民党と共産党、それぞれのなかにあり、さらにそのなかにファンダメンタリストがいたことがわかります。内戦になって両者が相争うことになったとき、結局は軍事力によって共産党が国民党を圧倒していきました。

僕は、国民党の陳立夫には一九九〇年代の初め、蔣介石の次男、蔣緯国《しょういこく》にも一九九〇年に会って話を聞きましたが、どうして共産党に負けたのかと聞くと、あなた方日本のせいだと彼らは口を揃えて答えました。われわれは八年も戦ってほんとうに疲弊しつくしたけど、共産党はそのさなかに力を蓄えた。だからあなたの国が毛沢東にとって最大の恩人だと。そのとおりだと思いました。

二〇〇〇年代に入って、改革開放後の中国に行ったときのことです。「歴史は封建制、資本制、共産制へと移行していくと習ったけれど、あなたたちは封建制、共産制、そして資本制にいくのですね」と言ったところ、「それは絶対言っちゃいけません」と中国人から諭されました(笑)。そのとき彼はつづけて、「この国には言っていいけどやって悪いことがあります。そして、やっていいけど言ってはいけないことがあるから気をつけてください」と言うのです。たとえば、投資会社のビルに出向いて行って株を買うのは自由だと。低層階には、主婦がはした金を握ってやってきて誰はばかることなく株を買っている。上層階には大金持ちが高級ソファに深く腰掛けて、トレーダーに肩を揉まれながら巨額の取引をやっている。つまり中国ではあらゆる層の人民が株取引に血道を上げているが、それを決して資本主義と言ってはいけない、と。どんなにあからさまに見える現実に対しても、中国というのはつねに二枚舌、三枚舌をもって評するのが伝統なのかもしれません。

ほかでもない毛沢東は、共産主義者というよりもむしろ共産党の統治の技術を駆使した革命家というべきかもしれない。共産主義というイデオロギーについては、歴史過程として中国がその基盤をもっていないことを彼は充分承知していて、統治の手段としての共産主義を自分たちに都合よく援用した。その結果としての中華人民共和国の成立ではなかったかと思います。

話はちょっと脇道に逸れますが、中国のトップがそういうことを言ってはマズいな、と思ったことがあります。昨年二〇一二年十一月に、習近平以下、中国共産党中央政治局常務委員に選出された七人が、国家博物館で開催された復興之路展（一八四〇年のアヘン戦争以降、現在に至る歴史関連の文物の展示会）を見学したときのことです。見学の途中、習近平総書記がマスコミ関係者に話をした内容が、当日の夜のニュースで報道されました。「近代以降の中華民族が受けた苦難の重み、もたらされた犠牲の大きさは、世界史上でも稀に見るほどだった」と語っていました。それは一面でそのとおりなのですが、しかしその苦難の重みというものは、外からもたらされたものだけではなかったはずなのです。

いまの中国にそういう視点がまったくないとしたら、それは問題だと言わざるを得ない。あなた方はアヘン戦争前の、あの中華帝国主義に帰ろうとするのか、と。もしそうだとしたらとんでもないことです。尖閣問題への強硬な対応を見ていると、若干それに近いものがあるような印象を僕はもっています。ごぞんじのとおり清朝は、武力を持って領土を広げ、異民族支配に抵抗する人びとを徹底的に弾圧しました。官僚機構は腐敗し国の根幹さえ腐らせていた。我が方のみならず、中国指導者の歴史認識もまた、僕には少々心配なのです。

半藤　そのとおりだと思います。が、いまの中国の問題はいったん置くとして、中華人民共和国成立についての私の印象をひとこと言わせてください。その経緯には、アメリカの戦略が楽観的過ぎたという事情、はっきり言えばアメリカの失敗というものが分ち難くあったのではないか。

　第二次世界大戦中、ソ連は蔣介石を支持していました。戦争が終ってからも、やっぱりソ連は蔣介石を支持していた。しかも一九四六年五月には、日本軍を追い出して占領していた満州や朝鮮北部からもソ連は軍を一斉に引き揚げさせているのです。これを見たアメリカは「ソ連は中国を蔣介石政権に任せるつもりだ」というメッセージにとったわけですね。そしてアメリカは、「中国が共産化することはない、中国共産党は早晩孤立する」と見た。米ソ英仏、そして中国国民政府を五大強国としてそれを要に置けば世界は安定するだろうと考えた。ところがこれが大間違いでした。

松本　その〝五大国〟がいまの国連の安全保障常任理事国になっていますね。第一次大戦後の五大国は、英米仏日伊でした。

半藤　アメリカは当時から高度な諜報組織をもっていたにもかかわらず、なぜソ連を見誤ったのでしょうか。このあたりがよくわからない。一九四五年五月にドイツが降伏するとヨーロッパではすぐに東西対立がはじまっています。ソ連が世界制覇を狙っていることがわかっていながら、その冷戦の波はアジアに及ぶに違いないとアメリカはなぜ警戒しなかったのか。

保阪　そもそもソ連・コミンテルンは、辛亥革命のころから国民党といい関係をつくっていました。生まれたばかりの中国共産党を支援すると同時に、大きな力をもつ国民党を利用しようとしていたわけです。共産党員に国民党への入党を勧めて国民党を乗っ取ろうとしたとも言われており、冒頭申し上げたとおり国民党内には共産党分子が深く浸透していった。孫文もまた、北京を支配していた軍閥政権に対抗するため、コミンテルンと提携してその援助で軍閥政権の打倒と列強排除の「民族、民主」革命を進めようとしました。どちらも損得ずくではありますが、それでもやっぱりソ連と国民党はずっと宥和的でした。ソ連は引き続きそうするだろうとアメリカは見ていたのです。

さきほど三民主義についてて少しふれましたが、三民主義と五権システムという孫文の思想はアジアでは先駆的な共和政体を実現しようとするものでした。かなり先進性をもっていたと僕は評価しています。

竹内　五権システムについてもご説明いただけますか。

保阪　孫文の説く三民主義実現の『建国大綱』によれば、政治的には民主主義をもとにした五権システムをとる。つまり行政、立法、司法の三権に加えて、監察院という監視機関、考試院という公務員などの採否やその執務が真に国民の意思を代弁しているかのチェック機関をもつというものでした。この二つの機関を三権とまったく同等に位置させる。

この五権制度は、行政、立法、司法の暴走や停滞、それに放縦などにつねに目を光らせるという意味がありました。孫文はこのような制度を理論化するために古代ギリシャ、ローマ時代や中国の古代史を研究し、人間のつくり出したさまざまな政治システムのプラスとマイナスを検証しています。近代ヨーロッパは三権分立をつくりだしましたが、孫文はそこに人間の「業」を防ぐ内容を付け加えたのです。

権力をもった人間や集団がどのように暴走するか。初期には権力者や権力集団は謙虚であっても時間とともに腐敗していく。孫文はそのことを歴史のなかから学んだがゆえに、五権制度を理論化し、この制度が有効であると訴えたわけです。

アメリカはこれらを綱領とする国民党主導で新しい国家形態を、統一国家をつくらせたかった。話し合いの仲介や調停はそのためのものだったはずです。しかし中国共産党はアメリカの土俵に乗るような顔を見せながらも面従腹背で、しだいに武力闘争の果ての軍事統一しかないという考えを固めていった。共産党の公式戦略として、「北進南防」という方針のもと、軍事攻勢をかけるとはっきり表明したのは一九四七年の夏でした。このとき共産党軍は人民解放軍とその名を変えたわけです。

満州を占領したソ連の後押しで東北から南下して国民党軍を圧倒していくわけですが、当初満州を狙ったというのは、そこには日本の軍隊が残した兵器がかなりあったという事情も深く絡んでいました。

竹内　さきほど半藤さんがご指摘になったとおり、ソ連は最初から全面的に中国共産党を後押ししていたわけではありませんね。日本が無条件降伏して戦争が終わる日の前日の八月十四日、蔣介石の国民政府と中ソ友好同盟条約を結んでいます。このときまだ中国共産党の力は弱かった。ソ連は二股をかけつつ自国の利権を中国に延ばそうとしていたことは間違いありません。

松本　中国共産党が共産主義イデオロギーに則った党ではないこともクレムリンはわかっていました。このあとはじまる国共内戦は都市（＝国民党）対農村（＝共産党）の戦いという様相になるのですが、日本人でそこのところをきちんと押さえていたのが石原莞爾でした。石原は、毛沢東の農村戦略を評価します。

毛沢東の戦略は「農村が都市を包囲する」というものです。それは共産主義思想とは無関係で、被抑圧階級である貧農・小農が都市のブルジョワジーを包囲するというかたちでした。

半藤　あれは、いわば戊辰《ぼしん》戦争なのですよ。共産党軍がどんどん農村解放をして農民を兵に吸収していったところなど、薩長軍のやり方とよく似ている。それにしても共産党軍の農村政策は巧みでしたねえ。

保阪　国民党は基本的に農村にまったく足場がありませんでした。都市のインテリとブルジョワジーによる、生活実感のない政党だった。ですから四百五十万人いる兵隊のなかで、三民主義と五権システムを理解し国民党に忠誠を誓う人がはたしてどれだけいたか。あっというまに崩れたところを見ると、大部分が知らなかったということでしょう。

松本　国民党軍の兵のほとんどが傭兵でした。人民解放軍に身を投じた農民のほうはというと、代々抑圧されてきたけれども共産党によって農地を与えられたという人たちです。人民解放軍に入ったのは次男、三男のみならず、場合によっては長男も妻を連れて参加していった。しかし長征＝進軍とは名ばかりで、けっきょく戦闘はしないで勢力を温存して延安まで逃げているわけでしょう。

保阪　中国共産党の党史は、そのへんのところをかなり美化して書いています。日中戦争はわれわれが戦って勝利へと導いたと。

竹内　いまでも公式見解としてそういうことになっていますよね。

松本　「抗日戦争勝利六十周年」を記念して、二〇〇五年に中国の上海で日中両国の研究者による会合が開かれました。ところが、学者たちが行ってみると台湾からの出席者がいなかったのです。「実際にあの戦争をやったのは国民党じゃないか、君たちはほとんど戦っていないじゃないか」と陰口を囁《ささや》く参加者もいたようです。

●経済政策の失敗とプロパガンダ

保阪　国共の政治体制の妥協というものは、言葉では成り立っても実現することはなかった。その背景には、国民党と共産党では理念、綱領、階級基盤のちがいのみならず、敵味方に分かれて殺し合った恨みも互いにあったことでしょう。それともう一つは抗日戦争で経済がガタガタになってしまったという事情があります。経済政策をもっていない共産党は、最後には物々交換のような原始的な経済をはじめる始末でした。

半藤　でもそれは、そうならざるを得ない状況にまで陥っていたために、逆にうまくいったのではないですか。戦争が終わったときは超インフレの、あまりに酷い状態で国民政府は手がつけられなくなっていましたから。

保阪　そうなのです。さきほども紹介した陳立夫は回想録のなかで、国民党が大陸を失うことになった原因は、軍事面での失策とならんで財政と金融をうまく行なわなかったことだと率直に反省の弁を述べています。もとは日本軍の乱発した軍票が元凶で、国民党政府発行の貨幣が通用しなくなったために混乱が生じてしまった。その後日本が投降すると、財政当局の要職にあった宋子文《そうしぶん》、この人はごぞんじのとおり孫文の夫人宋慶齢《そうけいれい》の弟で、蔣介石夫人の宋美齢《そうびれい》の兄ですが、彼が行なった金融政策がことごとく失敗していく。宋子文の施策は、陳立夫によれば「共産党のために道をつけてやったようなものである」と。こうまで言っています。「すべての金持ちは貧乏に、貧乏な人は赤貧洗うがごとき状態になってしまう。言い換えれば、我々は共産党に先立って民衆をすべて無産階級にしてしまった」と。

国民政府は共産党とちがって、近代国家の態を成すための頭脳とシステムをもっていましたが、残念ながら、それがあの乱世に生かされることはありませんでした。

半藤　けっきょく当時の中国の土壌には合わなかったのかもしれませんねえ。そこへ物々交換がはじまって、食えなかった人も食えるようになった。

松本　大筋としては、中国共産党は農民にどんどん土地を分け与えてしだいに勢力を拡大し軍隊も大きくしていくことによって勝利した、ということになりますね。けれど、われわれが六〇年代から七〇年代はじめ頃までに聞かされた話というのは、毛沢東の「根拠地理論」もさることながら、中国共産党員はみな立派な共産主義者であったことによって勝利した、という美談じみたストーリーでした。エドガー・スノーの『中国の赤い星』とか、国共内戦と日中戦争をつうじて中国共産党に密着取材をつづけたアグネス・スメドレーの『中国の歌ごえ』、『偉大なる道　朱徳の生涯とその時代（上下）』、あるいは『中国は抵抗する　八路軍従軍記』など。

保阪　ええ、人間的節度や思想的堅固さをもった立派な人たちが中国の革命を成功させたとばかりに、アメリカ人がプロパガンダしました。スメドレーにしてもスノーにしても、なんであんなに中国共産党にイカレてしまったのか。

竹内　僕もぜひそれを知りたい。

松本　日本では我々の学生時代——一九六〇年代——には、すでにそういう神話が出来上がっていました。竹内好さんの毛沢東——「根拠地理論」の影響も大きかったわけですが、それとともに中国への侵略に対する贖罪《しょくざい》意識も働いている。そこにアメリカのプロパガンダが大きく働きかけた。

いつ頃からそういう解釈ができあがって、またいつ頃消滅したのでしょうか。

竹内　彼らの著作は、アメリカの世論にそうとう影響を与えているでしょう?

保阪　それは間違いありませんね。だけど、朝鮮戦争でだんだんほんとうのところがわかってきたのではないでしょうか。

半藤　アメリカは、終戦直後は共産党のことを自分たちと話ができる相手だと思ったのではないですか。国民党は腐敗していてどうしようもないけど、という具合に。そういう意味でもアメリカはずいぶん大きな間違いをしていたのですよねえ。

保阪　毛沢東が書いた思想論を読むと、そこに書かれていることが「思想」ではないことに驚きます。ぜんぶ戦術論ですよ。かつて毛沢東主義華やかなりし時代に、マオイストから、「戦術論から思想を読み取れ」と言われたこともありましたが、僕は読み取れなかった。どう読んでも戦術論でしかないと思った。「われわれの国は広い。この広い国はいまたしかに封建制だ。日本の近代帝国主義は進んでいる。けれどやつらをやっつけるにはこういう方法がある、ああいう方法がある」と、まあ簡単に言うなら終始このような調子です。

竹内　そういうところがソ連にとってみれば、イデオロギー的には異端に見える。いっしょにはなりたくないと思うのかもしれませんね。中ソ論争にはそういうところがあります。ごぞんじのとおり、一九五〇年代後半からフルシチョフと毛沢東は共産主義イデオロギーに関する立場で対立します。フルシチョフが平和共存路線を採択したことを毛沢東が批判したことからはじまったわけですが、以降、軍事提携に関する話し合いはことごとく決裂。一九六〇年四月に、人民日報が「レーニン主義万歳」を発表すると、中ソのイデオロギー対立が表面化してしまう。ついに毛沢東はフルシチョフを「似非共産主義者」と罵倒しましたね。これ以降対立は深刻化して国家関係もほとんど断絶状態になりました。

保阪　延安で捕虜になったある日本兵を取材したことがあります。彼を「岡野進」が教育することになる。「岡野」とは日本共産党の野坂参三の偽名ですが、そのとき岡野から、資本主義のメカニズムや共産主義革命にいたるプロセスについて習ったと言うのです。おかげでよく理解できましたと言っていました。延安に参じた人たちは革命理論も学んでいたけれど現実にその理論を援用できるかと言ったら、ぜんぜん違うものだと思ったと、そんなふうにも日本人捕虜も言っていましたが。

それはともかく、共産党軍の規律が下々まで行き届いていたことは有名です。民家へ押し入っての強奪や強姦など、それまでしばしば日本軍や国民党軍の兵が行なったとされる蛮行に、彼らは決して及ばなかった。あまりひとのことは言えませんが、国民党軍の兵士もそうとう酷いことをやっていた。国民党軍のなかで近代的な軍隊の軍人と言えるのは黄埔軍官学校を出た将校だけでした。ところがこの将校に指揮される兵というのはそのほとんどが傭兵でしたから、忠誠心はなく教育も受けておらず、苛烈な戦闘下では逃げ出す兵もいたそうです。

半藤　三国志の時代とおなじということか。

保阪　ですから黄埔学校を出た軍事エリートは浮いてしまって、軍の指揮を執ってはみても、統率がままならないことも少なくなかったのです。蔣介石の次男、蔣維国からこんな話を聞いたことがあります。医者になりたいと父親に言ったら、「お前はいったいどの時代に生きていると思っているのだ」とひどく怒られたそうです。そこで彼は軍人になることを決意してドイツの陸軍大学に留学した。ところがしばらくして、ドイツの当局者から日本と同盟を結ぶことになったから悪いけど国に帰ってくれと言われたのだそうです。「だったらアメリカに行け」と蔣介石に指示され、今度はアメリカの陸軍大学に行って教育を受けることになる。

そんな蔣維国にとって生涯忘れられない戦闘がありました。それは一九四一年十二月八日の、山東省のある渓谷での日本軍との戦闘だそうです。その戦いのときの日本軍の将校の作戦というのが見事なもので、「アメリカの軍事教育を身につけた軍人が指揮している」と彼は思ったそうです。なんでそんなことがわかるのですかと尋ねたら、兵を動かす、兵を引く、その判断には時刻との間に法則があって、戦場の広さとの関係もあるそうで、そういうことを縷々説明してくれました。その高度な軍事理論を、その日本人将校も知っていることが彼にはわかったというのです。「しかし残念ながら我が軍は、指揮官が知っていても兵が思い通りに動かなかったから勝つことができなかった」と言っていました。

蔣維国からその戦いの日本側の記録、そしてできることなら、その優れた将校がどういう人物であったのかを知りたいと、調査を頼まれました。僕は防衛庁に問い合わせたり、研究者に聞いたりしていろいろ手をつくしてみたのですが、残念ながらけっきょくわかりませんでしたが。

●中国共産党を助けた日本

保阪　やっぱり日中戦争は国民党が戦った戦争でした。その点、国民党には同情をしたくもなりますね。戦争が終わって日本軍が引くと同時に、昨日まで仲間だった連中が互いに武器を向け合ったのを見て驚いたと、元日本兵の話を聞いたことがあります。

竹内　対日戦争の指揮系統からいえば、国府軍の司令官の下に共産軍がいたのですよね。

保阪　そうです。昭和十一年十二月の西安事件。この、張学良による蔣介石監禁事件が国共合作のきっかけになったわけですが、西安事件のすぐあと一九三七年一月に十年間続いた国共対立がひとまず停止され、その翌月には共産党が国民党の指導権を認めてその指揮権に従うことを公式に表明していました。

竹内　従うときと従わないときがあったのですか。

保阪　日本軍と戦うときは国民党軍の指揮下に入る。日本軍が引いたあとはそこを離れる。ですから共産党は比較的自由に先導し攪乱し、そして自派の勢力拡張のためにあらゆる手を使っていたのだと思います。これは一九四九年の十月以降のことですが、国民党の古参の幹部会議のメンバーのなかに共産党の分子がいたことが明らかになって驚いたことがあると、陳立夫がそう言っていました。部隊のみならず国民党政府のなかにも共産党の分子が入っていたのでしょう。

昭和四十七年に田中角栄が訪中したときに、毛沢東が、「今日中華人民共和国があるのはあなたたち日本軍国主義のおかげです」と言ったという、あの言葉は至言です。まさに日本軍国主義が中国共産党を助けた。国共合作が決まったとなれば、そのときに欲しいのは国内を統一するための敵でした。昭和十二年の盧溝橋《ろこうきょう》事件は、僕はもちろん日本が起こしたと思うけれども、こういう事件を挑発するようなことをやっぱり共産党はやっていたと思いますね。

松本 そのとおりでしょうね。私は一九八三年に中国の北京に半年あまり滞在し、全国の日本研究者に日本史と文学について講義していました。そのとき、中国の新聞(たぶん「人民日報」)に、盧溝橋の最初の一発はどちらだったのか、という議論がありました。中国サイドから「われわれ共産党がやった」という証言が出た。「抗日戦争をやっているのですから、日本軍を挑発するのは当たり前だ」という証言でした。つまり、共産党の計画どおりだった、と述べていました。

保阪 当時北京大学の学生だった劉少奇がやったという説もありますね。

半藤 その劉少奇を指揮したのが日本軍だ、という説もあって(笑)。

保阪 さはさりながら、日本軍がお粗末なのは、そういった挑発行為に対してなんの躊躇もなくスイスイと乗せられたことです。まことに単純にして明快な軍国主義でもって乗っかった。これはもう、思想や理念や時代を読み解く力がなかったと言わざるを得ません。出たとこ勝負の軍事指導体制の特色がよく出ていますよ。

松本 ともかく共産党軍は奥地へ逃げた。それによって日本軍も国民党軍をも疲弊させた。逃げるべし、という戦術は大陸国家の軍隊の考え方なのです。ナポレオンから攻められたときのロシア帝国もそうでした。逃げれば敵は補給が追いつかない。とくに兵站《へいたん》を軽んじた日本軍はそうでした。

もう一つお聞きしたい。一九四九年に、中華人民共和国成立となりますが、この国名に毛沢東が反対しました。「中華はいいが人民はいけない、共和国もいけない」と。なぜならふたつとも日本語漢字だから。人民はピープルの日本語訳。共和国はリパブリックの日本語訳。「国名の三分の二までが日本語漢字はまかりならん」と主張した。この説はどこから出て来た話ですか。

保阪　これは最近の話ですが、僕が中国の社会科学院の研究者にそのことを尋ねると毛沢東の言ったとおりです、と答えましたね。「この名前にしたのは失敗だったという評価がいま密かに流布しています」と言うのです。台湾はごぞんじのとおり「中華民国」という国名ですが「中国」という国名の国はありません。

松本　その伝でいけば「中華人民共和国」より「中国」のほうがよかったということになりますね。なぜなら「中国」は「世界の中央の国」という意味の普通名詞ですからね。幕末の洋学の第一人者であった佐久間象山とか彼の門弟小林虎三郎らは、日本のことを「わが中国は……」と語っていました。平田国学の平田篤胤《あつたね》も「わが中華は……」と言った。自分の国を世界の中心に見立て、そこで文化が栄えることを「中華」というわけですが、それらは普通名詞として使われていたからです。「中国」は「中華人民共和国」の略称だなどと思っている人がいるとしたらとんでもない誤解です。

保阪 おそらく最終的には共産党の幹部が決めたのでしょう。「人民」も「共和国」もはずせない、ということになったのだと思いますね。

半藤 ソ連の指示はないはずですから自分たちで選んだことは間違いない。

保阪 いま中国人がその国名がよくないと思っているとすると、その背景にあるのは嫌日ではなく、自国を共産主義国家ではない国家イメージにしたいからではないかと思いたいですが。

半藤 じっさい中国はまったく共産主義国家ではありませんからね。

報告 その二

保阪 つづいて朝鮮独立の経緯についておさらいしておきます。

一九四五年七月のポツダム宣言において表明された連合国の意思は、日本は韓国を返還すべしというものでした。韓国の独立を認めることが公式に確認されたのは、一九四三年のカイロ会談につづいて、このとき二回目でも同様でした。

第二次世界大戦が終結すると、一九四五年の十二月十六日、米英ソの外相がモスクワに集まり戦後処理のための会議を行ないます。十六日から二十五日のあいだ開かれるのですが、会議の結果、二十七日に「モスクワ協定」が採択されてその内容が発表された。

このモスクワ協定には、韓国を五年間米英ソ三国の信託統治下に置くことが含まれていたのです。信託統治案が韓国国内に伝わると、左翼、右翼問わず激しい反対運動が巻き起こります。二十九日には「信託統治反対国民総動員委員会」が結成されソウルで反信託全国大会が開かれています。

ところが翌四六年一月になると、突然、左翼陣営が「信託統治は後見制だ」として賛成に変わった。これによって韓国では賛成派と反対派に分かれて対立することになります。そのすぐあと大韓民国陸軍の前身である南朝鮮国防警備隊が創設されています。

いっぽう北では、ソ連軍が北韓に進駐しながら地方に人民委員会を組織し、その作業を一九四五年十一月に完成させていました。さらにソ連軍司令部は同年十月、朝鮮共産党北朝鮮分局を設立して、三十三歳の金日成《キムイルソン》をトップに据えていました。そして十二月、その名を「北朝鮮共産党」と改称。翌年四六年の二月に北朝鮮臨時人民委員会が樹立されて、正式に金日成が委員長に選出されるわけです。

この組織はソ連軍政の徹底した代行機関でした。ソ連軍司令部の厳しい監督を受けつつ土地改革と日本が遺した主要産業施設を国有化していくことになる。

ではこのとき米ソ政府の動きはどうであったか。

四六年三月に、ソウルの徳寿宮で第一次米ソ共同会議を開催していました。主題は、韓国の臨時民主政府の樹立を論議することでした。ところが会議は、臨時政府樹立を共同で協議する政党や団体の選定問題をめぐって激しく対立。五月には会議じたいが決裂してしまう。一年後の四七年五月に第二次米ソ共同会議が開かれるのですがこれもまた決裂し、この件に関してふたたび話し合いの場がもたれることはありませんでした。

というわけで、まず韓国の李承晩《イスンマン》大統領が一九四八年の八月に建国を宣言。いっぽう北朝鮮は金日成が四八年の九月に朝鮮民主主義人民共和国の建国を宣言し、ここで完全に二つに分かれての独立に至ったわけです。

そもそも米ソが朝鮮半島を信託統治にしようとしたのはなぜか。米ソは日本に三十六年間植民地支配されていた国に対して、国家としての尊厳というものを認めていなかったからではないか。さらには疲弊した朝鮮の人びとには、まだ主体的統治システムをつくる力がないと思ったからではないでしょうか。朝鮮戦争も、固定化した分断状況も、すべて日本に責任があると言う人がいますが、むしろ米ソの戦争処理のなかに責任があるという考え方が各国の近現代史研究家のなかでは多いようです。日本の責任を挙げる声はわずかと言っていいでしょう。

討論

松本　もともと欧米のやり方は、古代ローマ帝国の昔から、支配下に置いた国を分割統治するのがいわばお約束のようなものでした。敗戦国の国民が分断されると一体化して抵抗運動ができなくなる。分断した集団を反目させることによって反乱のエネルギーを削ぎ、統治を果たしてきたわけですね。十九世紀以降の欧米の植民地経営もまたおなじ原理でした。しかし第二次大戦後の分断統治は、東西ドイツの分断をはじめとして歴史上初の、米ソというイデオロギーが違う国によるものでありました。とりわけ朝鮮半島と仏印（ベトナム）の分断・角逐は決定的かつ過酷なものになっていきました。

竹内　ある本によると「朝鮮は、日本が降伏した結果として、日本帝国主義の統治から解放された。しかし、アメリカの提案をソ連がただちに受け入れた結果、朝鮮半島は三十八度線を境に南は米軍が、北はソ連軍が占領することになった」と書いてあります。しかし〝占領することになった〟と言えるのでしょうか。僕の理解では三十八度線は当初、日本が武装解除するための線引き、つまり三十八度線から南はアメリカ軍が行ない、北はソ連軍が行なうための区分の目印だった。つまりあの線で南北に分けて占領を行なうというものではなかったのではないですか。

半藤　おっしゃるとおりです。日本が降伏したときに自国の軍だけでは武装解除のオペレーションができないと判断したアメリカの措置でした。これは仕方がなかった。なぜならアメリカだけで全部をカバーしようとしても軍隊が足りなかったのです。

竹内　もう一つの要因としては、五月にドイツが降伏するとアメリカ国民は、戦争はこれで終ったと思った。勝利の日まで、と張りつめていた緊張がそこで一挙にほどけてしまい、国民の多くが夫や息子にもうすぐ会えると思った。それがために朝鮮へ送る兵の大量調達ができなかったという事情も絡んでいました。

半藤 一九四五年九月二日、降伏調印後すぐに米軍のサザーランド参謀長名で発令された指令第一号が「一般命令第一号」でした。事前にそれを受け取るため、河辺虎四郎陸軍中将を代表とする陸軍全権委員の一行がマニラに到着したのは八月十九日のことです。その夜すぐに会談がもたれて、おもに連合国軍の本土進駐に関することと、日本軍の武装解除についての方針が示されました。もらってきたアメリカの命令書のなかには具体的に各部隊の降伏すべき相手国を明示した指令が書いてあったのです。いわく、「朝鮮の第十七軍方面司令官は、三十八度以北は極東ソ連軍総司令官に降伏せよ、以南は米陸軍部隊最高司令官に降伏せよ」。そして「支那派遣軍総司令官は、支那台湾北緯十六度以北の北部仏印は、蔣介石に降伏せよ。以南はアメリカ軍に降伏せよ」というものでした。また、「香港は英海軍ハーコート少将に降伏せよ。関東軍司令官は満州全土を、極東ソ連軍総司令官ワシレフスキーに降伏せよ」と。ほかに「南方軍総司令官指揮下のビルマ、タイ、マレー、北緯十六度以南の南部仏印（南ベトナム）などの各部隊は東南アジア連合軍最高指揮官に、ラバウルの第八方面軍は濠洲軍司令官に、それぞれ降伏するように」という具合でした。ということはやはり、朝鮮の三十八度線もインドシナ・ベトナムの十七度線も、降伏のための便宜の線だったのです。要するに戦後の占領区域の枠組みではなかったわけですね。

ところがすぐさまソ連軍が北部朝鮮各地に怒濤のように押し寄せ占領してしまった。ソ連の侵攻はまことに素早かった。八月九日に侵攻を開始して、翌十日には北朝鮮の雄基、羅津を占領。早くも二十四日には平壌に到着しています。

保阪　ソ連は八月九日に満州に侵攻する前に、ヨーロッパ戦線から大量の武器弾薬や兵を貨物で運んでおり、軍備を充実させていました。日本の関東軍の将兵たちはそれを見ている。ソ連軍が来ることを関東軍は承知していたのです。

竹内　その様子は東京の中央にも、ヨーロッパの大使館や公使館にいた連中が電報でしらせていましたね。対ドイツの勝利にめどがつき、ソ連軍はヨーロッパ戦線においていた兵を極東にどんどん送りこんでいると。

半藤　そしてソ連軍の将兵がやってくると、市内の治安はそれを境に混乱して乱れに乱れるのです。殺人、婦女暴行、略奪、暴行はひんぴんとして行なわれだした。ソ連兵の乱暴狼藉のみならず朝鮮の人びとの反日行動もあらわになる。

保阪　満州もソ連軍の千島列島の南下もおなじことでしたよね。

半藤　そうです。対ドイツ戦線でのソ連軍の習慣を満州・朝鮮にまでもちこんできたものでした。

保阪　ドイツでは老女から四歳の子どもにいたるまで、エルベ川の東方で暴行されなかったものはほとんどいない、とまで言われていますね。

半藤　ええ、ドイツ戦線で、そして満州・朝鮮でのソ連軍将兵の残虐行為は上からの指示によるとも伝えられています。スターリンの娘スベトラーナもこれを裏づける証言をしている。それによると、スターリンはヨーロッパを荒廃させることを奨励し、それに喜びを感じていたというのですね。つまり、赤軍の暴虐さを許すことで敵国の嫌悪を買うようにしむけた。親しくなることで堕落しないようにしたというのですから、なんと陰湿な意図であったことか。

そこでおかしなことが起きた。南朝鮮にアメリカ軍がやってこないものですから、朝鮮総督府は治安維持のために残存日本軍の兵九千人を特設警備隊として警察に編入し、銃剣をもたせたまま警察官の服装をまとわせて各地の警備にあたらせたのです。武装解除どころかしばらくのあいだ日本の兵隊さんが南韓を守っていた。そのあいだにソ連はもういいように北を占領してしまったわけですね。ソ連が北朝鮮に軍政を公布したのは九月十六日のことでした。

保阪　ポツダム宣言では朝鮮は独立させると決めたわけですから、ソ連も当然それを了解していたはずですよね。

半藤　そう、ポツダムでは二つに分けるなどという話はなかったわけですから。

保阪　だからこそ信託統治にするということにしていたのに、戦争が終わったとたん、ソ連はもう知らん顔だったのか。

半藤　いずれにしてもアメリカの動きが遅過ぎた。アメリカ極東軍司令部が南韓の軍政を宣言したのは九月七日で、ホッジ中将が率いる第二十四軍が仁川に上陸したのは九月八日。最前線部隊の第二十四軍は、沖縄からなかなか離れられなかったという事情があったのですが、ソウル入りを果たしたのは九日のこと。ソ連の平壌入りから半月も後のことでした。

●金日成の登場

保阪　半藤さんは金日成の正統性をどう思われますか。

半藤　そんなもん、ないでしょう。

保阪　ではここでざっと金日成の経歴をおさらいしておきましょう。李景珉《リキヨンミン》氏、彼はパリ大学と京都大学人文科学研究所で学んだ研究者（現在、札幌大学教授）ですが、彼の著作『増補　朝鮮現代史の岐路』（平凡社）に依拠しながら話します。

金日成は一九一二年四月、平壌近郊の貧しい農家に生まれました。十三歳のときに貧困のあまり鴨緑江をわたって旧満州、中国東北地方に移住します。当時は多くの貧しい朝鮮人家族がそうせざるを得ない状況にあったわけです。一九二七年の春、金日成は吉林の中学に入学するのですが、二年で中退。一九二九年十月、吉林市の学生読書会メンバーが多数検挙された折り、金日成も逮捕され中学を退学処分となったためでした。これが、金日成が受けた正規の学校教育のすべてだそうです。一九三〇年五月に釈放されましたがふたたび学校に戻ることはなく、朝鮮人住民が多数居住していた地域で組織活動に取り組むことになる。翌年には抗日パルチザン闘争に入っていきました。

一九三〇年代中国における朝鮮人共産主義者たちは、コミンテルンの一国一党主義の原則に従って中国共産党に属しており、金日成も一九三一年に中国共産党に入党しています。李教授は「今日の北朝鮮の書物では、例外なく金日成がかの地で独自の組織を創設し朝鮮の独立運動を行ったとしているが、それは指導者としての金日成を偶像化する過程で生まれた史実の歪曲に他ならない」と言い切っています。以下、李教授の記述を引きます。

「金日成の闘争は苛酷な条件の下で展開された。満州国の軍隊、警察、それに日本軍の追撃を受けながら、どうにか一九四〇年ころまで続いたようである。優れた朝鮮人遊撃隊の戦士が次々と死亡し、敵側に捕らわれて変節を余儀なくされたなかで、金日成は日本の官憲側に逮捕されることなく最後まで抵抗運動を持続した。その闘いは独立を念願していた朝鮮民族に計り知れない希望を与えると同時に、のちに祖国に戻った金日成が指導者となるうえで他の追随を許さぬ優位さを与えることとなった」

竹内　その伝説の「金日成」と本人は違うという説、替え玉説もありますね。

保阪　ええ、替え玉説は根深くあるのです。李教授はその説はとっておられませんが。つづけます。

「しかし、金日成は一部の遊撃隊員とともに、一九四〇年の秋ころには満州での闘争を断念し、ソ連領内に避難せざるをえなかった。以降彼は、沿海州のハバロフスク近郊のヴャーツコエの野営地に留まり、いわゆるソ連軍第八八独立旅団（一九四二年八月創立）に属し、対日戦を控えていたソ連極東軍の偵察要員となったのである。この旅団には、中国人、朝鮮人、ソ連人からなる総数約八百名の兵士がいたが、旅団には女性隊員も約四〇人いた模様である。結局金日成は、ここで四五年八月一五日を迎えたのであった。大戦末期から解放の時まで、彼は満州と朝鮮との国境地帯で『小部隊活動』を行っていたといわれるが、実際にはいくばくかの偵察任務を実行した程度であった。これまで彼の経歴はベールに包まれていた部分が多かったが、最近、当時彼と行動をともにしていた人物らの証言によって、事実の一部が明らかになっている」

これまでパルチザンの小隊くらいは指導をしていたようにも言われていましたが、どうやらそれさえもなかったようです。

竹内　なんでそんな男が力をもったのでしょうか。

保阪　ソ連軍は遊撃隊の隊員を、故郷の治安維持の任務に就かせています。それはパルチザン闘争に耐えてきた隊員にとって故郷に錦を飾ることであったそうです。金日成もその一人だった。北朝鮮の資料には金日成が「解放とともに祖国に凱旋した」と書かれていますが、凱旋とはいえソ連軍の存在があればこその地位だったわけですね。金日成と朝鮮人指導者たちとの初会合は十月十二日ころ、平壌のある料亭で開かれたそうなのですが、その場に金日成を同伴して現われたのはソ連軍民生部のロマネンコだったそうです。

竹内 ソ連はなぜ金日成を選んだのでしょうか。

保阪 李教授によれば、三人の候補がいて、金日成は三番手だったらしい。金日成の強みは、抗日闘争での知名度のほか大戦中にソ連軍と行動をともにした経歴があり、また朝鮮の民主主義運動の複雑な派閥争いに身を置いたことがなかったためではないかと。ほかの候補と違い、その腹の底まで見透かすことのできる金日成に白羽の矢が立ったのは無理もない話であったろうと書いておられます。

半藤 ソ連は三十八度線以北を占領するためにすぐさま金日成に傀儡政権をつくらせたということですね。

竹内 やはりスターリンにとって便利な男だったということか。そこでお聞きしたい。第二次世界大戦欧州戦終盤のベルリン攻略戦のことです。この戦いはドイツ軍と連合国軍とのあいだにおける最終決戦となったわけですが、このとき英米軍はエルベ川沿いの地点でソ連軍と合流しながらベルリンには向かわず、結局ヒトラーのベルリン防衛軍は、単独でベルリンを攻めたソ連軍に降伏するにいたる。そういう密約があったと言われますが、これはどういうことだったのでしょうか、アメリカは同盟国を尊重したということなのか。あのとき、連合してベルリンを攻めていたとしたら、戦後の東西関係はずいぶん違ったものになっていたに違いない。

保阪　それを言うならルーズベルトはなぜスターリンにあれほど兵器を提供してソ連軍を強くしてしまったのか。少々異様ですよね。

半藤　ルーズベルトが、ソ連の共産主義がとんでもないものと気づくのは二、三年あとのことだったのではないですか。

竹内　戦争終結の前後は、まだ同盟国という意識が強かったと見るべきかもしれませんね。

保阪　いっぽう韓国の初代大統領となる李承晩。かれが亡命先のアメリカから帰国したのは、最後の出国からじつに三十三年ぶりの、一九四五年十月十六日のことでした。独立運動に長らく携わっていたため、日本支配下においては帰国の道が閉ざされていたからです。一八七五年、黄海道平山郡の両班《ヤンバン》の家に生まれた李承晩は、アメリカではジョージ・ワシントン大学、ハーヴァード大学で学び、さらにはプリンストン大学で博士号を取得しています。帰国のときは齢七十。アメリカの名門大学出のインテリで、かつ朝鮮民族解放に半生を捧げた老革命闘士として、韓国の人びとは李承晩を熱烈に歓迎しました。アメリカ当局の絶大な支持と信頼を得ている李承晩が、国内のあまたの政党・団体をまとめあげて建国を推し進めてくれると期待を寄せたのです。

李承晩を会長に戴き、各政党・団体の代表が参加する「独立促成中央協議会」がさっそく結成され、一九四五年十一月二日に開かれた大会では、朝鮮の即時独立、三十八度線の撤去、信託統治絶対反対を盛り込んだ決議文を連合国側に送ることが決まりました。ところが「独立促成中央協議会」は、その後親日派の排除・粛清問題や、あるいは中央執行部の委員の選出をめぐって紛糾を重ねて分裂。期待空しく「独立促成中央協議会」は有名無実な統一機構と化し、李承晩の求心力もたちまち萎んでしまったのです。

●信託統治と李氏朝鮮

保阪　一九四五年の十二月二十七日に「モスクワ協定」が採択されて、韓国を五年間米英ソ三国の信託統治下に置くことが発表されたことは冒頭申し上げたとおりですが、この信託統治案についてはどう思われますか。激しい反対運動が巻き起こることは当然想定されたでしょうに、あえてそういう案を彼らが示した裏には、ある時期までは自分たちがサポートする必要があるだろうという意図がはたらいたのかどうか。

竹内　いや、あくまでそれは建て前に過ぎないのではないですか。第一次世界大戦のあと、国際連盟は敗戦国オスマン帝国の支配下にあった中東地域を委任統治下に置きました。形式的には戦勝国がこれらの地域を植民地化することを防ぎ、将来の独立に向けたサポートをすることが目的であると謳われた。しかし実態としては従来の植民地と変わらず、単なる名称の変更に過ぎなかったわけです。イギリスは今のイラクの大半とパレスチナ、ヨルダン地域を勢力下に入れ、フランスはイラクの一部とレバノンを。シリアは南北に分割されて、北部はフランスが、南部はイギリスがとってしまった。第二次世界大戦後の信託統治制度もまったくおなじだったと思います。

保阪　そういう意味では、信託統治を阻んだ朝鮮の人たちのほうが中東より一歩進んでいましたね。

竹内　朝鮮王室というのはあのときどういう存在でしたか。

保阪　李王室はもうバラバラに解体されて日本の華族制度に組み込まれていました。一九一〇年（明治四十三年）の韓国併合条約が結ばれると、大韓帝国は消滅し、新たに朝鮮全土を統治する朝鮮総督府が置かれたのはごぞんじのとおりです。このとき王室の人たちは大日本帝国の皇族に準じる「王公族」という身分が与えられています。

松本　抗日運動家たちのみならず人民のほとんどが反王室でした。というのも、そもそも李氏朝鮮の腐敗と悪政が国難の元凶にあったと思っていたからです。たとえば李朝末期に最大の政治団体だった「一進会」は、李朝末期の反政府的宗教団体「天道教」の流れを引いており、李朝はもうだめだと日韓併合推進を主張しましたし、既得権益を奪われた両班が貧しい農民らを焚きつけて農民反乱を起こさせたりしていました。特権階級であった両班たちは王室に幻滅し、廃絶しても当然くらいの気持ちをもっていた。それゆえ、戦争が終わったときに王朝をもう一度盛り立てて、国の再建をする、というような気運はまったくなかった。

保阪 初代韓国統監になった伊藤博文は、李王朝最後の王であった高宗の息子、李垠を日本に連れてきて日本の華族にしてしまった。日本の皇族の梨本宮守正の長女方子と結婚させて二児をもうけて日本に暮らし、彼らの邸はいま赤坂プリンス旧館として残されているわけですが。

戦後になって李垠は韓国に行きたいと何度も申し出るのですが、李承晩は絶対これを認めなかった。李王朝を許さないという意思が強かったのだと思います。日韓国交正常化交渉がはじまるのが昭和三十八年ですが、李垠は十月に大統領となった朴正熙《パクチョンヒ》の力添えを得てようやく夫婦で帰国をはたすのです。

竹内 それにしても、王党派がひとりもいなくなったというのは面白いですね。

●豊かだった北韓

保阪 そして南北に分かれての独立となると、南から北へずいぶんとインテリ層が渡って行きました。日本からもそうでした。

半藤　中学の同級生に韓国人が何人かいましたが、みんな国へ帰っていきましたよ。このとき彼らは勝利者ですから意気も高く明るかった。どっちへ帰るのかと聞くと、「もちろん北だよ」などと答えてそのとおり北朝鮮へ帰っていきましたが。

松本　北のほうがしっかりしているというイメージが、一般的にもあったのではないでしょうか。経済的にもそうですが、わずかではあれ抗日闘争をやっていたこともあって北のほうに正統性がある、というようなイメージもまた。

竹内　もう一つの要因は経済力です。圧倒的に北が勝っていました。

松本　北鉱南農と言われて、鉱物資源がたくさんあった北は工業が発達していました。南は農業地帯だったのです。

竹内　イタリアもおなじですね。

松本　戦争が起きたら鉱物資源があるほうが圧倒的に強い。ですから日本が欲しかったのもどちらかというと北朝鮮のほうでした。日本がやったダム建設や鉱山開発はみんな北。いまでもそのダムや発電施設をつかっていますね。

竹内　そういう意味でも北のほうがいい、という感じはあったかもしれない。

保阪　かつて日本が北につぎこんだ植民地経営の金は厖大でした。

松本　厖大ですよ、鉄道は敷く、水力発電所はつくる、橋を架ける、道路を敷く。インフラ投資は生半可ではなかった。南北の経済力が逆転するのは、世界の「最貧国」の一つであった韓国を日韓基本条約締結によって、国家賠償の代わりに日本から資金援助を得て、開発独裁を布いた朴正熙政権の後期でしたね。

保阪 一九五〇年代の経済は韓国と北朝鮮を比べたら、北の優位は明らかだったのです。

半藤 在日の人たちは、地理的に近い朝鮮南部出身者が多かったわけですが、帰還運動のときに彼らの多くが北に行きたいと思った背景には、北朝鮮のプロパガンダもさることながら、それ相応の理由があったと言えるのかもしれません。

第八章　異国の丘と引揚者

報告

竹内　戦中に国外にいた日本人の数というのは、いろいろな統計がありますが、軍人・軍属、民間人がそれぞれ三百三十万人といわれています。合計で六百六十万人。朝鮮・台湾、樺太も含めたいわゆる植民地と、その他の地域とでは引き揚げる際に運命が相当に異なってきます。たとえば中国本土、中華民国の勢力範囲にいた人たちは割合スムーズに日本へ帰ってくることができた。台湾もそうですね。南朝鮮も米国の勢力下にあったので、ある程度秩序だって引き揚げることができました。台湾からは三十二万人、南朝鮮からは四十二万人が帰国しています。昭和二十一年内にはほとんど帰ってこられたようであります。

問題は北朝鮮と満州です。昭和二十年八月九日、ソ連が満州に侵攻してくるやいなや一部の関東軍幹部と満鉄の高級社員の家族たちは早ばやと特別列車を仕立てて南下しました。この人たちは特権を利用して無事に帰国をはたした。それにひきかえいわゆる開拓民たちは置き去りにされたので、独力で逃げないといけない。ソ連との戦闘は早々に終わりましたから、関東軍や満州国軍の日本兵は武装解除されて捕虜にされています。開拓民の村に残っていた成年男子はソ連軍に捉えられていますので、開拓民はほとんど女子供と年寄りです。彼らはそれぞれ集団に分かれて、自力で、ほとんど身ひとつで南へ逃げて行った。その開拓民の引き揚げの実態は、たとえば藤原ていさんの『流れる星は生きている』にくわしい。これは北朝鮮からの引き揚げを描いた体験記ですが、満州からの引き揚げも同様の過酷な逃避行になりました。いまでも読み始めると、読み進めないですね、あまりにも辛くて。満州、北緯三十八度線の北から引き揚げてきた人たちの体験はとくに過酷でした。

昭和十七年くらいから、満州駐留の兵力は中国各地や太平洋その他の戦線へ割かれることになっていました。とくに満蒙ソ国境では兵力不足になったため、急遽、満蒙少年開拓団を募集して数カ月の訓練で満州各地に送り込みました。その少年たちもまた置き去りにされています。一部はソ連につかまってシベリア抑留、そうでなければ自力で逃げるしかなかった。まことに酷い状況でした。

中華民国でもアメリカの影響下にあった地域とソ連が抑えた地域とでは状況がまったく異なってきます。また国共内戦に巻きこまれた人たちも相当悲惨な目にあっている。戦争状態ですから、秩序は乱れ、日本の民間人が顧みられることはほとんどありません。非常に気の毒な状況になって帰還が遅れに遅れ、引き揚げは昭和二十二年までかかってしまいました。

もう一つの問題はシベリア抑留です。ソ連が行なったこの行為はどのような法的、国際的根拠があるというのか。ソ連は、その第九条に「日本軍は武装解除された後、各自の家庭に帰り平和・生産的に生活出来る」とある「ポツダム宣言」に遅れても参加しているのですから、日本軍捕虜を終戦後に帰還させる義務が、本来ならあったのです。八月十六日の時点では日本兵を捕虜として用いないという命令を出しているのですが、二十三日に命令を翻して「強制労働命令」というのを出します。その経緯や法的な問題などをのちほど議論したいと思います。

植民地や満州国、そのほかの日本占領地から日本人はいっせいに引き揚げようとするのですが、ポツダム宣言の中にはそれらの日本人に帰国をうながす具体的な条項などはありません。日本人が帰還することについて、たとえば満州では帰還命令を誰がどのようにだしたのか。また中国各地にいた日本人、アジア各地にもいたわけですが、彼らに対する命令や指示があったのかどうか。そのあたりもよくわかっていません。

シベリア抑留者については、ソ連から正式な情報開示がなされていないので、その実態がいまだによくわかりません。諸説あるなかで、だいたい六十五万人が抑留されたというのが定説のようですが、最近のロシアの資料によりますと、七十六万人という説もあるようです。

一九四六年十二月十九日に行なわれた米ソの暫定協定で、満州・ソ連からの引揚者と一緒に捕虜も帰ってくるはずでしたが、それがかなわなかった。そのためにシベリア抑留中に多くの日本の捕虜が亡くなっています。日本側の資料によりますと、五十六万人中、五万三千人が死んだといわれています。ソ連・モンゴルからは四万一千人の死亡者名簿が出ていますが、少なくとも一万二千人分名簿が不足しています。いっぽう満州、樺太、千島列島を含め、あわせて二百二十七万六千人がいて、百七万人が各地で強制労働させられたといわれています。アメリカのある研究者が、確認済みの死亡者で二十五万人、行方不明者を含めると三十四万人が犠牲になっているのではないかという研究報告を行なっています。ただ、こうした数字はアメリカの反ソ連キャンペーンの一環ではないかという指摘もあることを付け加えておきます。

では当事者である日本の調査・研究は、いまどうなっているのか。

シベリア抑留中現地で死亡した犠牲者の名簿が厚生省のホームページに掲示されています（旧ソ連及びモンゴル抑留中死亡者名簿 http://www.mhlw.go.jp/topics/bukyoku/syakai/soren/index.html）。

名簿で死亡者の特定ができたのが三万二千人ということなので、まだ二万一千人の死亡者が特定されていない状態です。こうした犠牲者の身元特定作業が進められたのはごく最近で、最初に名簿提供を受けてから二十二年もの歳月が過ぎています。名簿はロシア語表記なので漢字名にして身元を特定する必要があるため難航したのは分かりますが、厚生省の作業は遅過ぎたのではないかと批判されています。

厚生省とは別に、ひとりで犠牲者の身元を特定する名簿づくりをつづけてきたシベリア抑留帰還者がいます。村山常雄という人(二〇一四年逝去)で、収容所ラーゲリ一八百六十四カ所、犠牲者(抑留中死亡者)四万六千三百人を特定し、詳細な名簿を作成しました。それをインターネットホームページに掲示し、さらに『シベリアに逝きし人々を刻す――ソ連抑留中死亡者名簿』を出版しました。B5判で一〇五三ページ、重さ二キロという文字どおり重い本です。労作と呼ぶにはあまりにも遠大な仕事をやり抜いた村山さんの仕事に、平成十八年度吉川英治文化賞が、平成二十一年度には日本自費出版文化賞大賞が贈られました。

満州の開拓民は二十七万人とも三十二万人とも言われますが、万人単位で違いがあります。引揚者の数も大雑把な捉え方しかされていません。実数がわからないのです。死亡者、行方不明者の数もおよそ数万人という表現ですね。人間の命が、いまでは想像できないくらい軽い。

なぜ満州に開拓民が入植したかというと、経済不況が大きな要因でした。昭和十一年、広田弘毅《こうき》内閣が満州開拓の振興・奨励をはじめて以降、歴代内閣が国策として推し進めてきました。ごぞんじ広田内閣は、昭和十一年、二・二六事件で負傷し辞任した岡田啓介首相の後継内閣です。このころ日本は昭和恐慌の真っ只中にあり、とくに東北地方は「昭和東北飢饉」といわれる飢饉に襲われて、娘の身売りが相次いだ。二・二六事件の背景にはこうした農村の疲弊があったと言われていますね。もっとも満州には、農村だけではなくて東京からの開拓団もあった。まだ農地の多かった世田谷からも農家の次、三男が参加しているようです。

そして戦後。引揚者はみなが故郷に帰れたわけではありません。その多くが地縁・血縁を頼って各地に分散して住まないといけなくなった。五万人以下の町村の人口が一時的に増えたのはそのためでした。また満州の開拓団は、日本の各地に村ごと入植している例もありました。ほとんどは不毛の地で、かれらは日本に帰ってきてもふたたび開拓・開墾の労苦にまみれることになったのです。

引揚者は外地での経済基盤をまったく失って帰ってきたわけですから、帰国後の生活も大変でした。受け入れる側にすでに敗戦の困窮があったのですから。自分の例でいうと、引揚に当って許されたのは家族一人あたり柳行李一箇分の私物とフトン一組だけ。現金といえば旧地の台湾銀行券は通用しないばかりでなく、当時は日本も預金封鎖、新円切り換えのときですから、取り換えてくれた日本円はたしか一人につき千円。インフレ下では雀の涙というべきでした。その後に交付された引揚者手当（特別交付金）も微々たるものだった記憶があります。

ここで日本の「植民地」について簡単に触れておく方がいいでしょう。台湾は日清戦争の下関条約により、朝鮮は日露戦争のポーツマス条約による保護権を経て、一九一〇年の日韓併合条約により、大日本帝国の領土となってそれぞれ台湾総督府、朝鮮総督府の統治下に置かれた。樺太の南半分もポーツマス条約により日本領土になった。満州は満州事変で日本軍が全土占領し、清国皇帝だった溥儀を元首とする傀儡政権・満州国を建てて実質的には日本が支配した。ほかに第一次大戦のヴェルサイユ条約により、敗戦国ドイツの植民地、南洋諸島・群島を国際連盟から委任を受けた形（委任統治）で、南洋庁を置いて統治した。

このすべてを敗戦（サンフランシスコ講和条約）によって失ったというわけです。

一九七〇年代の終わりごろ、私が雑誌「諸君！」（文藝春秋発行）の編集をやっていたころに、ノンフィクション作家の本田靖春さんに「日本の〝カミュ〟たち」というルポルタージュを書いてもらいました（七九年七月号）。ご存知のようにカミュは植民地アルジェリア育ちで、本国のフランスに違和感を持つ〝異邦人〟であったわけですが、それにひっかけて、敗戦後に外地から日本へ引き揚げた人たち、つまり〝異邦人〟たちに焦点を当てた作品です。

登場していただいたのは、五木寛之、別役実、生島治郎、池田満寿夫、尾崎秀樹、藤田敏八、山田洋次、山崎正和、後藤明生、赤塚不二夫、大藪春彦、澤地久枝、三木卓、日野啓三、天沢退二郎、小田島雄志の十六人。著者の本田靖春もまた朝鮮の京城（ソウル）からの引揚者でした。

　このルポを改めて読み直してみて思いました。引揚者のなかで後年物書き、学者になった人の比率が、相対的に高いように思われるのですが、それはなぜか。幼少期から少年期にかけて支配者側の立場で異文化に接した体験を持ったことが大きいのではないか。日本人ではあっても、皮膚感覚でどこか日本人ではないという自覚症状も持っていて、「ヨソ者意識」が、日本を客観視することにつながっている。ある意味、複眼的である。日本人の集団意識に対する感覚的抵抗感。加えて国家体制が崩壊したあとの秩序の空白に自身を置いたことからくるナショナリズムに対する嫌悪、国家というものへの不信感。支配者側の一員としてまず異文化の民を虐げ、敗戦とともに逆に虐げられたことの自覚からくる複合コンプレックス。

　まとめてみると、まあこんな体験からきているのかなあ、と。

討論

半藤　そもそも満州は対ソ国防のための防衛線とされたわけですが、同時に資源の乏しい日本の資源供給地でもありました。かてて加えて重要視されたのが流出人口の受け皿としての側面です。人口がどんどん増えて問題が起こっていた狭い日本では、明治の終わりくらいから盛んに移民政策がとられるようになり、昭和になってその数は激増します。

竹内　広田弘毅内閣の満州開拓移民計画は、二十年間でじつに五百万人もの国民を移住させるとしていました。

半藤　農民子弟教育を行なう日本国民高等学校（現・日本農民実践学園）の創立者である加藤完治が満蒙開拓青少年義勇軍訓練所をつくって満州移民を推進しますね。スローガンが「右手に鍬《くわ》、左手に銃」でした。茨城県水戸の内原にあったその訓練所に、私は中学二年生のときに行かされましたよ。三日間だけですが模擬的な訓練を受けました。「なんだこれは！」と思いましたがね。とにかくすべて時間制となっていてこれがきびしい。授業、農作業、これがもう軍隊と同じで、ビシビシやられる。見学をかねた遊びにいったつもりなのに、参った参ったでした。

昭和十九年末の統計では、日本から満州に移民していた人は百四十三万人だそうです。関東州に二十二万で合計百五十五万人。帰ってこなかった人が十八万六百九十四人という計算になります。これは『満蒙終戦史』に出てくる数字です。亡くなった人、現地に残った、あるいは残された人の数ということになりますか。もともと「引揚者」などという言葉はないと言われていますね。国家が国民を移民させて責任を持たずに流浪の民にするというのは世界史上なかったことだと。英語でもフランス語でも辞書にこの言葉はないとも。満州での混乱ではじめて「引揚者」という言葉が生まれたという説もある。

真偽のほどはわかりませんが、しかし、移民に出した国民、植民地に残された国民の面倒を国家がみないというのは、やはりめずらしいことですよ。

松本　前提的な話として満州開拓民の国籍はどこなのですか？

半藤　それは日本ですよ。日本人として移住し、満州開拓しているわけです。

松本　そういう質問をするのは、満州建国のさい、民間の「満洲議会」で、日本国籍のまま、という主張と、満州国の国籍に入るという主張が対立した経緯があるからです。小沢開作《かいさく》（征爾の父）などの「満州青年連盟史」にその議論が残っています。

●大本営朝枝参謀の「八・二六文書」

保阪　ソ連が倒れたあと出てきた資料によって、シベリア抑留者と死者の数は、それ以前にソ連当局が発表していた数が桁外れに少ないものであったことが明らかになりました。ソ連崩壊後の一九九一年、ソ連科学アカデミー東洋学研究所国際協力部長のアレクセイ・キリチェンコが来日したとき、シベリア抑留は六十二万人で死亡者が六万数千人と公表しています。ソ連の公文書館の資料を調査して推計したこの数字は、日本の研究者が推測していた数に近いものでした。さかのぼって第三次鳩山一郎内閣（一九五五年十一月～五六年十二月）が日ソ共同宣言に調印（一九五六年十月十九日）をした当時、日本政府が発表した公式の数は、抑留者が六万で死亡者が三千か四千とされていましたから、ソ連当局のみならず、日本の当局の見積りもまた、とんでもなく低いものであったことに驚かざるを得ません。

竹内　一九五〇年代当時、日本政府は実態をまるで捕捉できていなかったのですね。キリチェンコが公表した数字は、その当時ではよく調べたものだと思いますが、いまではそれも違っていると言われています。じっさいはプラスアルファの数字がもっとあるはずだと。

保阪　自らもシベリアに抑留されて一九四九年に帰還した斎藤六郎さん（全国抑留者補償協議会＝略称、全抑協の会長）が抑留について補償せよという運動、国家賠償の裁判を長年やって来られましたが、二〇一〇年に特別措置法ができて、ようやく一時金が出るようになりました。その過程で、強制抑留されていた日本人の調査が進められてきました。彼は六十回以上訪ソして調査しておられますが、ソ連のアーカイブに隠されていた貴重な資料の数々を見つけ出しています。

斎藤氏が発見した資料のなかでも、「ついに、こうした資料までが発見される時代になったか」と感無量となったのが、「関東軍方面停戦状況ニ関スル実視報告」と題されていた文書です。昭和二十年八月二十六日の日付で、「大本営朝枝参謀」の名で書かれていました。発見は一九九三年八月のことです。この文書には驚くべきことに、「在留邦人および武装解除後の軍人は、ソ連の庇護下に、満鮮に土着せしめて生活を営む如く、ソ連側に依頼する」と書かれ、なおかつ「満鮮に土着する者は、日本国籍を離るるも支障なきものとす」とありました。つまり、旧満州や朝鮮半島の民間人やソ連の捕虜となった軍人約百八十万人を、ソ連の支配下に移すこと、そして国籍離脱までをも許容するという内容です。事実上の棄民プランです。斎藤さんはこの資料と前後して、関東軍がソ連側に労務の提供を申し出ていたことを示す文書も入手していました。

半藤　「朝枝参謀」とは、大本営参謀本部対ソ作戦参謀だった朝枝繁春《あさえだしげはる》元大佐。この人には私も何度か取材しましたが、保阪さんも、それこそ何度も何度も会っておられましたな。

保阪　ええ。この文書が明らかになったとき、朝枝はすでに八十三歳になっていて、川崎の自宅で寝たきりでしたが、この文書の話になると感情が激してきて、意に反する質問には怒鳴ることもありました。というのも朝枝は、「この文書は私の筆跡でなく、偽造されたものだ」という主張を固持していましたから。

いっぽう朝枝は、このような内容の文書を八月九日に大本営から関東軍に打電したことだけは当初から認めているのです。ただし、「これは大本営や日本政府の意向ではない。私の独断だった」と。打電した文書については、「自分が密かに公文書偽造をしたのだ」と言い張っていました。梅津美治郎《よしじろう》参謀総長（極東国際軍事裁判でA級戦犯として終身刑を受け、四十九年一月獄中死）の職務印を勝手に持ち出して押したと、ね。

半藤 いくらなんでもそれは信じ難い。一参謀の思いつきと独断でそんな大事なことを指示できるわけがないのです。参謀本部の幹部らと相談しないわけはなし、梅津に無断で打電など、するはずないですよ。

松本 組織や個人をかばっていると見るほうが妥当ですね。

保阪 その背景には、今となっては荒唐無稽な話ですが、関東軍、そして参謀本部の一部には「日米百年戦争」の考え方が残っていて、将来、また日米戦争を始めたときにはソ連を日本側に引き込もう、満州残留民をそのための布石にしよう、という企図がありました。朝枝文書にはその含みがしっかり読み取れます。

半藤 ソ連軍の対日宣戦布告以降の朝枝の動きを追うと、八月九日に大本営作戦課作戦室でその報せを受けています。関東軍司令部から直通電話をかけてよこしたのは作戦参謀の瀬島龍三中佐でした。朝枝は翌日十日に出張の申請をし、十五日に飛行機で新京へ飛んで関東軍総司令部に入り、石井細菌部隊をとにかく早く処理することを指示してい
ったん帰国します。が、そのあとまた十九日に新京へ戻って停戦交渉の場に赴いている。

保阪 帰国した朝枝がなぜまた満州に急いで戻ったかというと、ソ連軍によって自身の身柄を捕えてもらうためでした。辻政信参謀とともに戦犯追及されると思っていたからです。朝枝は、いわゆるシンガポール華僑虐殺事件の作戦起案者でした。シンガポール華僑虐殺事件というのはまことに凄惨な事件でして、一九四二年二月に英領シンガポー

ルに侵攻した日本軍は青壮年の華僑の男を拘束し、英軍スパイの嫌疑をかけて六千人ともいわれる人びとを虐殺しています。朝枝はこれを追及されると考えたのです。それで、米英側ではなくてソ連側に自身の身柄を捕捉してもらおうと企図した。これは本人が言っていました、「シベリア収容所が私を助けてくれた」と。じっさいこの事件は東京裁判でとりあげられています。

松本　シンガポールはこのときの虐殺を八千人と主張していますね。

半藤　朝枝は大本営の対ソ作戦主任参謀ですから、綏芬河の北の村ジャリコーヴォでの、八月十九日のソ連との停戦交渉の場にいるのはもっともですが、自分から進んでコワリョフ大将らと会って日本の方針について説明したいと申し出ている。そこで捕まって抑留されたのですが、これはどう見ても捕まるために行ったとしか思えません。

保阪　そのとき朝枝が持っていた文書が、ほかでもない八月二十六日文書だったのです。朝枝は、八月九日の打電文書をもとに偽造されたと言い張っていましたが、ほんとうに苦しい言い訳と言わざるをえません。いずれにせよ、日本側がソ連に対して、関東軍将兵の労働力としての提供と残留日本人をソ連に引渡すことを申し出ていることは明らかなのです。

半藤　ただし朝枝は将校のなかでは極端に早い三年ほどの抑留で日本に戻ってきています。

保阪　帰還命令についてですが、昭和二十年の九月でしたか、大本営参謀本部が閣議の了解を得て、「帰ってくるのは望ましいけれども、そうでなければ現地に止まって生活するように」という内容の命令書を出しています。朝枝繁春の八月二十六日文書と似通った内容です。関東軍参謀で八月十九日の日ソ両軍首脳による停戦会談にも出席した瀬島龍三に、この命令書について何度も問いただしたけれども、「そんなものはない」と最後まで否定しました。

半藤　私も尋ねましたが、瀬島は断乎として否定していましたね。しかし関東軍の構想としても、それはあったと考えるべきです。ソ連侵攻後も中朝国境の鴨緑江の沿岸に開拓民や兵隊を土着させて、小さな居住区をつくる、場合によってはソ連領内に移してもいいと。関東軍が引揚げの指示をしていないのは、そういう意図があったからです。さらに鴨緑江のほとりに関東軍の司令部を置いて籠城戦を戦うつもりでした。そんな計画があったことについて、瀬島は絶対にノーと言って否定しましたが、いっぽう朝枝の答えはイエス。認めています。

●スターリンの方針転換

保阪　ソ連のトップのスターリン書記長とトルーマン米国大統領との間で、一九四五年八月十六日から二十二日に電報のやりとりがありました。十六日にスターリンが米ソによる北海道の分割占領を提案。釧路と留萌を結ぶ線で南北に分割するというものです。二日後の十八日、トルーマンはこれを拒否する回答を打電しますが、アメリカの国務省内にはソ連の提案にのってもいいのではないかという意見もあった。「ソ連に北海道の分割占領を許すなら、そのかわり択捉島に飛行場を造らせ、大連港の自由使用も認めさせるべきだ」という意見です。北海道はどうでもいい、という見方をしていた米政府関係者もいたわけですね。スターリンは北海道の分割占領のみならず、東京もベルリンと同じように分割する案を部下に提案させていますが、これには、さすがにマッカーサーが一顧だにしませんでした。

半藤　十八日のトルーマン回答には、北海道分割を拒否するということと、千島列島のいずれかの島に常設の飛行場を建設してほしいという要求がありました。スターリンは、これに相当腹を立てたようです。「ソ連の占領地になんで米軍用の飛行場をつくってやらなくてはいけないのか」と。二十二日の返書で、飛行場建設を強く拒否しています。スターリンはこのとき以降、豹変したのではないかと私は考えています。それまで満州の捕虜は、現地に収容所をつくって置いておき、そのうち帰還させるつもりだったと思われますが、方針をかえた。それが八月二十四日の極秘命令です。満州侵攻ソ連軍の総司令官ワシレフスキーに対して、「捕虜移送に関する実施要綱」を伝えます。日本将兵の強制抑留・強制労働指示です。

保阪　トルーマンの回答に対して、スターリンがそうとう憤慨したことは確かですね。それから気をつけたいのは、トルーマンが千島列島、具体的には択捉島《えとろふ》ですが、そこに基地を建設することを提起したという点です。連合国軍として米軍も使用するつもりだったのでしょうが、それでも実質的にソ連の千島占領を認めてしまっている。これが、戦後の北方四島返還交渉をややこしくしている。アメリカが返還交渉をあと押ししないのは、ソ連・ロシアにいったん領有を認めたという負い目があるからと言っていいと思いますね。

竹内　そもそもヤルタ会談で、それを認めていますからね。

半藤　スターリンが発した二十四日の命令には、「シベリアの気象条件のなかで労働可能な、身体強健な捕虜を最低五十万人選抜しておけ」とあります。はっきり「シベリア」と言っていました。十七日の時点では「捕虜移送を行なわない」とスターリンは言っていましたから、アメリカへの怒りのあまりの心変わり、方針変更ととらえざるをえない。ということはつまり、アメリカがスターリンの要求を飲んでいれば、シベリア抑留はなかったかも知れない。歴史に「たら、れば」はありませんが、そう考えたくなる。まあ、その代わり北海道が分割占領されて、日本はドイツ、朝鮮、ベトナムとおなじように分断国家にされてしまうわけですがね。

保阪　さらに推論すればスターリンは、日本を獲得するには革命をおこさせるという企図をもっていたことも考えられます。捕虜を移送して労働力として使うという実利的な面と同時に、もうひとつの目的として捕虜にたいする思想教育を思いついた。関東軍の優秀な参謀連中を連行して共産主義思想教育をしていますね。自分たちのソ連をよく理解させようという意図などではなく、はっきりかれらに日本の共産革命を指導させようと考えたのではないか。この点についてはまだ多くの情報が秘匿されていますが、かなり徹底した洗脳が行なわれたと見たほうがよいでしょう。

半藤　朝枝繁春から直接聞いたことですが、彼も洗脳、スパイ教育を受けたと言うのです。樺太に連れていかれてそこで教育されたと。本人は、洗脳されたふりをして正気を保っていたと言っていました。じっさいに洗脳されてしまったのは、誰それだと、何人もの名前をあげていましたがね。

保阪　ソ連の洗脳教育では、じっさいに使える人材をつくるという意図がありました。たとえば東京裁判でソ連の都合のよい証言をさせるため、日本軍人の証人を用意します。瀬島龍三大佐がそのひとりで、そのほか草場辰巳陸軍中将（関東軍鉄道司令官）、松村知勝陸軍少将（関東軍総参謀副長）がソ連側の証人になる予定でした。ところが草場は、ウラジオストクから東京に護送されてきたあと、証言台に立つまえに青酸カリをのんで自殺します。瀬島の証言で事足りたのか、松村は証言することなく、瀬島とともにソ連へもどされます。瀬島は、ソ連の満州侵攻が日ソ不可侵条約に違反していないというこでは、ソ連は条約違反にあたらないということになりました。判決とを証明するために東京裁判に立たされたのですが、微妙な証言でしのぎました。

半藤 瀬島に長時間のインタビューをしたときに、私は「昭和二十年八月十九日、ジャリコーヴォでの停戦交渉の席でなぜ日本人捕虜や残留者を帰国させてくれと執拗《しつよう》にたのまなかったのですか」と尋ねたんです。彼はひと言も口を開かずにタバコをくゆらせていました。しかしそのタバコを持つ手が震えているのを私は見逃しませんでしたよ。

保阪 瀬島はジャリコーヴォでソ連と交渉した内容を参謀本部に報告しています。それを読むと、なにか五分五分で対等に話しているように書かれているのです。事実はまったく違うのですがね。瀬島が報告書に記した交渉の内容は、将校には帯刀を許すとか、副官をつけるとか、じつに瑣末な話です。最後に「その他」とあって、私はこの点について瀬島さんに聞きました。この「その他」というのは、兵隊を提供するということだったのではないですか。そう聞くと、彼は「それは違う」と。しかしその「その他」がシベリア送りのことだと、抑留された元捕虜のみんなが言っていますよというと、彼は複雑な表情になりましたね。

半藤 ソ連極東軍との交渉はほんとうにお粗末でしたね。これは、日本が戦争の負け方を知らなかったからだとしか言いようがない。負けた側としてしっかり交渉すればよかったのです。捕虜の扱いとか、給養（将兵にあたえる衣食のこと）とか、帰還についていてなど、この時点では停戦の交渉なのだからそれだけをしっかりやるべきでした。ドイツなんかしっかりやっていますよ。捕虜にも権利がある。

保阪　これはまだ停戦の話し合いであって、本当の戦争終結の調印は九月二日ですからね。多くが勘違いしているのですが、戦争が終わったのは九月二日です。

半藤　朝枝は「八月八日にソ連は日本に宣戦布告したが、日本は宣戦布告していない。だからあれは単なるソ連の侵略である」と強弁していました。したがって満州にいる日本の軍隊は捕虜ではなく、ソ連がそれを捕虜として連行したのは国際法違反なのだというのです。実際は日本軍側が抵抗しているので、戦争していないとはいえないのですがね。

松本　宣戦布告しない戦争というやり方は、日本がずっとやってきていますね。満州事変も支那事変も宣戦布告していない。だから事変というのでしょう?

半藤　そうそう、日本の得意技。

保阪　交渉相手ワシレフスキー司令官というのは、そのとき五十歳。いかに優秀であったかということを瀬島が何度も言っていました。それと五分五分にわたりあった自分も優秀ということを示したいのです。瀬島さんがよく使うレトリックでした。たしかにワシレフスキーは戦後、赤軍参謀総長、ソ連軍事相、ソ連陸軍相を歴任して、出世街道をのぼっていきました。

●満州開拓団、悲惨な逃避行

松本　満州・朝鮮からの引揚げで言いますと、引揚げ後に新たに日本国籍を得た人が一説によると五十万人といわれます。正規の満州開拓団などと違って自分で満州などにわたった人か、戸籍を持っていない人で、もともと日本国籍を持っていない人がいたというのです。いわゆるサンカといわれる人とされているのですが、どうですか。サンカは子供を学校に入れず、本人も徴兵されないために、戸籍登録をしていない。全部がサンカではないにしても、そういう人がそうとういたようですが。

竹内　五十万人というのは、ちょっと大きいですね。満州・朝鮮からの引揚者が総数約二百万人とされていますから。

保阪　これは、私が帰還した元捕虜の人から聞いた話ですが、米軍の捕虜になった日本兵のうち、米軍の勧めにおうじて名前を変えて帰還した人が多くいたそうです。捕虜になったことがわかったまま日本に帰るのはイヤだと考えた日本兵捕虜に、アメリカが戸籍を新たにつくってくれたというのです。その偽造戸籍がほとんどある二県に限られているというんです。両県とも空襲で戸籍簿が焼けてなくなっているから、というのがその理由だそうです。またアメリカに残った人も少なからずいたらしい。

松本　長野県からは満州に開拓団を多く出しています。ただ、阿南町（長野県の南端、下伊那郡の南部）の佐々木忠綱さんという元町長さんから聞いた話ですが、当時開拓団を出すかどうかを判断する際に満州へ現地視察したそうです。行ってみるとあちらの土地が未開拓地ではなくて、もともと耕作地だとわかった。つまりだれかの土地だったに違いないと思ったそうです。おそらく開拓団を出せと県や内務省から言われていたのでしょうが、町長としては現地の農民から土地を奪うことになるのではないかと悩んだというのです。それで奥さんからも、あなたの判断が正しいといわれて、開拓団を出すのをやめたという。その結果、阿南町は一村も一人も満州に出していません。伊那谷の反対側の村のいくつかが満州に行っていますが、その多くが帰ってこられませんでした。

半藤　村単位で移住することが多かったですからねえ。村ごとの開拓団は比較的無事だったとは聞いていますが、それでも逃げ遅れた開拓団はひどいことになりました。

竹内　村ごとの集団移住は、満州でも元の村の名前を名乗っていますね。

松本　奈良の十津川村は、明治の二十年代の初めに水害に遭って北海道に移住しています。三千人のうち一千人が亡くなって、一千人が北海道に行ったのです。北海道の新十津川村（現在は町）です。村が林業などで盛んになってきて、富山や宮城からも入植する人が増えた。それで米作もできるようになるのですが、ここからも分村で満州開拓団に行っています。ほとんどが旧十津川村の人たちで、彼らは満州から引揚げてきたあと、こんどは元の奈良県十津川村に帰るのです。北海道には戻らなかった。

半藤　去年、平成二十四年に、また大きな水害がありましたね。

保阪　新十津川町の人たちは、奈良の村を母村というそうです。

松本　だからでしょうか、引揚げてきたときに奈良に向かったのは。

半藤　帰ってきても苦労したのですよ。満州開拓は国策ですよ。なのに、帰ってきたら何もしてもらえない。

保阪　満州引揚者は被害者かどうか、という点はどうですか。徴用で行った人は別にして、多くは自主的に行ったわけだから、全面的に被害者とするのはどうか、という意見がありますね。

半藤　引揚者の側からすれば、そんな話はけっして許せない、となるでしょう。いわば終戦時に棄民されたという意識が強いのです。じっさいそうだったと私も思います。

保阪　僕の父が大学を卒業して教師になったときも不況下で、赴任先の候補地のなかに満州もあったそうですが、あそこは外国だからと、行くことは考えもしなかったと言っていました。

竹内　引揚げてきてから、自分たちは被害者であるだけでなく、加害者でもあったのだと思い至った人もいました。ですから必ずしも一面的ではないですね。「諸君！」の「日本の〝カミュ〟たち」でもその点に言及している人がおられました。これは映画監督の故藤田敏八の言葉ですが、「支配者のつもりで乗り込んで、そういうこと（編集部

註：朝鮮語を話すことを禁じて、違反したら教師が生徒をぶん殴る）を強いたという記憶は消えない」。

そのことに関して原稿をまとめた本田靖春さんもこう書いています。

「私は敗戦ですべてを失ったが、一つ大きなものを得た。それは加害者意識である。引揚げて来てから、かなり長いあいだ、私は自分を被害者の立場にばかり位置づけていたように思う。だが目を見開いて行くにつれ、被害者だとばかり信じ込んでいた自分が、実は異民族に対して加害者の立場にいたのだという、どうにも否定のしようのない事実を認識させられたのである」

半藤　あの当時、「満州は王道楽土だ」とまことに大がかりな宣伝をしていました。これは国家的な宣伝ですから国家の側の責任は大きいです。台湾はどうでした？　竹内さんは台湾からの引揚者ですからね。

竹内　台湾は植民地で日本帝国の一部でしたから、満州とは位置づけがだいぶ違いますね。ポツダム宣言受諾で、日本は主権を放棄します。九月二日の降伏文書調印後に出された「一般命令第一号（陸海軍）」で、台湾は「蔣介石総帥に降伏すべし」と命令されて中華民国に施政権が移ります。日本人はたくさんいましたし、台湾統治（一八九五年、日清戦争の講和の条件で日本が台湾を割譲された）が長かったこともあったので、満州のような大きな混乱はありませんでした。ただ先に述べたように引揚げるときに財産はいっさい持ち出せなかったので、戦後苦労した人は多かったでしょう。

保阪 台湾の植民地行政は、ある面で現地にとってもメリットがあったのではないでしょうか。近代化を進められたし、中国本土と同様に当初はアヘンが蔓延していたけれども漸減策がうまくいって本土のようにはならなかった。だから東南アジアで日本軍が行なった軍事占領とは分けて考えないといけないという見方もあります。中国本土や東南アジアなどでは、蛮行とも言えるような殺戮や収奪が数多くありましたから。

竹内 ところで素朴な疑問なのですが、引揚げに際して、日本人のほとんどが帰国していますね。どうして現地にとどまろうとする人がほとんどいなかったのでしょうか。

保阪 それぞれの現地に対する差別意識があるのではないですか。支配者の側でなくなるのであれば、ここにいても仕方ないという意識。

竹内 それはあるかも知れませんね。台湾でも形式上は「日台同等」を謳っていても、日本人は台湾の人を一段下に見て、その実おなじ日本国民とは思っていなかった。聞いた話ですが、日本に帰ってきてみて「なんだ、日本人にも労働者がいるのか」と驚いたというのです。台湾では日本人で肉体労働をやっている人はいない、労働者はみんな台湾人だったのです。

半藤 満州でもおなじですよ。満鉄をはじめ大手企業や手広く商売をやっていた連中は、それはそれは優雅な生活をしていました。ことに戦時中は、日本にいるほうがよっぽど苦労していたのではないですか。

保阪　サイパンにも日本人が住んでいましたよね。横須賀の海軍工廠の工員寄宿舎を改造した引揚者住宅を昭和天皇が視察したときの話ですが、天皇が「どこから引揚げてきたの?」と聞くと「サイパンからです」と返事されて、天皇はかける言葉も見つからず、黙ってしまったらしい。一説によると、泣いていたと。「サイパン玉砕」では、現地に移住していた民間人の多くが米軍を恐れて自裁していますからね。ごぞんじのとおり昭和十九年六月から七月以後は、日本本土空襲の拠点となる地点のサイパン島は米軍のはげしい攻撃にさらされて、三万一千余の日本軍は全滅。民間人の多くが巻き添えになりました。

竹内　太平洋諸島からの帰還者は十万人ともいわれています。

●シベリア抑留からの帰還者

保阪　自費出版などで戦争体験を書いたものがたくさん出ていますが、シベリア抑留の関係がいちばん多いですね。

半藤　厚生省主催で毎年、シベリア抑留帰還者の集まりがあります。「平和祈念フォーラム」の一環で「戦争体験の労苦を語り継ぐ広場」などというタイトルで開かれて、俳優の宝田明さんはじめ、俳優さんや漫画家など著名人の方々が自らの体験を語っておられます。私も講師として呼ばれたことがありますが。もう十年くらい前の話ですが。
保阪 北海道大学や上智大学で教えていたロシア文学者の内村剛介さんはシベリア抑留帰還者ですが、僕がその当時の話を聞こうとしたときは、感情がたかぶって声がふるえ、まともに話ができなくなりました。抑留時代の心の傷が癒えることはなかったと思います。
松本 内村さんはシベリア抑留の記録も書かれていますね。シベリアだけではなくカザフスタンとウズベキスタンにも連行されて、強制労働をさせられた経験をおもちです。
私は現地に行ってきたのですが、当初ウズベキスタンの日本人抑留者の墓場は土盛りだけだったらしいのですが、のちに石に死没者の名前が刻まれ墓地整備がなされました。桜並木もつくられて、墓碑も建てられた。連行されてきた捕虜たちが造らされた立派な国立劇場があるのですが、そこにも日本人の事績が記されていました。これらは、当時、ウズベキスタン大使だった中山恭子さん（後年、拉致担当大臣）の指示によるものでした。いっぽうカザフスタンの墓場ではコンクリートのブロックが置いてあるだけ。しかも名前も書かれていなくて番号が書かれているだけでした。その隣にはドイツの捕虜の墓場があるのですが、そちらには碑が立っていて全員の名前が刻まれていたのです。聞けばドイツ大使館の人たちが毎年慰霊に来るという。日本とドイツとで扱いがこんなにも違うのかと情けなくなりました。

竹内　一般に「シベリア抑留」と言われていますが、旧ソ連圏ぜんたいに日本人捕虜が連れていかれているのですね。ウクライナやモスクワ近郊にも収容所があったようです。第二次大戦のソ連軍の戦死者は二千万人ともいわれますが、労働力不足ということだったのでしょうか。

半藤　そういう指摘がされていますね。内村剛介が自著『生き急ぐ　スターリン獄の日本人』のなかで、抑留者は「ソビエトの経済組織の単位であった」と書いていますが、突貫工事でソビエト社会を建設する奴隷労働をさせられたのです。ドイツ軍捕虜も同様に強制労働させられました。日本軍捕虜収容所のそばにドイツ軍捕虜収容所があったという話を帰還者から聞いたことがあるのですが、おなじ捕虜なのにドイツ人はみな明るいのですって。日本人は暗く沈んでいるのに。

保阪　そうらしいですね。ドイツ人はやりたくない仕事は断っていたようですよ。日本人はノルマだと言われたら必死になってやっているのに、ドイツ人は「国際法に違反している」とか言ってやらないらしい。捕虜慣れしていたのでしょうか。

竹内　異民族に対する対処法に慣れていたということかもしれません。

保阪　そんな酷い苦労をさせられてきた人たちなのに、戦後すぐの頃、大人たちは「引揚者」ということばを、ある種の侮蔑語のようにつかっていたような記憶がかすかに残っています。

竹内　たしかに差別的な響きが、そこはかとなくありましたね。

保阪　私は北海道なので、千島・樺太、それから満州引揚者の家族を知っていますが、彼らは少々蔑まれるようなニュアンスで「引揚者」と言われていました。住む家が粗末だったからですかねえ。

竹内　それから言葉が違うというのもあるのですよ。彼らは植民地標準語です。地方では、これは受け入れられない。特に地方にいくと、例外なく言葉や習慣の違いのせいでいじめられるのです。僕自身、戦後に引揚げてきた青森県の弘前でそれに似た目にあっています。

半藤　植民地というのは、日本にとってなんだったのですかね。植民地をつくって、満州国をつくって、支配者としてひどいことをやりながら、日本人自身もこんどは被害者となって大勢死んで傷ついて。近代日本はなんと無駄なことをしたのかと、ため息がでますね。

第九章 文藝春秋「天皇陛下大いに笑う」の成功

報告

半藤 昭和二十四年の話なので私は直接知っているわけではないのですが、文藝春秋に入ってから聞いた話です。戦後もしばらく創刊者で作家の菊池寛が雑誌の「文藝春秋」を出していたのですが、昭和二十一年三月に日本出版協会に廃社届を出して会社を放り投げてしまいます。ですから雑誌「文藝春秋」は四月五月合併号が最後の号になります。残っていた人はこのまま文藝春秋をつぶしたくないと思っていたのですが、当時流行っていた「新生」という雑誌を出していた会社から買収したいという話が出てきた。それに対して文春の社員が、そうはさせじと、当時専務だった佐佐木茂索をかついで文藝春秋新社をつくります。新社として五月に六月号を出しましたので、世間的には雑誌は続いているように見えます。新社の編集長は鷲尾洋三。戦後、雑誌は威勢のいいものがたくさん出ましたから、そんなゴタゴタを抱えていたために、戦後新発足の「文藝春秋」はいわば出遅れの弱小雑誌としてスタートを切りました。

戦後すぐには紙がなかったので各雑誌は割り当て配給制でした。当時の風潮として急進的、左翼的な出版社には配給が手厚く、「文藝春秋」のように戦前・戦中から出ていた雑誌には逆に風当たりが強かったようで、用紙配給に分が悪かったといわれています。

負け惜しみのようですが、そんな事情もあって、戦後雑誌勃興時代に「文藝春秋」は後塵を拝していました。

大編集長で、のちに社長になる池島信平が編集長の椅子につくのは昭和二十三年の一月号からです。それまでは鷲尾さんですが、思うように売上を上げることができずに交代することになった。

二十四年の三月に菊池寛の一周忌になるので、社をあげてバスを仕立てて墓参りに行くことになります（菊池寛は昭和二十三年三月六日没）。そのバスのなかで、宮田重雄さんという画家でありエッセイストが大きな声で、「このあいだ、天皇陛下のところに辰野先生と徳川夢声とサトウのハッチャンが行ってバカ話をしたら、天皇さんが大笑いしたんだそうだよ」と言ったそうです。前の席に座っていた池島さんが、即座にふり返って「それは本当か？」。「ホントだよ」と宮田。「よし、わかった！　ありがとう」と池島がカンジと笑った。墓参りから社に帰ってすぐさまその三人に連絡をとり、「天皇さんの前でやったことを、もういっぺんやってみてくれ」と再現を頼んだ。それでできたのが、「文藝春秋」誌の「天皇陛下大いに笑う」という記事です。

池島さんの話によると、はじめは「天皇陛下大いに笑いたまう」という題をつけようと思ったそうですが、それではよそよそしいと。ここは思い切って「大いに笑う」というタイトルに決めたそうです。案の定、なんと不敬な、と一部からは指摘されたといいます。しかし読者からは好評でした。読者の投票によって与えられる「文藝春秋読者賞」は、この記事を第一位に選びました。その甲斐あってか、この号を境に「文藝春秋」誌は一気に部数が伸びました。その年、昭和二十三年の各月号の平均発行部数は八万部。それが「天皇陛下大いに笑う」を契機にしてそのあと、ボカボカ売れて昭和二十四年には、いっきに十万部増。各月号平均十八万部になったということです。

それから「文藝春秋」は上昇気流に乗りまして、昭和二十五年が二十八万部、二十六年が三十七万部、二十七年が四十五万二千部と、毎年各月号の平均部数が十万部ずつ増えるんですね。新卒の新入社員として私が入社した昭和二十八年は、五十三万部だったか、五十五万部だったか、いずれにしても五十万部を超えていました。

私が入ったときの文春は、なんか会社全体が燃えていましたね。社員数は七十人ほどでしたが、みんな元気がありました。そういう意味で「天皇陛下大いに笑う」の記事が起爆剤になって雑誌も会社も大いに伸びるわけです。

そんな「文藝春秋」を、東京新聞のコラム「大波小波」が昭和二十五年の秋に冷やかしています。

「なるほど文春は面白く読めるにちがいないが、これを裏返しに言うと、毒にも薬にも成らぬということで、未来性のある、積極的に人を動かし教育していくものがここにはあまりないように思われる」

と、そんな嫌みを言われるほど売れたのですが、おっしゃるとおり、たしかに「積極的に人を動かし教育していく」ような、高尚な記事はひとつもありませんでしたねえ（笑）。第一に、巻頭論文なんてものは最初からなかった。

なぜそんなに部数が上がったのかというと、じつは二十三年の春ごろから、天皇の退位論というのが非常にさかんになっていたという時代背景があります。昭和二十三年の五月に東京裁判（極東国際軍事裁判）が結審して、十一月の判決を待つまでとなります。いわば日本国民としては判決を占う期間だった。東京裁判は終わったけれども、じゃあ天皇の問題はどうなるのか。天皇の戦争責任はどうなるのか、というのがジャーナリズムで論議になりました。そのなかで、かなりはげしく天皇退位論というものが多方面から叫ばれたのです。ロンドンからの外電で、この年の八月十五日を期して退位するのではという推測情報まで流れて、天皇退位が噂されていました。その反面、天皇は退位しないで留まってくれという嘆願書が、GHQに山ほど届いているのです。

このとき東京裁判を背景にして、日本全体が天皇問題をかなり意識して、戦争責任あり退位すべしという論陣と、いや天皇はそのまま在位するべきだという擁護派とがはっきりわかれて在りました。退位論は終戦直後にもあったのですが、昭和二十三年のこの時期から判決が出たあとの翌年にかけて、国民的議論として大きく取り上げられたというわけです。

二十三年六月、ＧＨＱ参謀第二部グリーン大佐の談話が残っているのですが、日本の高官の退位についての意見は五十対五十にわかれていると言っています。吉田茂首相も退位に賛成を唱えているとグリーンは言っていた。吉田首相は国会答弁では、むしろ退位に否定的でしたが、ＧＨＱとしては吉田首相も退位を考えているとみていたわけです。

要するに天皇が退位するかどうかということが大問題だった。そんな国中の雰囲気に「文藝春秋」の「天皇陛下大いに笑う」の企画は、うまくはまったということではないかと思います。

ただし「文藝春秋」が部数をのばしたのは、天皇退位論の是か非かの議論にのったということだけでなく、もうひとつ要因があったと私は考えているのです。それはその前の号、昭和二十四年五月号で二・二六事件を大きくとりあげたことです。「日本を震撼させた四日間・二・二六事件　青年将校の回想」で新井勲の原稿百枚をバァーンと載せています。それまで総合雑誌が戦前昭和の時代の話をあつかったことはありませんでした。それをあえて大きく取り上げた。六月号にもその続編を載せています。

いまの人たちにわかるように新井勲について説明しておくと、彼は二・二六事件叛乱軍の将校のひとりです。陸軍の急進派将校が首相らを襲ってクーデターを企図した二・二六事件で、首謀者の安藤輝三大尉と親しかったそうですが、中心人物ではありません。鎮圧軍に包囲されたあと、靖国神社に参拝すると称して、配下の歩兵第三連隊第十中隊を率いて叛乱軍を離れ、投降します。軍法会議で禁錮六年、軍籍を剝奪されます。その新井元中尉が二・二六事件の内幕を話しているわけですから、迫力がありました。これは後日文藝春秋から単行本として刊行され文庫にもなりました。

それ以降、毎号昭和史もの、太平洋戦争を検証する記事を取り上げることになります。八月号「米内光政――三国同盟を巡って（緒方竹虎）」、九月号「八月十五日事件の真相（下村海南）」、十月号「亡国の人と政治（高木惣吉）」、「運命の海戦――日本海軍の敗北を決した五分間（元聯合艦隊参謀長・海軍中将草鹿龍之介）」、「網走の覚書　陰惨なる獄中に迎える釈放の日（宮本顕治）」、十一月号「近衛文麿氏をめぐって（風見章）」、十二月号「日本バドリオ事件顚末――東条政権に対する吉田茂大陰謀団の真相（法務総裁殖田俊吉）」と、戦前の戦記もの、政治内幕ものなど、リアルタイムでは国民のだれもが真相を知ることができなかった事件を、当事者に語らせている点がほかの雑誌にはないダイナミズムだったと思います。このあたりは、編集者、池島信平の歴史感によるところが大きいのではないでしょうか。獄中から出てきて二、三年の日本共産党の宮本顕治に書かせていることなどいまとなっては驚きです。宮本はごぞんじのとおり日本共産党の非合法時代からの党員で、昭和九年に逮捕されて敗戦の年にGHQの政治犯釈放指令で出獄し復権した。戦後は一貫して日本共産党のトップの座を維持し、最終的には名誉議長で生涯を閉じたわけですが、まあ、それはともかく。

「文藝春秋」を軌道に乗せた〝功労者〟は「天皇陛下大いに笑う」だけのように世間では言われましたが、ほんとうはここにあげたような歴史的な事件や事実を直接に当事者に書かせたり話させたりするというところに、読者から受け入れられた理由があると私は思っています。そうやって独自の特色や手法を確立していったのではないか、それが当時の読者の興味や気分とうまくあってのびていったのではないかと。これ以後「文藝春秋」はいまにいたるまで、当事者主義、現場主義ともいえる編集の手法でやっていくことになりました。

池島さんから直接聞いた話ですが、日本にはじょうずに文章を書く人が三百人くらいいるが、これをいくら組み合わせてやっても限界がある。一方、書けないけれどもいい材料を持っている人は何万人もいる。だからこういう人から話を聞いて記事にすればよい。読者は名前で読んでいるわけではない、中身で読んでいるのだというわけです。これは直接聞いた話なのでまことに印象深いのですがね。

余談はさておき、昭和二十三年の十月の終わりごろに天皇退位論がクライマックスに達していました。そのことがどうも天皇自身の耳にも入っていたらしくて、それまでやっていた地方巡幸をとりやめるようになり、御所のなかから動かなくなってしまいます。それをマッカーサーが知って、これは天皇がほんとうに退位を考えているのではないか、あるいはひょっとすると自殺まで考えているのではないかと心配します。そこでマッカーサーは天皇に、よけいなことを考えないようにとのメッセージを伝えたそうです。まもなく、十一月十二日ですが、宮内府長官の田島道治《みちじ》が天皇の意を受けてマッカーサーに手紙を出します。この手紙は、一九七九年に秦郁彦さんがバージニア州ノーフォークのマッカーサー記念館で発見したということはみなさんご存知のとおりです。秦さんの翻訳で発表され広く知られることとなりましたね。その内容はというと、

「わたくしは閣下が過日吉田首相を通じて、わたくしに伝えられたご懇篤かつご厚情あふれるメッセージに厚く感謝の意を表します。わたくしが国民の福祉と安寧をはかり、世界平和のために尽くすことは、わたくしの終生の願いとするところであります。

いまやわたくしは、一層の決意をもって、万難を排し日本の国家再建を速やかならしめるため、国民と力を合わせ最善を尽くす所存であります」

というものでした。じっさい天皇は退位などせずマッカーサーも安心したという顛末です。天皇退位論は論壇では優位だったかもしれませんが、天皇自身やその周囲はまったく意に介さず、このように「在位して役割をはたす」という固い決意があったわけです。

天皇は、もう一度退位を考えるきっかけがあるわけですが、それはサンフランシスコ講和条約を結ぶというタイミングです。天皇が「この機会に退位したほうがよいのではないか」という主旨の意向をみせたと言われておりまして、これが三回目にあたります。

天皇が退位問題にふれたのは終戦直後と東京裁判の判決前後、それからこの平和条約締結の時。この三回目のときは退位を本気になって考えていたようにもうかがえるのですが、これに断乎として反対したのは吉田茂だということになっています。はたして昭和二十七（一九五二）年五月三日。「平和条約発効ならびに憲法施行五周年記念式典」が皇居前広場で挙行され、天皇は「お言葉」を発表します。その中で、「過去を顧み、世論に察し、沈思熟慮、あえて自らを励まして、負荷の重きにたえんことを期し」として、あえて苦しい任をひきうけるので、「こいねがわくば、共に尽くし、事に勉め相たずさえて国家再建の志業を大成」しようと国民に呼びかけます。明確な退位否定ではありませんが、これが天皇の決意表明と受けとられ、「退位説に終止符が打たれた」と各新聞が報道しました。

これ以降はまるで雲散霧消したかのごとくに、退位論は出てきません。思潮の底流としては退位論があるのかもしれませんが、一般のジャーナリズムではあまりあつかわなくなりました。

討論

半藤　ということで「天皇陛下大いに笑う」はいつのまにか、古典的な逸話になりましです。言ってみれば天皇が国民とともにあるという印象を植えつける材料にもなったわけです。ところでこの記事をいま読んでみますと、正直に言って中身はまったく面白くありません（笑）。読者はどこを面白がったのですかね（笑）。

保阪　天皇が地方巡幸のときに口癖のように発した「あ、そう」ということばをみんな真似した話は前にも出ましたが、戦後すぐから数年は、庶民的な天皇像としてこの「大いに笑う」と「あ、そう」が対のようにとらえられていた印象があります。

竹内　庶民的といえば、「漫画読本」のなかで漫画家の横山隆一さんが「天皇御一家歳末風景」というタイトルの漫画を描いています。これは天皇家をふつうの庶民の家庭に見たてて、天皇がお父さん。皇太子がふつうの家の庭を歩いているような皇室を庶民の日常生活に見立てて描いているものです。

半藤　皇后さんが、割烹着に姉さんかぶりでハタキをはたいて掃除している図なんかが、描かれているのですよ。天皇一家を、自分たち庶民とおなじところにおいて見ることができるという、なんというか親しみですね。批判的な見方や皮肉で描いているわけではないのです。あれは横山さんの絵の独特のあたたかみに依るところが多いのですが。

竹内　ちなみに「漫画読本」は、昭和二十九年十二月に「文藝春秋」の臨時増刊号として刊行されています。このあと隔月刊になって、その後独立した雑誌になりました。

半藤　皇太子のご成婚ブームにのって、昭和三十四年には「週刊文春」が創刊されます。

そのとき私は「天皇家の日曜日」というコラムを書いたのですが、「漫画読本」のときの横山さんの天皇の絵を使いました。天皇さんが「○○ちゃん、そんなことしちゃいけないよ」なんて、娘である内親王にしゃべっているセリフを書いたのを覚えています。べつにどこからもお咎めはなかったのですが、このときたいへんな間違いをしていました。皇太子と清宮の年の順番をまちがえていたのです（苦笑）。怒られたら言い訳できない、まったくの間違い。昭和三十四年、皇太子と美智子さんの婚約の話題で世間は沸騰しているなか、おめでたい話の特集ですから、批判的な記事なんかじゃないのですが、それにしても間違いはマズかった。横山隆一さんの漫画のほのぼのとした雰囲気のおかげか、お咎めはまったくありませんでしたがね。

●戦後の昭和天皇

竹内　「お咎めなし」なんて、戦前、戦中には考えられなかったことですね。天皇退位論がインテリや政府高官のあいだでリアルな話として議論されていたけれども、一般庶民たちにとっては天皇を責める気持ちなど、あまりなかったのではないでしょうか。終戦翌年の三月から天皇が全国を巡幸しますが、これに、それこそ山のように国民が群がって歓迎しますね。二十二年十二月にスウォープというGHQ民政局の政務課長が前にもちょっと触れたメモランダムを残していますが、天皇巡幸のときの地方の日本人がバンザイバンザイと言って大騒ぎする姿を、「あれはいったいなんなのだ?」と書いています。自分たちを苦しめていた戦争の親玉である天皇を、あんなに大歓迎する日本人が不思議に思えると首をひねっているのです。一般の人たちにとっては、もう戦争責任などどうでもよかったわけでしょうか、それを見てGHQの高官は「日本人はバカか」と思っていたのでしょう。

保阪　ところでその当時の「文藝春秋」の値段はいくらぐらいだったのですか。

半藤　新社が発行した最初の昭和二十一年六月号が一二八ページで定価五円ですから、二十四年だと百円しない、九十円くらいでしょうか。その当時は、地方売価なんてものがあったのですよ。地方は輸送量分を上乗せして、いくらか高い。いまはどこでも同じ値段で売っていますが。

竹内　当時、いちばん売れていた雑誌は「リーダーズ・ダイジェスト」ですが、部数競争としてこれをめざしていたと、僕は池島さんから聞いたことがあります。ついでにつけ加えますが、第四章で触れた「アメリカナイズ」には広く読まれた「リーダーズ・ダイジェスト」の影響も大きいですね。

半藤　話をもどすと、天皇は退位を考える機会に三回遭遇するわけですが、それぞれ天皇をとりまく状況がちがっています。天皇の心理状態は、それぞれことなっていたと思います。

保阪　昭和二十年九月に天皇側近中の側近である木戸幸一内大臣が退位を口にしていますね。これが一回目だと思いますが、そのあと天皇は、敗戦日本の施政権を一手ににぎった連合国最高司令官マッカーサーに会いにいきます。歴史的な第一回会見です。それから講和条約発効時二十七年のときには、巣鴨プリズンに捕われていた木戸が息子を通じて、天皇に退位してはどうかということを伝えています。このときは木戸の進言に天皇はまったくとりあわなかったようです。

竹内　近衛文麿が天皇に退位を進言したのはいつですか。

保阪　マッカーサーに近衛さんが会いにいきますね、二十年の十月四日に。このとき東久邇内閣の国務相（無任所相）だった近衛は、マッカーサーから直々に「公がリベラルを集めて、帝国憲法を改正せらるべし」と言われている。しかしその翌日の五日に東久邇内閣が総辞職。後継の幣原喜重郎内閣は近衛に入閣要請をしませんでした。そして十月十一日。内大臣府御用掛に任命された近衛は、その日のうちに天皇と会っています。近衛はこのときやる気満々、内大臣府御用掛の立場で憲法改定案づくりを進めようとしていましたから、天皇の戦争責任を回避するためにも、ということで、憲法改定と持論である退位をセットにして天皇に進言していたかもしれません。

半藤　近衛は戦争中の二十年一月十五日に、京都で秘かに会合を開いています。これは戦争を終結させて、天皇は京都の仁和寺に移して落飾《らくしょく》（出家）願ったらどうかという相談でした。翌月の二月、近衛は天皇に呼ばれた際に講和にむけた上奏文を出しますが、吉田茂もこれにからんでいます。そのなかで退位論が出てきます。そういう意味では、終戦工作とセットにした天皇退位を近衛たち上層部は本気で考えていました。

竹内　天皇制を維持するためには、退位をさせて摂政をおくという考え方ですか。

保阪　天皇は、摂政を高松宮にするなら、それはいやだといって拒絶したという説もあります。

松本　開戦前には、天皇は非戦的で高松宮は積極的な開戦論者だったのに、戦争に負けたら逆に自分が責任をとらされるのかという気持ちがあったとも言われています。

保阪　戦後になって高松宮が自分は開戦に反対したけれども、天皇がそれを聞き入れてくれなかったという主旨の話を発表しますね。戦中の外交官だった加瀬俊一の息子の加瀬英明が高松宮にインタビューして書いた「高松宮かく語りき」。これも「文藝春秋」でした（昭和五十年二月号）。その記事にも天皇が強く不満をもらしたと入江相政《すけまさ》侍従長の日記に出てきます。「実際はちがうじゃないか」というわけです。

半藤　戦後の「文藝春秋」では、なんども天皇論をやっていて、そのたびに戦争責任や退位論を述べる論者がでてくるのですが、天皇自身は終戦直後からずっとやめるつもりはなかったようですね。

松本　「昭和天皇独白録」、これまた「文藝春秋」（平成二年十二月号）ですが、これにも退位を考えているような発言はありませんし、戦争責任論も高松宮や近衛たちの勝手な論法というような認識ですから、けっきょくのところ退位は考えていなかったのではないですか。

竹内　アメリカのジャーナリストのなかには、退位論というのは、退位させたくないためにあえて出してくる勢力があるのではないか、という意見がありました。大衆に、天皇やめないでくれと言わせるためにやっているのではないか、というかなりうがった見方ですが。

保阪　ほう、そういう説もありましたか。しかしいっぽうで当時は左翼勢力がひじょうに強くなってきましたので、これを鎮めるためにも天皇は退位させたほうがいいという考え方が、やはり上層部には、あったのではないでしょうか。

松本　中曾根康弘元首相が戦後に国会で言ったように、退位によって戦争責任を明確にするという意図があったと思います。開戦については、たとえ本人がやりたくなかったとはいえ、大元帥だし開戦の詔書を出したわけですから、その責任の取り方として退位はあってしかるべきだったでしょう。

半藤　例の「曲学阿世《きょくがくあせい》」の南原繁がどこかで「日本が独立した時に、天皇陛下は責任をおとりになって退位されるのがよいのでは」としゃべっています。それで思い出した。いま松本さんがおっしゃった、中曾根の「天皇退位論」ですが、それは昭和二十七年一月の、衆議院予算委員会で中曾根が質問に立ったときの発言ですね。「天皇は戦争の形式的責任はないけれども、人間的苦悩を抱えているからそこから解放してあげるには退位とすべきだ」と言い、「皇太子が成年にたっしたので、天皇制を若返らせるためにも退位し、戦死者の家族に道徳的な責任を明示すべきだと説く者がある」と語り、その上で「天皇が御みずからのご意思でご退位あそばされるなら、最後の機会として、平和条約発効の日がもっとも適当であると思われるのであります」と主張した。「政府の見解はこの点いかがなものでございましょうか」と問われた首相の吉田茂は、「日本民族の愛国心の象徴であり、日本国民が心から敬愛している陛下のご退位を希望するがごときは、私は非国民と思うのであります」と答えましたねえ。「臣・茂」の面目躍如でした。まあ、それはともかく。戦後日本の精神の問題としては、退位されるべきだったのではないかと思ったりしますがね。

●天皇と大元帥

竹内　天皇は、天皇としての立場と大元帥の役割とは統一できないものだと、半藤さんは指摘されていますね。天皇の戦争責任を考えた場合、あるとすればどちらの立場として責任があるのか。あるいはどちらの立場でも責任はないのか。その視点で戦争責任論をとらえないといけないと思うのですが。

松本　天皇はマッカーサーのところに最初に行ったときに、「戦争をやったことについては政治的な責任も軍事的な責任もわたしにあるので責任を負うつもりだ」と発言したといわれています。『マッカーサー回想録』にもそうあります。そうであれば天皇自身は、大元帥の立場と統治大権を総攬する天皇の立場との両方を意識していたということでしょう。

竹内　天皇機関説の立場に立てば、すべて国務大臣の輔弼《ほひつ》によって意思決定しているわけですから、はたして天皇の責任を追及できるのかという問題がありますね。明治憲法の第五十五条に「国務大臣ハ天皇ヲ輔弼シ其ノ責ニ任ズ」とあり、「輔弼」とは「天皇の行為としてなされ、あるいはなされざることについて進言し、その全責任を負うこと」の意ですから。また、第三条に「天皇ハ神聖ニシテ侵スベカラズ」ともありますから罰することもできない。これが、いわゆる立憲君主の無答責ということでしょう。

保阪　法理論上の責任から離れて、存在そのものの責任という考え方と、実体的な責任という分け方もある。天皇自身としては、存在として、というか倫理的に戦争をやった責任があると考えていたのではないでしょうか。史実と向かいあって、個々の事実への責任というふうには逐次的に自覚しているわけではおそらくないでしょう。マッカーサーと面と向かったときには、あの戦争は自分の責任と言ったのでしょうけれども。

半藤　「終戦のご聖断」と言われるけれども、天皇が戦争を終わらせたわけではなくて、意思を表明しただけですね。法の手続きからいえば内閣がポツダム宣言を受諾して降伏したことになるわけです。天皇が機関として敗戦を決めたわけではありません。内閣で決められたことについて、詔書に署名・捺印しただけですから。純粋に法理論的にいえば内閣に責任があるわけです。開戦についてもそれはおなじで、だから形式的には天皇の責任を追及するのはおかしい、ということになります。

松本　開戦にしろ終戦にしろ、内閣が決めたのだから天皇はそれを受け入れなければいけないということですね。

竹内　それが、天皇の立場。明治憲法から解釈すればそういうことになりますね。

松本　伊藤博文が憲法をつくったときに言っていますが、条文では天皇に統治大権があるけれども、天皇の全権を国民が分担し代理して大権を制限していくのであると。これが憲法の目的でありますと、そう言っています。それが無答責の根拠になっているわけです。

竹内　大元帥としての責任はどうですか。参謀総長などが輔翼するとなっています。この輔翼というのは単に補佐の意味ですから、最終意思決定は大元帥としての天皇がすることになります。そうすると、天皇が最終的な責任をもつことになりませんか。

半藤　そこが問題です。明治憲法第十一条「天皇は陸海軍を統帥す」、十二条に「天皇は陸海軍の編制及常備兵額を定む」とありますが、その統帥の内容については規定がないし、まして統帥権が他の権力（内閣・議会）から独立しているなどという条文もない。ただし憲法制定以前の太政官布告などで関係する勅令がだされていて、それが優先している場合が多いのです。明治十一年の参謀本部条例で国務から参謀本部が切り離され天皇に直属すると定められます。軍令が内閣と関係なく機能するということです。

大元帥とは何かと規定された条文は私が調べたなかでは唯一、服装令という勅令のなかに大元帥という項目があって、大元帥はこれこれこういう服を着る、という文言がありました。しかも昭和十八年の規定で、それだけなのです。ともあれ参謀本部条例などでは、参謀本部総長などが大元帥を輔翼し、となっていますから軍事については原理的には大元帥に責任がおよぶわけです。

竹内　参謀本部令の解説には「輔弼」「輔翼」が両方あってアイマイなんですが、統治が「弼」で統帥が「翼」というのは矛盾はないでしょうか。やはり「輔弼」なのでは？

戦争犯罪人の認定を受けた近衛文麿はGHQの出頭命令を前にして服毒自殺しますね。彼が遺した手記（「失はれし政治」）にこんなくだりがある。

「日本の憲法というものは、天皇親政であって、英国の憲法とは根本に於て相違があるのである。殊に統帥権の問題は、政府は全然発言権なく政府と統帥権の両方を抑え得る者は、陛下唯一人である。然るに陛下が消極論であらせられる事は平時は結構であるが、和戦何れかというが如き国家生死の関頭に立った場合は障害が起り得る場合なしとしない」

　つまり、天皇が戦争に反対なのだったら、憲法によって与えられた権能によって阻止できた筈じゃないか。それを怠ったのだから、と暗に天皇の戦争責任を言っている。彼は内閣には「輔弼」の責があるが、統帥権は「輔翼」であって、決断は大元帥の立場による、という立場なんですね。天皇にしてみれば、あの〝不決断の近衛〟にこんなことを言われるのは不本意きわまることだったでしょうが。

保阪　輔弼、輔翼いずれにせよ、天皇は作戦上の意見を言っていますから大元帥としての責任が出てくる。

竹内　軍関係の法は、明治憲法と関係なく規定されていて、それについてはよしとされていたのですか。

半藤　軍の規定は、明治憲法ができる前にできています。明治十年代です。憲法ができたときに、それ以前の太政官布告・布達で決まっているものはそのままとするとされたので、大きな矛盾がないかぎり、古い規定も生きたままでした。

保阪　軍人勅諭なども明治十年代ですから。統帥権についてこまかな規定がないのは、軍を憲法の規定から放してしまったからでしょうね。その点について山県有朋《やまがたありとも》（長州藩士として戊辰戦争に参戦。維新後、西郷隆盛のもとに軍制の整備に従事、西南戦争を経て陸軍を掌握した。以後、その蓄財傾向を批判されながらも陸軍の最高権力者として君臨しつづけた）の責任は重いと思います。

半藤　明治四十年に伊藤博文の指示で公式令というのが定められますが、これはすべての勅令に総理大臣の副署を必要とするというものです。こうすると軍隊への命令もすべて総理大臣が副署するので軍が勝手なことをできなくなる。いうなればシビリアンコントロールです。これに山県有朋があわてて「軍令」という例外を設けさせます。それで議会や内閣と関係なく命令、天皇の命令ですが、それを出せるようにした。伊藤の考えを覆したわけです。

保阪　統帥権の独り歩きが法制上もできるように整備されたことになります。その危険性に気づいたひともいた。昭和十年代に、長谷川清海軍大将らが憲法を変えなければいけないと言っていました。要するに天皇と統帥権との関係をこのままにしておいてはいかんという主張です。日露戦争を体験した軍人のなかにはこのことに気づいていたひとが少なからずいたのです。

半藤　鈴木貫太郎も侍従長であった昭和七年ころに、これは変えなければいけないと言っています。統帥権をふり回すようになってはとんでもないことになるとさかんに言っていた。

松本　原敬もよくわかっていた一人です。統帥権をふり回すような天皇になってもらってはいけないと、昭和天皇、当時の皇太子にヨーロッパ諸国を訪問させていますね。大正十年のことでした。昭和天皇は、ジョージ五世とさしで話したりして、立憲君主の振る舞い方について学習しています。そうした考えとはうらはらに、昭和五年に、ロンドン海軍軍縮会議できめた条約が統帥権干犯だということで統帥権問題がでてきます。加藤寛治《ひろはる》軍令部長が「政治家が勝手に軍艦の数を制限するような約束をしてくるなんてけしからん」と条約に反対を表明するわけです。

保阪　そのとき帷幄上奏権というのがクローズアップされたのでした。天皇に意見を述べることができる帷幄上奏の権限があるのは、陸軍参謀総長と海軍軍令部長だけです。加藤寛治は軍令部長だったわけですが、ひとりで天皇に上奏にいっている。

竹内　天皇自身は端的にいって、大元帥としての権限を発揮しようとしたのでしょうか。

半藤　天皇自身は、大元帥であり天皇であるということを、はたしてどの程度わきまえていたのですかねえ。それについては、わからないところがあるけれども、ただ、かなりわきまえていたのではないかと思わせるのは、二・二六事件のときの振る舞いです。襲われて瀕死の重傷を負った鈴木貫太郎侍従長の妻、たかさんから第一報が入ったときに、天皇は表御座所に出ていった。そのとき軍服を着ていたというのです。「これは軍事問題であるから私が指揮をする」と。例の叛乱軍規定ですね。そして首相や大蔵大臣、元老の西園寺公望まで襲うというのは謀反だと天皇は結論づけた。そのとき軍装であったというのは、大元帥として振る舞うということではないですか。そう自覚して登場してきたと考えてもおかしくない。

竹内　天皇自身は、すべからく「立憲」の立場に立って事に処したのだ、という主張ですね。そればかりでなく、『昭和天皇独白録』のなかにこんな発言がある。

「私がもし開戦の決定に反対してベトー（拒否権）をしたとしよう。国内は必ず大内乱となり、私の信頼する周囲の者は殺され、私の命も保証できない。それは良いとしても結局強暴な戦争が展開され、今次の戦争に数倍する悲惨事が行われ、果ては終戦も出来兼ねる始末となり、日本は亡びることになったであろうと思う」

ここには二・二六体験の記憶後遺症があり、自らは立憲の立場を外したとする終戦の〝聖断〟への正当化がみられます。「私の命も保証できない」というのもあり得なかったことではない。二・二六のとき皇居へ入ろうとして果たせなかった中橋基明《もとあき》中尉の一隊は、あのとき天皇に直接会って説得し、もし天皇が拒否するなら「殺す」という段階まで計画していた、という一味将校の証言もありますからね。

●戦争責任と天皇制

保阪　戦後、天皇が木下道雄侍従次長に言っていますが、戦争中に東條（英機）や小磯（国昭）らがなんども勅語を出せと言ってきたと。国民を励ます勅語を出してほしいといわれたが、それをほとんど出さなかった。いまとなっては、それがよかったと言うのです。たしか戦中の勅語（詔書）は二、三しかありません。それを出していれば、直接戦争指導していたと連合軍に追及されるところでした。出していなかったことが幸いしたというわけです。いま大元帥として出すべきか、そうすべきでないかなど、繊細に考えていたかもしれませんね。

竹内　では、天皇自身が大元帥であると自覚していたとして、参謀総長や軍令部長が言っていることは輔翼であると認識していましたかね。

保阪　聞き分けていたのではないですか。永野修身《おさみ》軍令部総長の話と嶋田繁太郎《しげたろう》の話すことでは、聞き方がちがう。相手の能力や人物を判断して聞き分けている。聞き流すだけであったり、内容を吟味して聞いていたりと、対応を変えていると思われます。

竹内　大元帥としては、上奏されたことに反対とは言わないのですか。

保阪　それは言わないのです。それはダメだなどとは言えない。不安があっても、否定ができないのです。

半藤　戦争中には大本営政府連絡会議というのがあって、ここで決議してきたことはつまり内閣が一致して決めたこととおなじなので、天皇としてはそれをひっくり返すわけにはいかない。輔弼されたことを裁可するだけです。

竹内　それでは責任を問えないというわけですか。

保阪　天皇の意思表示としては、たとえばこんなことがあると侍従から聞きました。満州国に神社を建てるという法令の書類が内閣からあがってきたとき、それに御名御璽しないで未決の箱の一番下に落とすらしい。それが天皇の意思表示であって、最後は認めることになるのですが、意に沿わないときはそういう表し方になるらしい。まわりはそれを察しなければいけないし、それを見抜くのが政治の責任者だというわけです。

松本　戦後、鹿島《かじま》建設の鹿島守之助に文化勲章を与えるという内閣の提案がありました。ところがその書類にいつまでも天皇が判子を押さない。どうしてですかと田中角栄首相が尋ねると「鹿島のような大金持ちが、儲けた金を社会還元するのは当たり前の話であって文化勲章には値しない」と天皇が意見をのべるのです。角栄さんはそう言われて仕方なくこの話を取り下げたといわれています。御前会議では、前日に書類を天皇に見せます。そこでいろいろ質問をするので、それをうけて内閣は翌日の御前会議にのぞむ。質問されたことを含んで御前会議を進めるわけです。

半藤　天皇が大元帥と天皇の立場を意識して使い分けていたかどうか、竹内さんに納得してもらえるように説明するのは難しいのですが、ひとつ思い出しました。陸海軍が昭和二十年十二月一日に廃止になります。その前日に最後の陸軍大臣の下村定《さだむ》が天皇にあいさつに参内して、「建軍七十年の陸軍は本日をもって解散をいたします」と涙を流して述べます。そのとき天皇は、八月十五日以降はずっと背広であったのに軍服を着て応対しているのです。天皇ではなく大元帥として陸軍大臣の拝謁をうけているわけです。

このとき下村のことばに天皇も泣いたといわれています。

竹内　戦後、昭和天皇が詰襟の〝大元帥服〟を着て出てくるのはもう一回あります。昭和二十年十一月二十日の靖国神社臨時大招魂祭。大勲位のきらびやかな勲章を佩用《はいよう》して拝礼している。

半藤　ああ、そうだ。それがあった。だからかなり意識しているのではないですか。大元帥としての責任も自覚していたと思います。これは戦争中の話です。いっこうに好転しないガダルカナル島作戦に大元帥が疑問をいだいたことで、昭和十七年十二月三十一日大晦日に御前会議が開かれます。そこでようやくガ島撤退が決まります。その後、撤退作戦の報告に陸海軍両総長が報告にいくのですが、撤退とはいえず、転進しますと言います。そのとき大元帥が「ではどこへ攻勢にでるのか」と聞くのです。当初の大元帥の命令は奪還しろということでしたから、撤退といわずに転進と言ったのですが、大元帥に聞かれたものだから、具体的に言わなくてもいいものを「ニューギニアで攻勢に転じます」と答えてしまう。そのおかげでまたニューギニアで悲惨な戦いになって、ここでもたくさん死ぬことになってしまいました。

沖縄戦のときも似たようなことがありました。「軍艦はどうするのだ」と大元帥が尋ねます。そのことが戦艦大和を海上特攻に出すもとになったと言われます。自爆死の特攻についても、「そこまでせねばならなかったのか。しかしよくやった」という有名なますね。天皇の言葉が残っています。これなど、聞きようによっては前半は天皇の言葉、後半は大元帥のお褒めの言葉ととれますから、もっとやれという意味に捉えられました。折々のこうした発言を天皇は覚えていたはずです。ですから責任を感じていたと、私は思いますね。

保阪　特攻機は無線をずっとつないだまま、つまりオンにしていたというのです。司令部には特攻隊員の最期の声、叫びが聞こえていました。司令部ではそれを記録していたそうです。戦後、その記録は燃やされてしまうのですが、海軍の美濃部正少佐（戦後は航空自衛隊空将）がメモしているのを見たことがあります。美濃部さんの話では、ぜったいに公表はできないにせよ、軍隊や天皇への怨嗟《えんさ》の声も多数聞こえてきたというのです。退位には至らなかったけれども、法制度上の問題とは別に、やっぱり昭和天皇は、戦没者への責任を感じていたのではないでしょうか。

第十章　日本再軍備をもう一度ふり返る

報告

保阪　昭和二十五年六月二十五日に朝鮮戦争が起こり、その直後の七月八日マッカーサーから吉田茂首相あてに書簡がとどきます。「日本政府が七万五千人の国家警察予備隊を新たに設けるとともに、海上保安庁の現有保安力増強のため、八千人を増員することに適当な措置を講ずることを許す」というものでしたが、「許す」というよりは、そのようにしろという命令でした。

以前から日本政府は警察力の増強をはかりたい旨、当時のGHQ連合国総司令部に要請していましたので、それに対する回答のようにも見えますが、違っていました。官房長官の岡崎勝男が民政局のホイットニー局長に詳細を聞きにいくと、「普通の警察ではなく、内乱や外国からの侵略に対抗する部隊であって、隊員にはカービン銃を持たせる。将来は大砲や戦車をもつことになるだろう」と言うのです。つまり軍隊ではないか。

要するに、「米軍は朝鮮戦争に四個師団を持っていくことになっており、日本からいなくなるのでその分を日本で請け負え」というわけです。国際情勢が緊迫しており、マッカーサーの命令とあれば引き受けざるを得ません。吉田はこれを許諾します。

では、その法律の裏付けはどうするのか。当時、日本は連合国に占領され、連合国最高司令官総司令部（GHQ／SCAP）の命令だけでつくられる法律、ポツダム命令（法）というものに支配されていました。警察予備隊を、そのポツダム命令に基づく組織としてしまうと、将来占領がおわればその法律が解消されることも考えられます。名前はともかく実態は軍事組織となるので、そんな時限的な法的根拠だと将来に問題を起こす、そう考えて、閣議決定に基づく政令で警察予備隊の編成を決めました。

八月十日、閣議決定（警察予備隊令公布、施行）。十三日に隊員募集開始。二十三日に第一回の入隊があり、以降十月十二日までで十一回に分けて合計約七万五千人が入隊します。七月のマッカーサー書簡から三カ月。じつにスピーディに編成が行なわれました。

ちょうどこの年のはじめから吉田はダレスと講和条約の内容について交渉していましたが、顧問団として二つのグループを持っていました。一つは辰巳栄一元陸軍中将（吉田が駐英大使だったときの駐在武官）、もう一つは、小泉信三（慶応義塾大学塾長）などの単独講和をすすめる文化人グループです。マッカーサーからの指示を受けたときに、これは軍事なので辰巳に相談しています。

そのなかで明確にさせようとしたのは、軍事機構であるけれども文民支配を貫くということです。しかも吉田は、再軍備に基本的に反対であるが、マッカーサーが言ってきたので受けざるを得なかったという経緯を強調しました。その際こんなことを言っています。

「私は、再軍備などを考えること自体、愚の骨頂であり、世界の情勢を知らざる痴人の夢であると言いたい。敗戦日本がいかに頑張ってみてもとうてい望みうるものではない」

いま軍隊を持ってもつよい軍隊なんてつくれないのだと言っているのですね。再軍備に反対する理由の第一だというわけです。

「第二に国民思想の実情からいって、再軍備の背景たるべき心理的基盤がまだ失われている。第三に、理由なき戦争に駆り立てられた国民にとって、敗戦の傷跡がいくつも残っておって、その処理の未だ解決せざる」ときに、再軍備などまだ無理であると言って、軍隊ということばを使わないと述べています。

●暗躍する服部卓四郎元作戦参謀

八月に入って、越中島の元東京高等商船学校に警察予備隊本部がおかれました。ここに米軍軍人も加わって準備がはじまった。

八月十四日。初代警察予備隊本部長官には増原恵吉が任命されます。彼は内務省出身で警察官僚をやったのち、戦後は香川県知事の座に就いていました。警備局長は石井栄三、この人も内務省出身です。ふたりとも警察畑を歩んでいますが、地方局畑なのでどちらかというと軍事に対してはアレルギーをもっている人物でした。

隊員を集めるに際して、吉田は条件を出します。佐官クラスで大本営にいたもの、かつての主要な作戦にかかわったもの、それらはいっさい排除する。旧軍の尉官クラスは構わないが、そのかわり思想調査を徹底してやるというものでした。

その選考は内務省の課長クラスがやることになって、旧陸軍関係はのちに官房長官になる後藤田正晴、旧海軍は海原治《かいはらおさむ》が担当しました。この話を私は後藤田から直接聞いたのですが、長官の増原や、吉田首相のところに行って、この男はどうでしょうといちいちお伺いをたてたそうです。にもかかわらず、あろうことかGHQの参謀第二部、G2ですね、そのウィロビー部長の筋から服部卓四郎一派を警察予備隊に入れろと迫られた。服部は陸軍士官学校第三十四期で秩父宮と同期の元陸軍大佐です。参謀本部第一部第二課の作戦課長でした。

その当時、服部らはウィロビーのG2の下で「マッカーサー戦史室」という部局をあたえられていました。戦犯訴追しないことを条件に、中国・朝鮮の共産党の情報や旧日本軍関係者の情報などを提供するとして、ウィロビーの翼下に入ってきたといわれています。ここには、参謀本部第二部長で諜報関係を担当していた有末精三元陸軍中将や、終戦時の参謀本部次長河辺虎四郎元陸軍中将ら大物も名前を連ねていました。

ウィロビー筋からの要求を吉田首相が断固としてはねつける。「参謀本部にいた者や作戦にかかわった佐官連中は決して入れるべからず」と、吉田から後藤田は、なんども指示されていたそうです。海軍関係は海原が担当し、おなじく軍令部の者は入れるなと言われていました。後藤田、海原ともに昭和十四年の内務省入省組。それぞれ陸軍に入営して士官になっていますが、主計畑ですからそれほど軍のことを知っているわけではない。増原や石井や吉田茂に言われたとおりにやったそうです。

余談ですが、海原はこのあと防衛庁にながく在籍し、権力を握ります。防衛庁の「海原天皇」とまで言われて恐れられることになる。山崎豊子のベストセラー小説『不毛地帯』は作戦参謀の瀬島龍三がモデルといわれていますが、この小説の中では鼻持ちならない官僚として描かれています。中曾根康弘元首相が防衛庁長官をやっていた時期、海原は国防会議事務局長の職にありましたが、中曾根を痛烈に批判していました。対する中曾根は内務省では二年後輩にあたるのですが、海原のことを「国防会議事務局長ごときは〝お茶くみ程度〟だからその発言など取るに足らない」などと、国会の公の場で痛烈に皮肉りました。そんな状況を将来迎えることになるとは夢にも思わず、この頃海原は警察予備隊の隊員集めに奔走していたわけです。

入隊に際しては試験を行ないます。九月二日に応募が締め切られ、応募総数は三十八万二千三人。定員の五倍強に達しました。このうち二一パーセントにあたる七万九千五百六十八人が合格。七万四千五百十人が実際に入隊しましたが、このうち半数が軍隊経験者でした。残り半数は旧軍の徴兵検査の対象に達していなかった二十代前半の者が占めていました。

これは後藤田の証言ですが、当時の警察である国家地方警察を通じて、不穏分子がまじっていないか合格予定者の徹底調査を行なったそうです。破壊分子つまり共産主義者、刑事事件に連座した者、公職追放になっている右翼分子はいないかなど調べたが、合格決定までに調査が行き渡らず、決定後にいかがわしい前歴を発見して入隊を取り消したこともあったそうです。

当時の警察の体制は、現在のような警視庁と各都道府県警察本部という自治体警察ではありませんでした。昭和二十二年につくられた旧警察法により、札幌、仙台、東京、大阪、広島、福岡に警察管区が区分けされ、その下に各都道府県の国家地方警察（略称、国警）が置かれていました。入隊式などは、したがって各国警の施設が使われた。その後隊員は、全国二十八カ所の米軍キャンプで十三週間にわたる訓練を受けています。

訓練には米軍があたりました。通訳がつくのですが、日本の軍隊用語を知らないため、にわか翻訳で指示命令を出すことになります。それが大きな混乱をきたしました。たとえば「右向け右」という号令が「まなこ、右」となる。すると目だけを右に向ける者がいたとか（笑）。行進の指示も直訳日本語で理解不能だったそうで、ただちに旧軍の用語に変更されました。

隊員の募集のつぎは幹部クラスの採用となるのですが、この段階でもまた服部卓四郎や有末精三らのグループを入れろとウィロビーから圧力がかかります。ところがマッカーサーが服部らを呼びつけて、旧軍幕僚たちはこの警察予備隊の組織には一切かかわるなとクギをさします。それでようやく服部らが軍事組織に復帰する工作はなくなったといわれています。これが昭和二十六年八月十五日だというのですが、マッカーサーの記念日好き、日付合わせがここにも表れています。東條英機ら七人のA級戦犯の処刑日を今上天皇明仁の誕生日、十二月二十三日にしたのは、日本人の記憶にそのことを深く刻むためとも言われておりますが、その真偽はともかく。

すでに見てきたとおり、朝鮮戦争がはじまるや、アカハタが発行停止となり、報道機関に対してレッド・パージを始めます。それから共産党幹部への逮捕命令などがあり、これこれらをさして「逆コース」とするのか、あるいは警察予備隊創設をとらえて、これこそ「逆コース」とするのか。アメリカが発動したもの、また日本の権力中枢がそれに呼応してはじめた政策、それぞれ、どれが「逆コース」の起点なのか種々議論があります。

関連して、つくづく「皮肉だなあ」と思った話を紹介させてください。警察予備隊を主導した内務省の連中はどちらかというとリベラルな考え方でしたし、吉田首相も旧軍嫌いでした。お話ししたように、この両者が中心になってつくった警察予備隊は、当初旧軍の影響を削ぐ方針をとった。しかし入隊式以降、訓練をやってみると満足に行進さえできないというのです。そこで吉田茂に相談された辰巳栄一が現場を視察。その結果、やはり旧軍の力も入れないと機能しないという結論になりました。そうして職業軍人を採用する幅を広げることになった。じつはこの辰巳栄一、自衛隊や内閣調査室の創設にかかわる内部情報を、ＣＩＡをつうじてアメリカに提供していたというのです。早稲田大学の有馬哲男教授が米国国立公文書館の資料から証拠を発見しました（共同ニュース、二〇〇九年十月三日）。辰巳に関するファイル（一九五二～五七）が存在し、「首相にちかい情報提供者」としてその名がＣＩＡに登録されていました。けっきょく吉田が考えていたこともアメリカに筒抜けであったということでしょうか。また吉田への辰巳のアドバイスには、米軍の影響があったのでしょうか。謎が残ります。

ともあれ昭和二十六年の六月に旧陸軍士官学校・海軍兵学校出身者が幹部候補として入隊しました。八月、九月には旧軍の尉官、佐官クラスを幹部として登用することになります。その時はからずも明らかになるのが、中枢で戦争を押し進めた参謀たちに対して、外地の前線でたたかっていた司令官や参謀、駐在武官などが強い反発を抱いているということでした。警察予備隊創設を契機にしてその対立がふたたび浮き彫りになりました。

いっぽう服部卓四郎らのグループは、マッカーサーに拒絶されたことで吉田茂首相に恨みを抱き、昭和二十七年七月に暗殺計画・クーデター計画を実行しようとしていました。それを止めたのが、服部の参謀本部時代の盟友、辻政信でした。ＣＩＡ文書が解禁されて、服部卓四郎らの吉田首相暗殺計画があったことが明らかになったのです。この事実は二〇〇七年二月二十七日の読売新聞に発表されています。

戦後日本は警察予備隊をつくり、それが保安隊になり、自衛隊を生むという経過をたどりました。ここから分かることは、再軍備をめぐる占領時代の諸政策はアメリカの一存、アメリカの国益、アメリカの思うとおりに行なわれたということです。吉田は憲法九条を盾に取って再軍備に抵抗しましたが、結局はアメリカのご都合主義的な占領政策の変更に押し切られてしまったのです。

討論

半藤　服部卓四郎ら服部機関の暗躍についてですが、松本清張さんがそれを描こうとしていました。私は清張さんに呼ばれて調べるように指示されたのですが、調べれば調べるほど、服部たちの動きと、ホイットニーとウィロビーとの暗闘とがからんでいることがわかりました。服部機関が日本の再軍備を画策して動きだすタイミングは、じつはかなり早かった。昭和二十三年くらいには構想ができていました。昭和二十五年七月にマッカーサーが警察予備隊創設を要請したとき、真っ先に出てきたのが、服部機関がつくった構想だったのです。その青写真を見せられた吉田茂は「東條の秘書官が三人も四人もからんでいる服部機関のプランなど採用できるかッ」と一喝したそうです。吉田の暗殺計画があったことは保阪さんが紹介されたとおりですが、暗殺の動機はやはりこのことだったようですね。これは旧軍人から聞いた話ですがね。けっきょく最後は、GHQ内部の権力争いで、ホイットニーがウィロビーに勝ったことによってウィロビーに囲われていた服部機関はポシャってしまった、というわけです。まあ、いずれにしても日本の再軍備の話はアメリカの権力争いのなかから出てきたものでした。

保阪　周知のようにウィロビーは、徹底した反共主義者でそのためホイットニーやケーディスと対立していました。吉田茂はホイットニー派というわけではなく、表向きどちらかに肩入れすることはしなかった。ウィロビーとは帝国ホテルで、裏階段を昇って極秘で会っていたと言われています。ここで情報交換し、ウィロビーに頼み事もしていたのでしょう。しかし、こと警察予備隊創設に関しては、吉田はウィロビーになにも話はしなかったのではないか。そのあたりは、どうですか。なにか取引めいたものがあったのでしょうか。

●GHQの権力抗争に翻弄された「再軍備」

半藤　GHQの裏側の工作の話とか、日本のロビイストがどう動いたとかという話になってくると、そのあたりは非常にむずかしいですね。松本清張が書こうとしていたことも、検証するのはなかなか困難でした。

松本　隊員の総数が昭和二十七年に十一万七千五百に増えますが、これは海上警備隊(のちの海上自衛隊)を創設するための増員でした。そして海上警備隊が訓練をしようとすると、やはり専門的なノウハウが求められ、旧海軍の尉官、佐官クラスが必要になって、旧軍関係者が続々と海上自衛隊に入ってくる。そのようにして警察予備隊、のちの自衛隊に旧軍の幹部だった人たちが陸海軍とも入ってくることになりました。

竹内　その一年前のことですが、昭和二十六年の四月十七日、アメリカの国務省と陸海空三軍の情報機関と統合参謀本部の関係者が集まって日本の再軍備のフィジビリティスタディ(実現可能性研究)をやった記録がＣＩＡ文書にあります。そのとき、「いま警察予備隊は七万五千人ということだけれども、日本はマンパワーや旧軍の訓練の蓄積があるので、短期間にもっと軍の増強ができる。日本の政治家でもそういう考えの者はいる。ただし、今は国民が疲弊しているのですぐには無理だろう。けれども、彼らは能力があるのだからアメリカが少し手助けすれば、日本のポテンシャルであれば軍備強化はすぐにできるだろう」という意見がでていました。さらに「もしそれをやっても、対抗してソ連がでてくることはないであろう」と。また、再軍備への近隣諸国の反応も予測するなど、ここでは詳細には触れませんが、かなり綿密なシミュレーションをやっている。つまり朝鮮戦争を契機にして、米軍の戦略的な計画としても日本の再軍備は考えられていたということだと思います。

保阪　四月十七日というとマッカーサー退任の直後ですね。そのあとの九月に講和条約を調印するわけですが、講和の交渉をやっている途上、アメリカは早くもそんなふうに考えていたのですか。

半藤　アメリカとしては日本に再軍備させてアメリカ陣営を固めるという考えがもうすでにあったということですね。ということはやっぱり、服部機関なんかが出てきて怪しげな再軍備、旧軍復活の工作がうまく運ぶようなことになったら、米国主導で再軍備を強く要求され、もっと本格的な再軍備にされていたかも知れませんよ。警察予備隊程度でおさまったのは偶然かも知れない。私たちはもう少しこの問題を真剣に議論しておく必要がありますね。

保阪　吉田茂が憲法九条をもって、あるいは経済状況を理由に再軍備にブレーキをかけたことは、いまとなっては評価されて然るべきでしょうね。ところが元・外務官僚、孫崎享さんの著書『戦後史の正体』では、吉田茂は「対米追随派」とされています。アメリカは朝鮮戦争でもイラク戦争でも日本の軍隊を使おうとしていたのだが、しかし日本はそれにこたえなかった。なぜなら日本の「自主独立派」の力が弱くなかったからだと、孫崎氏は論じています。吉田を「対米追随派」の典型として、その外交をことごとく孫崎氏は批判するのですが、いっぽう重光葵《しげみつまもる》、芦田均は評価が高い。それから鳩山由紀夫元首相を評価しています。これに説得力があるかどうかは、また別問題ですが、そういう見方もあるのか、と。

竹内　孫崎氏の吉田批判はもの凄かった（笑）。

半藤　孫崎氏が吉田をあれだけ批判するのは、吉田が当時の外務官僚たちに「君たちが政治の世界に出てくるのは許さん」と押さえつけたからという見方があります。孫崎は当時の外務官僚の系譜にいるのでしょう。吉田に当時許しがたい思いを抱いたにちがいないんです。吉田ドクトリンに対する反感は、やっぱり政界から外務官僚を排除したことに原因がありそうだ。政界に出られないとすると、彼らのいちばん大切な〝天下り先〟がなくなってしまいますからね。

松本　あのころはそうだったようですね。いまはわざわざ政界に出ずとも天下り先は、国際交流基金とか、プロ野球コミッショナーとか、いっぱいありますけどね（笑）。それと、孫崎さんによれば全部アメリカの陰謀にされている。

保阪　外務官僚の人脈というのは、「対米追随派」か「自主独立派」か、などというほど単純なものではないと思いますが、どうですか。

半藤　そんなに簡単ではないです。それにしてもこの再軍備の動きのなかで、外務省は何もしていませんね。

保阪　講和条約の交渉に忙しかったからでしょう。のちの外務省条約局長の西村熊雄が代表格でしたが、彼らは吉田に言われた素案づくりに全労力を注いでいました。大使級の外交官には公職追放された者も少なからずいて、だいたい二千人くらいしか外務官僚がいなかった。人手不足という事情もあったのではないですか。

半藤　警察予備隊を、警察の下部組織にしたのはだれのアイデアですか。

保阪　治安維持部隊だから警察では力不足だが、さりとて軍隊をつくれとは言えない。GHQのジレンマですね。それで「警察の予備の部隊」ということにした。元々軍隊という発想ではなかったはずです。国内の治安維持のための部隊という発想ですよね。そこにいろいろな思惑をもった米軍関係者や旧軍復権派がからんできて、だんだん話が大きくなって進駐軍にとってかわる軍事組織に、という構想に傾いていった。吉田がそれにブレーキをかけるけれども、日米ともに再軍備させたい勢力が強かったということではないですか。

半藤　ですからさっきも言ったように、筋の悪い服部機関らがもう少し沈黙していてシャシャリでてこなければ、純粋に軍事問題として話が広がった可能性があります。

保阪　逆に言えば、そうなれば憲法を変えないといけなかったはずです。もしかしたらGHQも憲法九条を変えようとしたかも知れません。マッカーサーはそれ以前に「アジアのスイスたれ」なんて言っていたものだから、行きがかり上、九条改定には乗れなかったでしょうけれど。

竹内　ちゃんと軍隊にしていたら、政治評論家の堤堯氏の言うように、やはり朝鮮戦争にもっていかれたでしょうね。連合国軍の一員にされたかもしれない。

●再軍備について天皇は発言したか

半藤　天皇は、この再軍備についてはどう考えていたのですか。吉田が内奏しているはずですから、なにか発言があったと考えられるのですが。

保阪　天皇がどう言ったかの記録は出てきていませんが、ひとつ思い出しました。田中角栄内閣のときに増原惠吉防衛庁長官が、「防衛問題はむずかしいが、国の守りは大事なので、旧軍の悪いところは真似をしないで、よいところは取り入れてしっかりやってほしい」と天皇から言われたと、記者会見で公表してしまった。冒頭にお話ししましたように、増原は初代警察予備隊本部長官です。防衛庁長官として防衛法案審議で苦労している増原に対して天皇が、あのときはご苦労だったなとか言われ、慰労されたのではないですか。増原はそれに感激してつい喋ってしまった。野党からは、天皇を政治に利用していると言って批判され、大騒動になりました。すぐに防衛庁長官を辞任しましたね。

半藤　なるほど、あのときの増原長官は初代長官でしたか。ところで服部機関は、朝鮮戦争を予測していたのですかね。再軍備の具体的な計画までつくっていたというのは、なにか指示をうけたともとれませんか。

保阪　朝鮮戦争については、「マッカーサーが日本に軍隊をつくらせるために工作した」とか、ダレスが直前に韓国を視察していることなどから、「アメリカが挑発して北朝鮮がそれにのったことによって起きた」などと、かつては言われていましたね。ずいぶん長い間、アメリカ挑発、陰謀説がもっともらしく語られていたけれども、実際はそうではなくて、アチソン国務長官による防衛ライン発言（フィリピン—沖縄—日本—アリューシャン列島のラインが防衛線）に朝鮮半島がなかったため、北朝鮮の金日成が、アメリカは韓国を拋棄すると勝手に解釈して、それをネタにソ連・中国をうまく手玉にとって協力をとりつけたのが発端です。北朝鮮の野望だったというのがいまでは定説になっています。警察予備隊の話は、朝鮮戦争がはじまってから出てきた話です。朝鮮戦争に派遣する米軍の穴をうめるための部隊という発想ですから。

半藤　服部機関は朝鮮戦争には関与していなかった。というかそんな情報ももっていなかったということですね。ただ朝鮮戦争に関係なく、自分たち主導による再軍備を画策していたということだけは確かです。

保阪　服部機関がウィロビーにふれこんだ中国・朝鮮の共産主義者情報をもたらすというのも、話だけで実際はなにもないでしょう。それよりも彼らを許せないのは、「マッカーサー戦史室」という組織にいて、とんでもない高い給与を得ていたこと。当時は食料難でみんなが飢えていた時代なのに、かつての敵であるアメリカに守られてぬくぬくと生きていたことです。

半藤　あの時代に王侯貴族のような生活をしていたんですからねえ。

保阪　国を壊して売るとでも言えるような所業です。それで自分は参謀長になるというのだから、とんでもないです。

竹内　ノモンハンのときにも大した責任をとらなかったですが、戦後になっても何も反省があるように思えないですね。天皇でさえ退位を考えたのだから、服部卓四郎は引退どころではない。責任をとらないといけなかったにもかかわらず、参謀長に自薦するのですから呆れてしまう。

半藤　それをまたウィロビーがオーケーしているのですから、日本もなめられたもんだ。

竹内　服部機関の構想にずいぶん大勢の旧軍人が集められたのですよね。

保阪　そうなのです。旧軍復活に際しては、そこにその連中の名を連ねるというわけです。

半藤　あの名簿は公表したほうがいいね。

保阪　そうですね、いずれ。あの名簿に軍令部の軍人も入っています。この人たちは、野心のない真面目な人たちですが、かれらを入れたのは服部らの野心を外見上薄めるためです。イメージをよくしようと姑息な手をつかった。大井篤も入っていますが。

半藤　あれは大井さんが戦史を書くため、というか本当に戦史を書くつもりで名簿入りを了承したのであって、服部の計画なんてまったく関知していない。

竹内　服部機関はマッカーサー戦史をアメリカで出版したようですね。

保阪　『マッカーサー戦史』はアメリカではまったく評価されていません。ですから当然日本では出版されていません。服部は『大東亜戦争全史』という本を日本で出すのですが、これがとんでもないシロモノでしてノモンハン事件などにはふれていない。あれを信用して引用している本にろくなものはありませんね。「売国奴」なんて言葉はいやな言葉なので使うのも背筋が寒くなりますが、あえて言うなら服部卓四郎こそ、その言葉があてはまる人物だと思います。

半藤　服部は、圧倒的に不利な戦況にもかかわらず戦線拡大して大損害を被り大量の戦傷者をだしたノモンハン事件では作戦主任参謀ですし、対英米開戦への推進もやっている。ガダルカナル島の戦いではいい加減な報告を上げて補給もせず、結局二万人以上を死なせている。このほとんどが餓死ですよ。ああいう人物をまた起用するなんて、ウィロビーも何を考えていたのか。吉田首相が怒るのも無理はない。

保阪　服部のような作戦参謀は、日本兵を何万人殺したかわからないですね。同じ東條英機首相兼陸軍大臣の秘書官をやった者でも井本熊男なんかのほうが、まだましだったと思います。井本はのちに自衛隊に入って、統合幕僚会議事務局長、幹部学校校長になっていますが。ところで半藤さん、この服部機関について松本清張は、どこまで書こうとしたのですか。

半藤 服部機関の謀略について相当調べておられましたが、さきほども言ったとおり実証がまことに難しかった。そのせいでしょうか、清張さんが書こうとしていた作品は、小説仕立てで女がからんでくるというもの。ヒロインは旧財閥家の娘で欧州育ち。大学教授夫人が登場して人間関係が入り組んで……まことにドロドロとした物語になる予定でした。残念ながら倒れてしまってスタートも切れていませんでしたが。

竹内 国民としては警察予備隊をどう思っていたのでしょうか。

保阪 社会党は「これは軍隊ではないか」と追及していましたが、一般の人からすると、さて、当初はどうだったのでしょうか。むしろ朝鮮戦争のほうに意識がもっていかれていたように思いますね。九州に飛び火してくるかも知れない、というような心配もありましたから。

半藤 警察だと言い募っていたわけだから、国民にはよくわからなかったのではないですか。そう、ちょうどこの年にうちの親父が亡くなったんだ。いつも何かおもしろい見方をする男だったから感想を聞いてみたかったけれどもね。

●「戦力なき軍隊」という詭弁

竹内　「戦力なき軍隊」という吉田の有名なことばがありましたね。吉田が国会で追及されて、苦し紛れに口にした名文句。

半藤　それはもう少しあとではないですか。警察予備隊創設は昭和二十五年の八月。その発言は、予備隊が保安隊になってどんどん軍隊らしくなっていくときだから昭和二十八年ごろではなかったですか。それにしても、詭弁だね。

保阪　吉田はじつのところ、内々には「これは軍隊」と言っていました。後藤田たちに指示するときに、「実際は軍隊なのだから人事には気をつけろ」などと言っていた。それから防衛大学校ができて、学生に話すときには「君たちは軍人なのだから」と言っている。つまり吉田も重々承知なんです。再軍備と言った途端、憲法論やアメリカとの関係とかズルズルと問題点が出てくるので、それこそ「戦力なき軍隊」、軍備ではないと言わざるを得なかったわけですね。

半藤　たしかに最初は、みんな警察が拡大されると思っていた。ところが旧軍人が採用されるときいて「なんだ軍隊か」と分かってしまった。軍隊の母体になるだろうということは、その頃にはうすうす気づき始めたと思います。

保阪　警察予備隊は待遇が良かった。給料がよくて、二年で退職金がもらえるというので応募が増えました。

松本　退職金が六万円といいますから、いまの感覚では六百万円くらいでしょうか。ずいぶん厚遇でしたね。

竹内　それから言っても、これはやばい仕事だということはわかったでしょうね。すぐ隣の朝鮮では戦争がはじまっているのですから。

保阪　いまもそうでしょうが、とくにあの当時は多くの日本人に「軍隊」ということばへのアレルギーがありましたね。とりわけ女性にはそのアレルギーが強かった。

竹内　先ほど挙げたアメリカ情報機関の会議でも、その軍隊アレルギーはちゃんと計算にいれています。再軍備してアメリカに与《くみ》したときの日米双方のメリットをたくさん上げて、そのためにはアレルギーを抑えて再軍備させなければ、と述べています。

保阪　最近亡くなった山口シヅエが国会議員に戦後最初の選挙で当選しますね、昭和二十一年。このときまだ三十歳前でしょう。戦争がおわった翌年、大日本帝国憲法のもとで行なわれた戦後最初の衆議院議員選挙です。昭和二十年十月に出されたGHQの五大改革指令に基づき、女性の参政権（昭和二十年十二月十七日、衆議院議員選挙法改正公布）が認められた歴史的なこの選挙で当選した女性議員のひとりです。山口自転車という家業を手伝っていた下町の娘さんでいますから、戦争反対を訴えた。山口自転車という家業を手伝っていた下町の娘さんでした。ながく議員をつとめて人気がありましたね。こういう人には軍隊アレルギーが強かったでしょうね。

松本　ただ昭和二十五年といえば、失業者がいっぱいで、旧職業軍人も困っていたし、公職追放された役人なども困窮していました。外地から引揚げてきた人たちも職がありませんでしたから、軍隊アレルギーなんて言っている場合ではないという人たちも大勢いたはずです。日本でもアメリカでも、失業者がたくさん出るときには軍隊がその受け皿になりますよね。このときの日本は、そんな状態でしょう。

半藤　たしかに就職難でしたね。昭和二十五年といえば、焼け跡闇市の時代がおわって、定職を得ることにみんなが必死だったはずです。地方では農地解放されたけれども、戦争から帰ってきた農家の次男・三男にまでまわす農地はそんなになかったでしょうから、やはり軍隊にお世話になって、という発想もあったのではないですか。私は昭和二十八年に学校を出て就職しましたが、たいへんな就職難でした。とくに教育制度のかわり目の世代ですから、旧制と新制が両方いっぺんに出たもので、人が二倍ですよ。優秀なのも無能なのもみんな二倍（笑）。

保阪　国鉄もずいぶん採用しました。それから炭鉱も人を雇いました。就職難でしたから、炭鉱労働者にたいへんなインテリがいた時代ですね。

半藤　炭鉱労働は過酷だから、それよりは警察予備隊がいいと思った人もいたのではないですか。

●驚きの競争率「少年自衛隊」

松本 少年自衛隊(陸上自衛隊少年工科学校)の募集というのが昭和二十九年の新聞に出ていました。第一回が昭和三十年、三百十人の募集に一万一千百三人が応募した。これはものすごい競争率です。中学卒業生を対象にした制度で、自衛官として採用するわけですから国から給与が支払われます。朝鮮戦争あとの不景気の時代で、優秀でも高等学校にいけなかった生徒がこれを選んだのではないですか。

保阪 兵隊というより幹部養成ですね。じっさいずいぶん優秀な人材が集まったようです。

松本 第一期の三百十名は、陸上自衛隊が久里浜通信学校に六十名、勝田施設学校に二十名、土浦武器学校に六十名。海上自衛隊には、舞鶴練習隊に百二十名、航空自衛隊は防府教育隊に五十名が配属されています。その後もこのコースは人気があって、高等学校ではないのですが、普通科の高等学校の通信科と提携して高校卒業資格も取れました。久里浜通信学校は神奈川県の湘南高校と提携していました。ここを卒業して一般大学に進んだり、防衛大学校に入ったりもできた。予算の問題などがあって現在はこの制度がなくなっていますが。しかし、二十倍にも達する高競争率はずっと続いていたそうで、廃止される直前でも十倍を超える難関でした。

保阪 昭和三十年が第一期ということは、私らの世代ですが、どんな人がいるのですか。

その後、どういう経歴を歩まれたのか、興味ありますね。

松本　軍事評論家の小川和久さんがそうですよ。名称が変更されていますが、陸上自衛隊生徒教育隊（第七期）に入って、その後陸上自衛隊航空学校を出られています。漫画家の本宮ひろ志さんは、第九期の航空自衛隊生徒ですし、いっとき話題になったグッドウィルグループの折口雅博さんは第二十三期自衛隊少年工科学校出身です。彼はその後防衛大学校に進んで卒業しています。

保阪　人材を輩出しているのですね。

松本　自衛隊にのこって、幹部になっている人も半分くらいいるようです。

竹内　ところで、現在日本は再軍備していますか（笑）。

半藤　していますよ。でも憲法があるから昔の軍隊のようにはなっていません。それこそ「戦力なき軍隊」とでもいわなければいけない。あくまで自衛のための組織。憲法は戦力保持を否定していますよ。しかしこの憲法でも自衛権は認められると解釈しているわけです。

保阪　憲法の条文と現実とが背理しているというのは、道徳的に問題あるでしょうね。われわれの時代、これまでは解釈の拡大でごまかしてきたわけだけれど、後世のひとからはこれはまやかしだと言われるかも知れません。

半藤　私たちの世代は、いかにインチキだったかと、後世のひとからは指弾されるでしょうね。

竹内　といって、インチキをやめるために憲法を変えよう、という話がいま盛んになっています。これはどうなのでしょうか。

少し長くなりますが、私は二〇〇〇年に、知日派で知られるロナルド・ドーア教授と元駐日イギリス大使サー・ヒュー・コータッツィのお二人に、ロンドンでインタビューしたことがあります。コータッツィは司馬遼太郎が根っからの親日家と評した人です。憲法第九条に触れてドーア教授は、改定に大賛成だ、として「狡猾ともいえるようなさまざまな解釈をほどこし『違憲合法』なんていうとんでもない言葉まで出てくる状態はい、い、い、不健全きわまる」から、と。ただし、「改定するにしても、日本人自身の手による平和宣言とするような改定ができるはずです。軍事力を保持するが、国家の防衛、国連の平和維持活動への参加、災害時の救助活動に限られる……というような。改憲はあくまで日本人の気持ちを整理するために」と言いました。

それを受けて元大使は、ドーア教授のいう意味で九条改定は必要だと思うが「心配も覚える。ナショナリストたちが天皇に関する条項も改憲しようとするかもしれない。人権の一定の条件下での制限条項を盛り込もうとする可能性もある」、それは絶対にいけない、と語っていました。思えば安倍首相はじめ最近の政界の動きを予言したような発言ですね。

松本　たとえば「戦車」というものは、戦争するためのものだけれど、日本は戦争をしないから「戦車」ではなく特殊車両「特車」を持っている、なんていう議論がありましたね（笑）。だけどそれは、おかしいだろうということで、いまは「戦車」という言葉を自衛隊も使っています。そういうインチキは、いまはなくなっています。そういう意味で多少はまともになったと考えるべきか。

半藤　ただし言っておかなければいけないのは、今の日本人のほとんどが軍隊というものを知らないということです。憲法改定論者は、軍隊によって外国の恐怖から守られると思っているだろうけれども、そのこととは別に軍隊による恐怖ということもあるのです。そのことをよく知っておく必要がある。だから昭和史を勉強してもらいたいと思っているのですがね。いかに軍隊によって、この国があらぬ方向に引きずられたかということは、ぜひ知っていてもらいたい。

松本　警察も怖いし、特高も怖い。けれども、なによりも憲兵がいちばん怖かったと言います。

竹内　最近、鈴木庫三《くらぞう》のことを書いた本がでましたね。『言論統制──情報官・鈴木庫三と教育の国防国家』というものですが、戦時中に苛烈な言論統制をやった情報局の鈴木少佐のことが、半ば好意的に書かれていて僕は驚きました。

松本　一九六〇年生まれの、京大の佐藤卓巳さんの本ですね。この本のなかに岩波書店の岩波茂雄のエピソードが出てきます。鈴木少佐がやってきて糾弾すると、岩波社長は部屋に飾ってある「五箇条の御誓文」を指さして、岩波の方針は明治天皇の言ったとおり「万機公論に決すべし」でやっているのだから問題ないはずだと追い払おうとするのです。ところが佐藤さんは、岩波茂雄がそんなことをやったという証拠はどこにもないという。戦後になってから、弾圧された側は自分の都合のよいように話をつくって戦時中の言論統制を批難していると、佐藤氏は論じていました。この本は、統制した側の行為をさばくのではなく、統制された側の欺瞞《ぎまん》をあばくという論旨になっていました。

竹内　文献だけで論じていると、あの時代の言論統制の息苦しさとか恐怖感というものが読者には伝わって来ないでしょう。

保阪　まったく同感です。時代の息吹きを伝えるのが私たちの役目とも思いますが……。

半藤　いずれにしても、この国が本格的な再軍備をするのかどうかについては軍隊というもののメカニズム、いや本質をよくよく知ったうえで、考えるべきでしょうね。

第十一章　レッド・パージ

報告

半藤　すでに第七章で見てきたとおり、朝鮮半島は南北に分断されて昭和二十三年八月十五日に、南には大韓民国が成立。おなじ年の九月九日に、北で朝鮮民主主義人民共和国が成立します。さらに中国では、毛沢東ひきいる共産党軍が蔣介石の国民政府軍を打ち破り、昭和二十四年十月一日に新しい中国、中華人民共和国の成立が高らかに宣言されました。

このとき私たち多くの日本人は、ときをおかず朝鮮半島で戦争が起きるなどとは思いもしなかった。北朝鮮の成立が報道された日、私が親父に「共産党の国が隣にできたけれども、あれはどうなんだい」と聞きますと、「そんなものはすぐ潰れるッ」と言っていたのを覚えています。うちの親父は戦争中、日本がアメリカに勝てるわけはないと言っておりまして、時代の風を読むことにかけてはけっこう目利きだったのですが、朝鮮半島についての読みは当たりませんでした。

そのころの日本はもの凄い不況下にありました。インフレは止まらず百円札では追いつかなくて、しょうがないから千円札をつくったんです。戦後初の千円札の顔は聖徳太子。発行は昭和二十五年一月です。大蔵大臣だった池田勇人《はやと》が「中小企業のひとつやふたつ、潰れたってやむをえない」と失言して問題となったのがこの年の三月のこと。こういう状況のなかで、共産中国を後ろ楯にして朝鮮半島であやしげな動きがあるなどということは、日本人はほとんど注意をはらわなかったのではないかと思います。

すでに議論に出てきた話題ではありますが、モスクワで、毛沢東の中国とソ連のあいだで「中ソ友好同盟相互援助条約」が調印されたのが昭和二十五年二月十四日のことでした。中ソの友好同盟条約は、第二次世界大戦終結と同時に結ばれていましたが、それはスターリンと蔣介石とが結んだもの。蔣介石の国民政府が台湾に追われ、中国大陸が毛沢東の人民共和国の支配するところとなったために、ソ連は新しい中国とあらためて同盟を結ぶこととなったのです。この条約の第一条がおもしろいので紹介します。

「日本あるいは日本と結びついた外国によって、中ソいずれかの国が侵略をうけた場合には、相互に全力をあげて軍事その他の援助を与える」

中ソ両国にとって、アメリカ側につこうとしている日本が、大きな関心事だったことがわかります。いっぽう不況にあえいでいた日本人が、「おや、少しおかしいな」と気づいたのは共産党への弾圧がはじまったときではなかったでしょうか。

中ソ友好同盟相互援助条約調印の、前日のことです。昭和二十五年の二月十三日、共産党山形県委員会が会合を開いたのですが、提出した申請書と実際の内容が違うと、団体等規正令違反で告発された。また、おなじような経緯でいくつかの団体がつぎつぎに告発されたのです。これが共産党弾圧の幕開けでした。もっとも大きな騒動になったのが、アメリカ軍のメモリアル・デイである五月三十日、皇居前広場に左翼系の約二百団体、約一万五千人が弾圧に抗議して人民決起大会を開いたときのことでした。そこに私服警官がまじっていて、いちいち演説をメモしたりしていたのが見つかって揉み合いになった。アメリカ人記者四人が巻きこまれて大乱闘になって、このとき出動したMP（憲兵隊）に八人が逮捕されています。

それまでGHQは、陰から圧力を加えるにとどめていたわけですが、この事件を契機に、ついに共産党弾圧政策を明確にしたのです。六月六日、マッカーサーから吉田茂首相への書簡のかたちで「徳田球一、野坂参三、志賀義雄、伊藤律、神山茂夫、宮本顕治など共産党のおもな幹部二十四人を公職追放せよ」と命令してきました。これが、朝鮮戦争がはじまるほぼ二十日前のことでした。ところが、その二十四人、全員が翌日にはスッと姿を消してしまった。たちまち地下にもぐってしまったのですから、それは鮮やかなものだったと言わざるをえない。GHQも共産党もたがいにスパイ活動はたいへんなものでしたから、共産党はGHQの動きを察知していたのかもしれません。

つづく七月十四日、法務省は二十四人の地下活動を団体等規正令違反として告発します。主要メンバー九人に出頭命令を出すのですが、わざわざ捕まりに出てくる馬鹿はいません。彼らにはついに逮捕状が発行された。その三日後、たたみ掛けるように今度は共産党の機関紙「アカハタ」が無期限発行停止になります。

弾圧は共産党だけにとどまりませんでした。日本政府はGHQの意向を受けて、公社や学校、民間企業にいる党員はもちろん、共産主義に同調的な、いわゆるシンパ、ありていに言うならば「少しでもアカっぽい連中はすべて追放せよ」という方針を進めていった。これが占領下日本の「レッド・パージ」でした。

もちろん大学も対象となりましたから、それらしい先生が追放されるらしいという噂がとぶと、学問の自由を信条とする学府でそんなことを行なうとはけしからんと、あちこちで大学闘争がまき起こったのです。このとき私は東京大学の二年生でしたが、駒場の教養学部でも学生集会がたびたび開かれました。揉みに揉んだ議論の結果、わが東京大学教養学部では、九月の上期試験をボイコットしようということに決定。さらには試験を受けに来る真面目な学生をキャンパスに入れないように、正門にピケラインを張ることにしました。

ピケの最前列には、ラグビー部、サッカー部、水泳部、そして私が所属していたボート部の、からだのでかい連中が並んでおまわりさんと対峙した。むろん私は最前列です。門柱の上に自治委員長の大野明男が立って、いっぽうの門柱の上に教養学部長の矢内原忠雄が立って二人が大声でやり合うんです。下にはわれわれピケ班が座り込んでいて、警官がそれをダーッと囲んでいました。一触即発といった空気になったとき、指示が伝わってきましてね。「お巡りに手を出してはいかん、足で蹴飛ばせ」というのです。その直後でした。警官がいっせいにかかってきて、組んだ腕と腕のあいだに警棒を突っ込んでゴボウヌキですよ。まさかお巡りさんが突っこんでくるとは思っていなかった。それで突き破られてピケはあっというまに崩れてしまいました。私は警官たちを蹴飛ばしてそうとう抵抗しました。でも、引っこ抜かれて逮捕されちゃった。全員身柄を渋谷署にもっていかれたんです。自慢じゃないが僕ももっていかれました（笑）。けっきょく調書をとられることもなく、ちょっと説教されて、その日に帰されましたがね。前期の試験がそれでパーになったかというと、そうはならなかったんです。十月頃にちゃんと行なわれたように記憶しています。

討論

保阪　時代を十年下った六〇年安保闘争とくらべると、警察当局の対応はずいぶん牧歌的だったのですね。僕らがデモで捕まって警察署に連れてかれたときはしっかり調書をとられましたよ。僕なんか名前を言わされ親の職業なんかを聞かれて、年寄りの刑事から「親が泣いているぞ、早く学校帰れ」なんて諭されて（笑）。ところで半藤さん、学内での反イールズ闘争はどうでしたか。

半藤　そちらはあまり覚えていないですねえ。

保阪　ごぞんじのとおり、W・C・イールズ博士は当時GHQの民間情報教育局（CIE）顧問で、昭和二十四年七月に新潟大学の開校式にやってきて、そこでの講演で「学園から共産主義者の教授とストライキをするような学生は追放せよ」と激烈にアジった。それを皮切りに各地の大学で同様のことを説いてまわりました。つまり大学から赤化勢力を駆逐せよと公然と叫んだわけですね。これに対していわゆる反イールズ闘争が本格化するのが、翌年からなのです。五月二日、東北大学でのイールズ講演を学生らが中止させ、学生大会に切り替えた。つづく十六日には北大でもおなじように中止させていました。

半藤　イールズは東大には来なかったのではないかしら。

松本　どうもそのようですね。今日は当時の東大闘争を取材していた朝日新聞の記者矢田喜美雄の回想文を持参したのですが、これに今の関連記述がある。経緯をわかりやすく伝えているので紹介します。

「占領政策が右旋回して、反共主義を明らかにした二十四年以降は、学生運動も政治的性格を現わし、平和と反戦の路線に変わった。この年春におこなわれた占領軍大学教育顧問イールズ氏の各大学をめぐっての反共講演は、期せずして全国的な抗議の波をおこした。イールズ氏は東大にはこなかったが全学連中央執行委員の東大生、安東仁兵衛君は新潟大学まで出かけてイールズ氏と対決、論争をやった。六月三日にはイールズ声明反対の全国学生ストとなり、これを指導した安東君は東大学生運動家として最初の退学処分をうけた人となった。ストが計画され実施される。大学当局は規則にてらしていやでも学生たちを処分しなければならない。またストが起る。また処分である。この悪循環はさい限もなく続いた。東大も学生運動に頭を悩ませていたときはまだよかったが、朝鮮戦争が始まると火は大学自体の足もとに延びてきた。進歩的といわれる教授たちの追放が始まったのである。レッド・パージの波は報道や出版界にまで及んだ。まさに狂乱怒濤の時代であった」

竹内　まさに昭和二十四年、二十五年は狂乱怒濤でしたね。じつは二十五年の一月にコミンフォルム（欧州共産党情報局）が日本共産党批判をやっているのです。

●日本共産党の方針転換とGHQ

保阪　そうでした。指導部数人が反マルクス主義、反社会主義で人民を欺いている、と強い調子で批判しましたね。このことは、それまでの日本共産党の、占領下であっても議会で多数をとり社会主義への移行が可能だとする方針に、大きな打撃を与えるものでした。この批判に対して反対する者と受け入れようとする者、真っ二つに分かれての党内闘争となるのですが、中国共産党などもコミンフォルムの批判を支持していることが明らかになると、日本共産党はそれまでの方針を変更して、GHQに対する敵対を明確にして、暴力革命によって政権奪取をめざすという色彩を強め、過激化していきました。

半藤　おっしゃるとおり過激化にシフトするのですが、日本共産党のほうは当初、GHQが強圧的に押さえてくるなどとは思っていなかったようです。

竹内　マッカーサーが非合法化を検討しているという声明を出したのは、憲法発布三周年記念日にあたる五月三日のことでしたね。

松本　その日の朝日新聞の見出しはどうであったかというと、「マ元帥・共産党を痛撃＝きょう憲法三周年記念日に声明」「公然と侵略の手先　いまこそ憲法の擁護へ」とある。マッカーサー声明の全文と解説記事が掲載され、さらに声明に対する社会党の浅沼稲次郎書記長の談話「共産党非合法化は問題」が紹介されています。

半藤　そして翌月、六月六日にGHQはついに共産党弾圧政策をとりはじめた。幹部二十四人の公職追放がマッカーサーから吉田茂首相に指示されたのは冒頭申し上げたとおり。

竹内　それについて、経済学・経済史がご専門で『昭和史』（東洋経済新報社）の著者、中村隆英さんが同書でこういうことを言っておられる。なぜ追放したかというと、「その真相は、極東コミンフォルム・アジア書記局とソ連代表部のG機関とが共産党に対して、日本在住の外国人共産主義者と統一して革命戦線をつくるように促し、武力闘争を行うような準備が進んでいるという情報を総司令部が入手した結果であった」と。それがその公職追放につながっている、と。ただ、「この情報の真相はいまも不明のままである」とも書いておられます。

半藤　共産党弾圧が始まったのを見て、私たち若者は少なからずショックでしたね。民主主義においては思想信条の自由は保証されるはずではなかったのか、おかしいではないかと憤りましたよ。じつはそのときもう朝鮮半島では、ドンパチが始まり出していたのですね。

竹内　朝鮮での戦争勃発、それは日本人だけではなく、アメリカ人もまったく予期していなかった。それが証拠に、直前まで日本との講和について全然違う考え方をアメリカはしていたのです。ソ連・中国もふくめて連合国全体で日本と講和するはずでした。なにしろスターリンでさえ「戦争始めるべからず」と、北を抑えていたのですから。

半藤　そう、アメリカも予期していなかった。前年の昭和二十四年六月二十九日には、駐韓米軍の撤退を完了させていたのですからね。いずれにしても、占領期前期の民主化と非軍事化が否定されて、占領政策が大きく旋回することになった原因は、やっぱり朝鮮戦争ではないですか。戦争が始まったのは六月二十五日ですが、日本本土にいるアメリカ軍がぜんぶあちらに行くとなれば、からっぽになったところで共産主義者が蜂起したらたいへんだということになった。朝鮮戦争がはじまって以降のレッド・パージの勢いは、それこそ狂乱怒濤となりました。

松本　前年の、昭和二十四年十二月九日にアメリカ・ワシントンで、国務省協力、米国教育協議会主催の「第一回占領地域に関する全国会議」が開かれていました。参加国としてアメリカが呼びかけたのが日本、ドイツ、オーストリア。このとき、日本派遣団の一員だった、東大総長の南原繁が講演をしている。講演の主題は「日本における教育改革の理想」。そのなかで南原はこう述べていました。

「必然的に左翼教授の問題に及ばざるをえない。この問題は日本において特に慎重な取り扱いを必要とする。日本の諸大学における共産主義者追放に関して我々が真に憂慮することは、もしあまりに機械的画一的な摘発の方法をとるならば、我々の同僚である多数の自由主義者が再び犠牲に供される恐れがあることである」

国際会議の場で左翼教授の追放に対してはっきり異論を唱えていたのです。

竹内　ははあ、そういう国際会議での発言でしたか。僕はその講演内容を、活字になったものを読んで知っていたのですが、いったいどういう場所で行なった講演だったのか、かねて気になっていたのです。じつはその年の十一月にアメリカ国務省は「日本との講和に関して検討をはじめた」という声明を出している。その直後だったのですね。

松本　そう、まさに南原は、この会議自体が「予備的平和会議である」とも言っておりまして、「全面講和」という言葉こそ使ってはいませんが、「アメリカおよび全連合軍諸国が、一日も早く日本との平和条約締結に一致協力されることを切に希望致すものであります」と言うのです。「しかしながら悲しむべきことには、現在世界は完全に相反する二つの陣営に相分れ、いたるところに対立を示しつつ、ヨーロッパもともに冷たい戦争の舞台と化しております。……日本は厳正なる中立を守るべきであり、いかなる戦争にも介入するべきではありません」と。

半藤　南原さん、あるいはその周辺の人たちは、東西が何らかのかたちで衝突することを予想していたのですかねえ。

松本　そういう可能性はあると見ていたのでしょう。だからこそ日本をいずれかの側だけに与するようにはしてほしくない、という言い方ですね。

竹内　昭和二十五年二月十四日の中ソ条約の締結によって、中国の共産圏入りが明らかになったことは、アメリカにとって相当大きな衝撃だったはずです。しかし、ダレスにこの時点で危機意識があったかというと、じつはそうでもなかった、ということについては講和問題のところで触れます。

●レッド・パージの矛先

半藤　いずれにせよレッド・パージの矛先は、真っ先にジャーナリズム側に向けられた。そのことは、ちょっと妙な気もしますね。

保阪　新聞が赤化していると見ていたのでしょうか。

半藤　ということなのでしょうね。七月十八日の「アカハタ」無期限発行停止が新聞に対する弾圧の手始め。で、七月二十四日に「新聞社に共産党員とその同調者の追放を指示」、なんです。新聞社全部に波及した。

竹内　昭和二十五年六月六日に、日本共産党幹部二十四人を公職追放したときのマッカーサーの所感の一節を紹介しておきます。言い草がおもしろい。

「彼ら（共産主義者）の強制的手段は、過去の日本の軍国指導者が日本人民に与えた方法と驚くほどよく似ている」。

だから追放するのだと正当化していました。こういうロジックなら受け入れられると思ったのでしょうね。というわけで、レッド・パージによって民間で解雇されたものは、一万九百七十二人となりました。この年の十二月の統計ですが。

半藤　ちょっと細かくなりますが、おなじく十二月の統計で私が調べてきたその内訳を紹介します。民間企業では、電気産業二千百三十七人、石炭二千二十人、化学・石油千五百一人、日本通運・私鉄千四十人、鉄鋼千二人、新聞・放送七十余人、印刷・出版百六十人、映画百十三人。新聞・放送や出版といったマスコミが少ないように見えますが、当時はまだまだ小さい業界ですから、比率としてはかなりやられていたのです。そのほか細々としたものも入れて合計するとご指摘のとおり一万九百七十二人にものぼる。公社などでは、国鉄四百六十七人、農林二百一人、郵政百十八人、専売四十三人、大蔵三十五人など計千百九十六人でした。

保阪　民間では、「この際ついでに」というのでレッド・パージに名を借りて、不平分子や気に入らない社員の首切り、言うなれば「異端者狩り」もやっています。経済団体連合会と手を結んでやった節もある。数がふくらんだ背景にはそういうことがあったわけです。いまもレッド・パージを取り消してくれと、名誉復権を求めて遺族の何人かが裁判を起こしておりまして、僕のところに送られて来たある裁判の資料によると、共産党員ではまったくないのに党員だとして不当に解雇されたとありました。

半藤　おっしゃるとおり、企業に人選を委ねたことでかなり恣意的なパージが行なわれていました。公職追放やあるいはハリウッドの「赤狩り」とおなじように、仲間を密告したりなんかしている。占領下日本企業の汚点の一つですね。

●朝鮮戦争の推移

保阪　レッド・パージの背景に朝鮮戦争あり。ということで、朝鮮戦争の一連の経緯についても、もう一度ざっと押さえておきましょう。昭和二十五年六月十八日、朝鮮労働党中央委員会委員長の金日成が全軍に向けて「戦闘態勢を完了せよ」と指令を発しました。そして六月二十五日未明、朝鮮半島を分断していた三十八度線を北朝鮮軍が越境し、韓国に攻め入った。
韓国ではすぐさま北の武力侵攻を世界に訴え、北もまた正式に宣戦を布告しています。この報せに接したアメリカ政府は国連安全保障理事会を招集します。理事会は北朝鮮軍の行為を侵略と定め、即時停戦と北朝鮮軍の撤退を決議しました。国連軍を編成してアメリカがその中心的な役割を担うことになる。ちなみにソ連はその理事会に出席していません。それはあらかじめこのような結論が導き出されることを予想していたからです。
軍事力を整えていた北朝鮮軍は圧倒的に優勢でした。北朝鮮軍がソウルを軍事占領するまでわずか三日。六月二十八日のことでした。

半藤　日本にいるほぼ全米軍の約七万五千人がマッカーサー最高司令官の指揮のもと、急遽出動準備にかかりましたね。ただ、いっぺんに大兵力を運ぶことはできませんが、少しずつ輸送していては間に合わないくらいに戦況が悪化していく。

保阪　北朝鮮軍はさらに南下を続け、七月にはついに韓国軍を朝鮮半島の最南端にまで追いつめた。

半藤　そう、韓国軍は釜山周辺の狭い橋頭堡にまで後退して、そこをヤットコサットコ守っている状態にまでなってしまったのです。

保阪　これに対して国連軍は、最高司令官マッカーサーの指揮のもとに朝鮮半島中央部の仁川上陸作戦を行なった。これが九月十五日のことでした。この作戦に動員されたのは六カ国の陸海軍部隊で、国連軍は仁川に上陸するといっぽうは南下し、もういっぽうはソウルの奪回をめざして北上を続けた。北朝鮮軍を分断したのです。そうなってはじめて攻守入れ替わりとなり、九月二十六日には国連軍がソウルを奪回しています。その後、北朝鮮に入って首都の平壌を占領。国連軍が北朝鮮軍を中朝の国境まで追いつめると、中国は義勇軍を送って国連軍と対決することになります。まだ建国したばかりの中国は、朝鮮が国連軍によって制圧されるのは自国の利益に反すると理解したのでしょう。その介入はしだいに本格化していきました。

昭和二十五年秋から二十六年にかけて、朝鮮戦争は第三次世界大戦という危機をはらみながら、自由主義陣営と共産主義陣営の対決という様相を強めていったわけですね。三十八度線をそれぞれ両軍が奪回したり、再奪回したりという衝突をつづけるのですが、開戦からほぼ一年後の昭和二十六年七月になって、やっと休戦会談が始まった。休戦会談が始まるまでの一年間に、韓国の一般市民の死傷者は約四十七万人におよぶとされています。

竹内　厖大な人的損害をだしたのは、第二次世界大戦であまっていた武器弾薬がふんだんに使われての戦闘だったから、とも言われていますね。九月初め頃は、いまにもダンケルクの戦い（編集部註：一九四〇年、ナチスドイツは戦車・航空機による火力を集中投下して連合軍主力を北フランスのドーバー海峡沿いの町、ダンケルクまで追いつめた）になるかと思われたくらいですから。

半藤　これはのちにアメリカの誰だったかが言ったことですが「太平洋戦争の三年八カ月よりも多くの弾丸を撃った」。

保阪　最終的には昭和二十八年七月二十七日に板門店で休戦協定が調印され、ふたたび三十八度線をもって国境とすることが決まります。

半藤　そんな最中に日本では赤色分子の追放というやつを徹底的にやっていたのですよ。

保阪　やっぱり朝鮮の戦況と絡み合っていたのですね。

半藤　そして深刻な不況で頭を抱えていた日本経済にとっては、隣国の不幸な戦闘という現実が、天から降ってきた救いの神となった。なにしろ日本は国連軍の前進補給基地であると同時に国連空軍の攻撃発進基地であり、さらには兵站基地と化した。要するに弾薬や食糧の輸送はもとより、戦争で負傷した兵隊さんの治療や兵器の整備をする拠点となった。いうなれば「沈まない大航空母艦」です。アメリカ軍はそんな日本を思う存分利用してバカスカやれたわけですな。

米軍からの特需が集中し市況は騰貴し、滞貨がさばかれた。さばかれたといえば、蔵前橋の西側、蔵前工業高校（後の旧蔵前国技館）に山のように積まれてあった戦災の焼けトタンが軍需用品としてあれよあれよという間になくなったのを目撃しています。

●日本共産党にいた人たち

保阪　さきほど半藤さんから、レッド・パージの矛先が、真っ先に新聞社に向けられたというのは妙な気がする、というご指摘がありましたね。日本共産党の機関紙「アカハタ」の編集部には、朝日新聞の元記者や、あるいは現役記者でわざわざ辞めて入ってきたという人もいました。そんな事情も影響したのかもしれません。たとえば聴濤克巳《きくなみかつみ》はいわばボス的存在で、彼は初代の朝日新聞労働組合委員長、昭和二十一年には全日本新聞通信労働組合と全日本産業別労働組合会議（産別会議）の、こちらもそれぞれ初代委員長に就任しています。昭和二十二年の二・一ゼネストでは伊井弥四郎とともにトップに立って旗を振りました。昭和二十四年の総選挙で日本共産党から出馬して衆議院議員に当選しますが、この人もレッド・パージで公職追放されて失職しています。

竹内　読みにくい苗字だったのでその名は僕も記憶しています。

半藤　あと、ボスといえばやっぱりアンジンですよね、安東仁兵衛《あんどうじんべえ》。東大戦後初の退学処分をうけたという話がさきほどでましたが。

松本　安東仁兵衛はその後も日本共産党で活動をつづけ、のちに神奈川県知事になった長洲一二らといっしょに「現代の理論」の創刊（昭和三十四年五月）にかかわった。六〇年安保闘争時に日本共産党から離脱して江田三郎らと社会市民連合を立ち上げることになるわけですが。

半藤　とにかくあの頃の日本共産党には、いまとなっては「へえ、あの人も？」というような面々がいましたねえ。

松本　のちの日本新聞協会会長にして読売巨人軍のオーナー、ナベツネこと渡邉恒雄も東大学生細胞、「細胞」とは共産党の末端組織のことですが、彼もそうです。

保阪　読売新聞の重役、そして日本テレビの社長になった氏家《うじいえ》斉一郎もそう。

松本　その氏家に勧誘されて入ったのが、セゾングループを率いる堤清二。学者では網野善彦、色川大吉もいっとき細胞でしたね。

保阪　余談ですが、安東仁兵衛は左翼運動家らしからぬスタイリストで、あの人の美学だったのでしょう、服装も髪型も最後までキチッとしていました。僕自身もフリーになったとき、僕はアンジンさんを見習おうと思いましてね。ぜったいジーパン履いたり髪伸ばしたりせず、いつもネクタイしてキチッとしていようと決めました。たとえ頭の中はアナーキーだとしても（笑）。

半藤　そういえば、門柱の上で教養学部長の矢内原忠雄とやりあった、我らが東大学生委員長の大野明男もキチッとしていたなあ。あ、思い出した。学生大会のときに、ひとりね、「貴様たちはこのだいじな国家、日本国を害するやつらだ。オレは将来警視総監になって貴様らのような輩をぜんぶ逮捕してやるッ」と宣言した男がいましてね。

竹内　どうなりましたか。

半藤　ほんとうに警察畑に進みましたね。残念ながら総監にはなれなかったが、警察庁交通局長までのぼり、そのあと、警察大学学長になりました。いろんな人がレッド・パージのときにはいましたねえ。

保阪　レッド・パージのとき、日本共産党はずいぶん国会に代議士を出していましたよね。昭和二十四年一月の衆議院選挙でいきなり議席を伸ばした。

半藤　その数三十五人です。いちばん多いときですね。

竹内　昭和二十二年四月の総選挙で得た議席が四つでしたから、なんと九倍。

保阪　旧制中学・新制高校の数学教師だった僕のおやじは大の共産党ギライでしたが、昭和二十年代、おふくろはひそかに共産党を応援しておりましてね。選挙の結果で「共産党候補者が当選した」とラジオからニュースが流れてくると手をたたいて喜んでいました。東京で徳田球一が当選して、大阪で川上貫一が入った、長野で林百郎が通ったとかってね。僕はまだ小学生でしたが、とうとう彼らの名前を憶えてしまいました。

竹内　徳田球一は「獄中十八年」。林百郎は弁護士で、三鷹事件などで活躍しました。川上貫一は共産党国会議員団長をつとめましたね。終戦直後、日本共産党は人気がありました。

半藤　戦後の初期は、共産党は時代のエースでしたもの。女房の母親、漱石の長女の筆子さんは、終戦直後のみならず選挙のたびに共産党支持でした、と聞いています（笑）。

竹内　なかでも野坂参三は英雄でした。

半藤　野坂は昭和三年に検挙されますが釈放されて、そのあと密かにソ連入りした。昭和十五年には中国の延安に入って毛沢東の中国共産党と行動をともにします。そこで日本人の教育にあたっていたことは、第七章で保阪さんからお話があったとおり。その野坂が昭和二十一年の一月十二日にカバンとこうもり傘ひとつで日本に帰ってきたわけですな。翌日、報道陣が代々木の共産党本部に殺到しています。その翌週、日比谷公園で開かれた帰国歓迎国民大会では、このためにつくられた「英雄還る」という歌が披露された。というくらいの、まさに英雄だった。

保阪　うちのおふくろも共産党員には畏敬の念をもっていたのでしょう。ところがおふくろは、あるときから共産党についてなにも言わなくなった。たぶん独立が回復した頃ではなかったかと思います。だいぶのちに、「何で？」と聞いたことがありまして、するとおふくろいわく「共産党ってやっぱり怖い政党だと思ったから」（笑）。

半藤　それはレッド・パージに象徴されるＧＨＱの「右旋回」の影響でしょうね。アメリカは日本を「反共の防波堤」とするように政策を転換させた。

松本　昭和二十四年に、続けざまに下山事件、三鷹事件、松川事件といった怪事件が起きると「事件の背後に共産党あり」という噂が流されて、共産党への畏怖ではなく、恐怖感のようなものがいやでも醸成されていきました。

半藤　昭和二十五年正月早々、コミンフォルムの「日共」批判で「愛される共産党」じゃだめだとスターリンに怒られると、共産党は過激化。そういえばこの「愛される共産党」は野坂参三がつくったキャッチフレーズでしたね。

竹内　共産党の武装闘争方針は、昭和三十年の第六回全国協議会、いわゆる六全協で撤回されるまで続いたわけですね。

半藤　保阪さんのおふくろさん含め、共産党の理想を信じた人たちの多くが党の体質に幻滅して離れていきました。共産党への幻滅は、さきほど名を挙げた渡邉恒雄や氏家斉一郎らとて同様で、いやそれ以上により深く幻滅していったわけです。

保阪　さてレッド・パージのその後ですが、不当に解雇され、名誉復権の裁判を起こしている方から送られた資料を読むと、その後はちゃんとした職を得ることができず、たいへんな苦労を重ねて来られたことがわかりました。いわゆるニコヨン、日当二百四十円での肉体労働のことをこう呼んだわけですが、ずっと戦後をそういう仕事で生活を維持してきたという人です。この方のみならず多くのひとが、朝鮮戦争特需に沸き復興へと向う社会から放逐された。シベリア抑留から帰ってきた人とレッド・パージされた人は、社会の公的な場からオミットされていましたよね。

竹内　シベリアから帰ってきたというと、自動的に「あの人アカだ」と思われていましたから。

半藤　昭和二十五年頃からシベリア抑留者の引揚げ事業が再開されるのですが、じっさい舞鶴に引揚げ船が着くと、下船してきた人が口々に「天皇制打倒！」「共産主義万歳！」と叫び声を上げていたのです。もちろんソ連が彼らをさんざん洗脳して、送り返した日本で革命の先兵にしようとしていたわけですが。

松本　もっともシベリアでの洗脳など、たいていの場合半年くらいで解けてしまったようですけれど。板垣征四郎の息子の板垣正さんなど、やはり天皇制打倒を叫びますが、のちに自民党の参議院議員になり、靖国の遺族会代表をつとめました。

彼は、中曾根内閣のとき、A級戦犯の合祀取り下げ（分祀）に同意して父親もふくめたA級戦犯の分祀を提案しますが、東條さんの遺族だけがウンといわず、分祀が成りませんでした。

保阪　いっぽう右旋回して「日本を反共の防波堤」にすることにしたアメリカは、舞鶴で、帰国者全員、一人残らず聞き取り調査をしたという。どこで何をしていたか、だれがどんな態度をとったか。全部調べた。それが厖大な資料として残されているのです。その資料が独立後の昭和二十八年以降、アメリカから公安調査庁に移されています。公安調査庁はその資料をもとに共産党員の行方を追っかけはじめる。民間企業までは無理だったようですが、官公庁に関してはそうとう詳しく調べたらしい。

半藤　あの当時は、就職試験のときにかならずと言っていいほど支持政党を聞かれましたね。共産党、なんて答えたらむろんダメ。私の場合、二十七年に試験を受けたのですが、わが文春はそんなことは聞きませんでしたがね。

いずれにせよレッド・パージというのは、ほとほと理不尽なものでした。アカとアカっぽい者は全員追放だ、というのですからねえ。朝鮮戦争のために米兵が全員いなくなるから、そのあいだに共産党が蜂起したらたいへんだ、と。いわばそれだけの話だったのです。そしてこれがそっくり次章で語ることになる、講和問題につながっていくわけです。

第十二章　講和問題と「曲学阿世」

報告

松本　講和条約発効とはなにか。それは大東亜戦争＝太平洋戦争の政治、軍事両面での決着であり、ポツダム宣言受諾からの解放、つまりは戦勝国と敗戦国という関係を終りにすることを意味していました。日本はそこではじめて占領から解かれ、独立国としての再出発をはたすことができる。ただ、沖縄だけは切り離され、沖縄の本土復帰は二十年後、昭和四十七年五月十五日になってからでした。

昭和二十四年十一月一日、アメリカ国務省が「対日講和条約を検討中」と発表します。これを受けて十一月十一日、首相の吉田茂は「単独講和にも応ずる」と表明しました。単独講和か、全面講和か。以降、国論を二分して、その論争が巻き起こったのです。十二月四日、日本社会党左派は全面講和、中立堅持、軍事基地反対の平和三原則を決定します。年が明けた昭和二十五年一月、日本共産党はソ連や新中国を排除するアメリカ主導の単独講和に反対し、全面講和を主張しました。保守系政党からも疑義をもたれ、国民民主党では吉田首相の対米交渉の姿勢に賛否が分かれました。まさにそんなさなかの五月三日、全面講和を主張した東大総長の南原繁に対して、吉田が「曲学阿世の徒」と非難したことが報道され、大いに注目を集めることとなったのです。

半藤さん、保阪さんはこれまでこの問題を独自に調べてこられ、竹内さんは今回アメリカ国務省の資料に直接当って来てくださったとのことです。この問題の背景にある日米双方の思惑、さらにこの一件が意味するところについては討論の場に譲ることにして、ここでは朝日新聞の記事をもとに時間軸に沿って事実の流れを押さえておきたいと思います。

昭和二十五年の五月三日、この日は、さきにふれたように、憲法施行から三周年を迎える憲法記念日でした。前日の二日にマッカーサーが声明を発表したのを受け、三日の朝日新聞には刺激的な見出しが踊りました。

「マ元帥・共産党を痛撃」

「公然と侵略の手先」

「いまこそ憲法の擁護へ」

マッカーサーは、「日本の憲法は自由アジアの大憲章（マグナ・カルタ）として歴史にその記録を止めることになろう」などとGHQが指導した日本の民主化の業績を自画自賛しつつも、その声明の主たる内容はというと、見出しが伝えるとおり「共産主義勢力が公然と侵略の手先になっているから、共産党を排除する、あるいは非合法化する」というものでした。ところが、おなじ日に行われた自由党両院議員総会の、秘密会での吉田茂首相の発言が外部に漏れた。吉田首相が南原東大総長の全面講和論を取り上げて

「南原総長の全面講和の主張は曲学阿世の徒の言葉にほかならぬ」と批判した、というのです。

吉田首相の発言はいったいどんな脈絡でのものだったのか、南原総長の、いつどこでの発言を捉えてのことだったのか、その後の数日の新聞をみても発言をめぐる詳細はわからない。

五月六日になって初めて南原総長は記者団と会見し、吉田首相の「曲学阿世」発言に対しての感想を述べました。「そういう言葉は民主政治の危機をはらんでいる」と反論したと朝日新聞は要約しました。見出しには「学問へ権力的強圧」とある。記事になった南原談話の全文を紹介します。

「全面講和を論ずるは『曲学阿世の徒』であるというが、かかる旗印は満州事変以来、美濃部（達吉）博士を初めわれわれ学者に対し、軍部とその一派によって押しつけられ来《きた》ったものである。それは学問のぼうとく、学者に対する権力的強圧以外のものではない。全面講和は国民の何人もが欲するところであって、それを理論づけ、国民の覚悟を論ずるは、ことに私には政治学者としての責務である。

また、それは現実を知らぬ学者の『空論』であるというが、国際の現実は政府関係者だけが知っているとなすは、官僚的独善といわなければならぬ。私が先般のワシントン教育会議の内外で会った人々や、また私の知れるカナダやイギリスの関係者で、われわれの意見に賛成する人も少なからずいる。現に英連邦の対日講和運営委員会でアジア代表者達は単独講和に反対していると伝えられ、また中ソ側からも具体的提案があるかも知れず、米国においては日本の講和問題と国際的保障について、さらに最善の努力が払われるべく、それをめぐって今後幾変転あることであろう。

これらの複雑変移する国際情勢の中において、現実を理想に近接融合せしめるために、英知と努力を傾けることにこそ、政治と政治家の任務があるのである。それを初めから曲学阿世の徒の空論として、全面講和や永世中立論を封じ去ろうとするところに、日本の民主政治の危機の問題があるといえよう」

南原の言う「先般のワシントン教育会議」とは、前章で話題となった「第一回占領地域に関する全国会議」のことです。南原が「日本における教育改革の理想」という演題で講演をし、レッド・パージによる大学教授の追放に対してはっきり異論を唱えていたのも紹介したとおりです。

さて新聞紙上には、南原の記事に並べて、佐藤栄作自由党幹事長のコメントが掲載されています。タイトルは「学者の独善判断」。佐藤栄作はかなり怒っています。「南原総長は講和問題について自由な判断をするのはいいだろうが、現実の政治問題として政治家がこれに論評を加えることは当然のことだ。党は政治的観点から現実的な問題として、講和問題をとりあげているのであって、これは南原氏などにとやかくいわれるところではない。もとより学問の自由は尊重するが、この問題はすでに政治の問題になっているのでゾウゲの塔にある南原氏が政治的表現をするのは日本にとってむしろ有害である。吉田首相が秘密議員総会でのべた所信をもって、ただちに学問への権力的強圧を加えるものであるとか学問のぼうとくであるとかいうのはそれこそ学者の独善的判断といわざるをえない。政治問題について学問の立場からかくのごとき反論を出すことそれ自体、非民主的といわれてもやむをえまい。これは全く地位の守られている学究の徒として、その自由な立場を濫用するものであり、国民諸君も南原氏の所論には耳をかすまいと信ずる」

こう述べて、はげしく反論しました。南原と佐藤の主張をくらべ、はたしてどちらに軍配を上げるべきか。私は佐藤栄作の言い分のほうが妥当であったと思います。なぜなら吉田は決して学問に対する弾圧をしているわけではない。現実の政治問題に対して、学者がその発言をもって政治的な介入をしてきたのであるから、これに対して政治家が「それは認められない」と反論することがあったとて、それはしかるべきことだと思うからです。

では、吉田が批判の対象にした南原の発言はなんだったのか。朝日新聞記者で東大担当だった矢田喜美雄の回想「〝曲学阿世〟前後」(『南原繁著作集』第九巻月報8、一九七三年六月)にその記述がありました。

「ワシントンでの被占領地教育会議に出席した南原先生は、『日本における教育改革の理想』という話のなかで、『将来の講和条約締結に際しては、〝全面講和〟以外ありえない』と強く主張された。この南原演説はアメリカでも大きな反響をおこし、外電ですぐ日本にもその内容が紹介された。これを聞いた時の首相、気むずかし屋のワンマン吉田さんは烈火と怒り、南原先生に対しては〝曲学阿世の徒〟と、バリゾウゴンを浴びせた」

南原が先の国際会議では、左翼教授の追放に対して異論を唱えていたのみならず、全面講和を強く支持したということです。ところがその講演録を読むと南原は「全面講和以外ありえない」というような強烈な言葉は使ってはいないのです。世界は二つに分かれつつあるけれども、そういう争いのなかに日本は入っていくべきではない、できたらすべての国と友好的にやっていきたい、というような一般論でした。その上で「一刻も早く平和条約の締結を」と言い、「アメリカ及び全連合軍諸国が一致協力して」やって欲しいと語った。これを解釈すれば「全面講和」ということになるのかも知れませんが、「全面講和」という言葉は使っていませんでした。しかも南原のワシントンでのこの講演は前年昭和二十四年の十二月のことです。それを翌年の五月三日にもなって、なんでわざわざ引っぱりだしたのか。どうもしっくりこない。では、この「単独・全面」という対比的言葉を南原が使ったのはいつだったか。

それは東大の卒業式における講演、昭和二十五年三月二十八日のことでした。演題は「世界の破局的危機と日本の使命」。むしろこちらのほうがずっと吉田茂のカンに障るような内容でした。

卒業式のひと月前の二月十四日、すでにふれられたように、毛沢東とスターリンによって「中ソ友好同盟相互援助条約」がモスクワで調印されました。このことが卒業式の講演における南原の問題意識になっていると思われます。東西対決の構図がはっきりした今、講和条約はどうあるべきか。南原がここで述べたのは、次のような内容です。

「この両大国が、新しい世界の西と東における共産主義の二大支柱として、去る二月、中ソ同盟条約を締結したことは、今後の世界の動向に重大なる影響を与えるものと考えられる。かようにして、他方いま一方の世界、米英を中心とする民主自由国家との『冷たい戦争』は、いまや東南アジアに燎原の火のごとく拡がりつつあり、それがわが国にとって対岸の火災視し能わぬものがある。けだし、東亜におけるその主目標・決定点は、実にわが日本にあると見て誤りはないのであろうから」と言及し、さらにこう述べました。

「かく観来たるとき、わが国の周囲には、戦争でなく、複雑な情勢の底にも、一脈平和の気運がかもし出されつつあるのではなかろうか。そこに果して対日講和の契機が摑み得ないものであろうか。しかも、それはいわゆる『単独講和』でなく、何人も欲する

『全面講和』への契機である」

ここで初めて「単独講和」と「全面講和」を対比させて論じたわけです。吉田茂の「曲学阿世の徒」発言はそれからわずか一カ月余後のこと。ですから五月三日の、自由党両院議員秘密会での吉田首相の「曲学阿世の徒」発言の契機は、内容もさることながら、タイミング的にもこちらのほうをとるべきかと私は思います。

東京の政府のお膝元で、東大卒業生に対して述べた話は、当然、情報として吉田の耳に入ったことでしょう。東大出身者の多くが官僚として行政府に入っていくわけですが、世界が明らかに二つに分かれた以上、講和の選択は、どちら側をとるか、政治的、現実的なものにならざるを得ない、にもかかわらず東大総長たる者が「全面講和」をまだ言い募るかと、怒り心頭に発したのではないでしょうか。

卒業式での南原の演説を続けます。

「わが国の政府並びに一部の間に、昨年秋以来唱えられて来た単独講和説ぐらい速断的なものはあるまい。それは真に民族の独立と平和の理想において徹しない点は別としても、変移する国際情勢の現実に、かえって眼を覆うものといわなければならぬ。いわんや、もしこれによって軍事同盟や軍事基地設定を条件として考えるものであるならば、それこそわが国の中立的性格を放棄し、その瞬間に敵か味方かの決断をあえてすることとなり、わが国は勿論、世界を再び戦争に追いやる動因となるであろう」

こうして南原は「単独講和」「全面講和」という言葉をつかうのみならず、「軍事同盟」、「軍事基地設定」というビビッドな言葉を出して持論を展開したのです。いま下されようとしている吉田首相の政治的判断が、日本を再び戦争に追いやる動因となる、という激烈な表現をもって。

いっぽう「曲学阿世」発言が波紋を拡げる五月八日。ついに吉田茂本人が登場して口を開きました。午前十一時から三十分、自由党本部で記者団と会見したのです。翌日の新聞に掲載された吉田談話のうち関連の全文を引きます。

「一、講和問題についてしきりに全面講和を唱えているものがある。南原東大総長などもその一人だが、南原君がどういう理由で全面講和を説いているのか私にはわからない。とくに米国などとの事実上のいわゆる単独講和はすでにできている。米国からのあらゆる面での援助がそれを如実に示している。それがいけないというなら仕方がない。しかしわれわれとしてはこの事実上の講和をまず法的に条約締結というところに推し進めてゆかねばならないと考えている。

一、南原総長が秘密議員総会での私の発言について反論声明を出したようだが、南原君が反論しようとしまいとそれはご当人の勝手で私の知ったことではない。もちろん南原君のような全面講和一点張りの所論には私としては異論があるが、どうして伝えきいたのか、秘密会での発言をとらえての反論については私としてこれに答える必要もなく責任ももたない。

一、軍事基地というようなことが最近よく問題にされているようだが、多くはソ連の受け売りにすぎないようだ。今日いわゆる軍事基地といわれているようなものはいずれも占領軍が占領の必要上、占領の基地としてつくっている施設だ。これは占領軍としても占領下の日本を護るうえから必要なものであるし、われわれとしては占領政策として当然に受けいれねばならないものである。軍事基地が問題になるのは講和条約の時であり、その際に慎重に考えればいい問題だ。まだ一度も設定の申入れに接したわけでもなく、条約の草案をみたわけでもないので何ともいえないが、マックアーサー元帥も日本憲法に反するようなことを強いるひとではないと信ずる。要するに今日論議すべきものではない」

吉田は、南原の演説にあった「軍事基地」という言葉にも強く反発しています。吉田いわく、日本に今あるのは軍事基地ではなく「連合国軍の占領軍基地」であると。

そして四カ月後の昭和二十六年九月八日、サンフランシスコのオペラハウスで講和条約が結ばれます。中国については、アメリカとイギリスの意見が折り合わず、結局北京の中華人民共和国、台湾の中華民国いずれも呼ばれません。ソ連、ポーランド、チェコスロバキアは講和会議に出席しましたが、北京政府が招聘されていないことを理由に調印しませんでした。

一連の発言にみる南原の問題意識はなんであったかをいま考えてみますと、「講和条約締結は、あらゆる対戦国とのあいだで完璧に戦争を終結させるものでなくてはならない」というものではなかったかと思います。米英をはじめとする西側諸国とだけ講和を選んだ結果、実際この講和の問題は、長いあいだ尾を引くことになった。日中国交正常化が果たされたのは、サンフランシスコ平和条約締結から二十六年もの年月が経った一九七二年の九月二十九日のことでした。それを受けて竹内好が「講和の原点」という論考を発表します。そのなかで竹内は「中国とはこれまで戦争が続いていたのである」と言い切り、中国側の主張についてこう説明しています。

「まず、中国との講和の政府間交渉に当って、何が原点になるか、という問題です。私の考えでは、日本がその受諾によって降伏したポツダム宣言よりほかに原点がないように思います。そしてポツダム宣言は、カイロ宣言を確認したものであるから、原点はカイロ宣言であるといってもよろしい。なぜなら、一九五一年九月にサンフランシスコで調印され、翌年四月に発効した平和条約に対して、中国側は、手続き上も内容上も、これはカイロ宣言やポツダム宣言など連合国間の協定に対する違反だという理由で、当時無効を主張し、その主張をその後手続き問題を除いて一度も変えていないからであります」

さらに竹内は、中国とかくも長く戦争状態が続いてしまったのは、吉田政府が中ソ条約（＝中ソ友好同盟相互援助条約）の内容を正しく解釈することなく、それがゆえに単独講和を結んでしまったせいだと、つぎのように批判したのです。

「一九五〇年二月に締結された中ソ条約は、中国側からの対日講和の原点になるものの一つですが、この条約の内容の解釈について、ときの吉田政府は、完全にまちがっておりました。そしてそのまちがいを、その後一度も訂正しておりません。そのまちがいは反共イデオロギーと対米依存の姿勢から出たものであるが、それだけでなしに、そもそもこの条約が、戦争の末期に、国民政府の手で結ばれた第一次条約の改定であることを、意識的または無意識的に忘れたことにも起因すると思われます」

中ソ条約＝中ソ友好同盟相互援助条約は、竹内の考えでは、日中戦争で疲弊した中国に対する経済的な支援を行なうという性質があり、日本や米国に対する軍事同盟では、そもそもありませんでした。にもかかわらず東西対立の鮮明化、危機と捉えたのが間違いのはじまりだ、というのです。中ソとも連合国の一員として、当初は平和条約の締結に前向きだった。平時でアメリカを交えて交渉できる、最初にして最大の機会だったといえるでしょうと。

「曲学阿世」騒動から一年半後の昭和二十六年十一月十日、東大教養学部「駒場祭」の開会式における演説で、南原はこう述べています。演題は「祖国再建に捷径はない――講和締結に際し学生諸君に与う」でした。日本は完璧に自由主義陣営に入った。そして社会主義陣営と明確に敵対することになったという認識を披瀝したのです。

「実に、サンフランシスコにおける対日講和会議以来、日本をめぐる世界の情勢は、その好むと好まざるとにかかわらず、新たな段階に入ったごとくである。そこで締結されたものは、吉田首相も言った『日本人すべての希望』である『全面講和』ではなくして、連合国の一方、国はむしろ多数ではあるが、わが国にとっても最も近い関係にある中国を初め、インド、ビルマの東洋民族、さらにはソヴィエット・ロシア等、世界の半ば以上の地域と、半ばに近い人類を除外するところの、いわば『半面講和』であるのである。そして、この条約を裏づけるものとして『日米安全保障条約』が締結され、これによって世界の他の半面に備えようとするのである」

南原は「単独講和」という言葉はもう使わず、それを「半面講和」と言い換えるに至ったのです。

討論

保阪 「半面講和」という言葉づかいはおもしろいですね。
半藤 吉田が五月三日の秘密両院議員総会でなぜそういうことを言ったのか、『昭和史』を書くときに私も調べたのです。手元の資料にもこうある。吉田の言葉です。「南原東大総長がアメリカで全面講和を叫んだが、これは国際問題を知らない曲学阿世の徒で、学者の空論にすぎない。全面講和を望むことはわれわれとしては当然であるが、現在は、逐次事実上の講和を結んでいく以外にない」。しかし、松本さんも指摘されたとおり、南原さんのアメリカでのその講演は前年の十二月のことです。それを翌年の五月三日にもなって、なんで引っぱりだしたのかと私も疑問に思った。で、さらに調べてみるとじつはこの年、昭和二十五年に岩波書店の主導で「平和問題懇談会」という学者の会ができまして、雑誌「世界」四月号でそのメンバーたちが全面講和を訴える声明を発表し、その内容を掲載していたのです。メンバーは、安倍能成、有沢広巳、和辻哲郎、恒藤恭《つねとうきょう》、清水幾太郎、丸山眞男、桑原武夫、羽仁五郎、久野収、鶴見和子、都留重人、田中耕太郎、大内兵衛、中野好夫、蠟山《ろうやま》政道、矢内原忠雄。と、まあ、日本の知識人がダーッと勢ぞろいして、「やるなら全面講和しかない。それが世界平和のため」と主張した。つまり、ソ連をふくむ東側もはずすことなく世界中の国々と日本は仲良くしましょうと。

竹内　あれは凄いモーメントでしたよね。

半藤　これに吉田は腹をたてた。どうやらカンカンに怒ったようです。ですから本来は、「平和問題懇談会」の学者たちを相手にもの言うべきところだったわけですが、そうはならず南原繁東大総長ひとりを名指し、「あいつは曲学阿世の徒だ」と批判した。

ところが南原さんは「世界」の「平和問題懇談会」メンバーには入っていないのですよ。半年前の講演にカチンときた記憶が、「世界」で呼び覚まされて怒り心頭に発したか。この会、ほんとうは大内兵衛が主役だったのですけどね。

松本　つづく五月八日の知事会議で吉田茂が述べた言葉も紹介しましょう。「我々国民としては一日も早く講和を行ないたいが、諸外国には早期講和に熱のない国もある。一面には英米のように早くしたいと考えている国もある」。だから講和を望む国々と講和を結ぶのだと言っていました。そのあとが面白い。「全面講和がよいことはわかりきったことだが、しかし日本と早期講和を希望しない国、熱心でない国があるからこれをふくめての全面講和はむつかしいと思う」

みんなと仲よくしたほうがいいのは当たり前だが、現実世界の政治はそうはいかないのだよと。プラグマチズムのわからない学者が余計な口出しするなと言いたげでした。

半藤　日本のマスコミはみんな全面講和でした。「世界」だろうが「中央公論」だろうが。そんななか、わが文藝春秋は単独講和論をぶちました。

松本　ほう、文春は単独講和論を張ったのですか。

半藤　ええ、吉田茂の知己《ちき》の小泉信三を論者に立てましてね。自らかえりみて直くんば、千万人といえども、われ往かん！

竹内　いや、それは身びいきが過ぎる。文春は小泉さんに乗っかっただけでしょう（笑）。

半藤　ま、実際はそういうことですが（笑）。

保阪　「世界」のその号をいま読んでみると、彼らの論点はかなり中庸なんです。吉田が目くじらを立てて怒るような内容ではなかった。ただし、まあ、吉田の政策に対する批判であることは事実でしたが。

僕はむしろ、なぜ吉田がこのとき「曲学阿世」という言葉をつかったのだろうと、それが疑問でした。この言葉を用いた吉田の真意は、「お前はかつてこう語っていたのに、その説を曲げたではないか」、そういう侮辱をこめていたように思います。吉田にすれば「そんな者は学者の風上にも置けない」というような意味も含んでいたかもわかりません。南原は勅撰によって昭和二十一年の三月に貴族院議員になっています。同年五月、吉田は自由党総裁の鳩山一郎が公職追放されたことにともなって、内閣総理大臣に就任し、第一次吉田内閣ができます。そして吉田内閣で新憲法草案が出来上がって、六月二十日から最後の帝国議会で審議されることになりました。貴族院議員の南原繁は、八月に質問をしているのです。「完全非武装で、ほんとうに政府は国民の生命財産を護ることができるのか」という内容です。

半藤　その質問は吉田にとってはかなり痛いものでした。自衛権の問題は、いちばん答えづらいことだったのです。軍隊は持たない、交戦権も放棄するというのですから、もし外国が攻めてきたらどうするのかという問題です。戦争が終わったとはいえ世界から戦争がなくなるなどとは簡単には思えない。少なくとも自国を守る自衛権は憲法のどこかに担保しておくべきであろう。そういう議論は当然でした。なにせ日本共産党でさえ、自衛権を謳《うた》わない憲法は欠陥だと言っていたのですからねえ。そんな質問をした南原繁という人の名は吉田の頭に焼きついていたのだと思います。

保阪　僕は、四年前のこの出来事が深く印象にのこっていたからこそ、吉田は南原の全面講和論に怒ったのだと思う。あんなことを言っていたくせに、おなじ口でなにを言うかと。ちなみにあの国会で吉田は、自衛権による戦争であったとしてもこれを認めない、と明確に答えていました。

松本　その国会での「完全非武装」に関する質疑については、南原自身が「曲学阿世事件」からちょうど一年後、「平和か戦争か――日本再建の精神的混乱」と題された、これも東大の卒業式における演述で言及しています。これは昭和二十六年三月二十八日のことです。

「当時、貴衆両院において、この点について論議があり、私もそれを質疑した一人であった。これに対し、主として吉田首相並びに幣原国務相の答弁は、一には、従来の歴史において、自衛権はしばしば濫用せられ、自衛権の名において多くの侵略戦争が行なわれたこと、二には、今後、原子力時代の戦争においては、僅少の兵力をもっては防衛不可能であり、わが国のごときはむしろ、自らは一切の武力を撤廃し、国際的防衛力に信倚するに如くはないということであった。そして、国際連合との関係については、これを将来の問題として、加入の場合に、改めて考慮すべきであるというのであった。

かようにして、戦争放棄と軍備撤廃の現在の憲法は、議会のほとんどを全一致によって承認、成立したのであった。それゆえに、目下、問題となっているところの、わが国の再軍備が憲法違反であるか否かの憲法論は、たといそれが自衛権行使のためであっても、否定的に解釈されねばならない」

と、こう言っているのです。四年前に吉田首相と論戦した、「完全非武装で国民の生命財産が護れるのか」というような問題意識はまったく見えてきません。いや、消してしまったというべきか。

半藤　全面講和論をのんきにぶっている知識人たち、とくに南原に吉田は腹を立てた気持ちは分からないではないですが、これは吉田の論点のすり替えです。全面講和を主張した南原さんの発言は、再軍備の話ではないのですから。ただ全面講和のほうが日本の将来にとってよいのだと主張しているわけで、単独講和してしまえば再軍備になるという理屈で反対していたのではない。むしろ吉田のほうが、単独講和＝再軍備という図式があるものだから、自分のなかで先走って南原もおなじ図式で話していると解釈してしまっている。むしろ憲法論争のときの仇を討つために、やみくもに罵倒したようにさえ思えます。

保阪　それと、もう一つ別の理由も吉田の発言の裏にはあったのではないかと僕は睨んでいます。外務省条約局を中心に平和条約問題幹事会がつくられ、条約案の検討を始めたのは昭和二十一年一月のことです。さらに吉田の回想録（『回想十年』）によれば講和条約を検討する外務省の動きは昭和二十一年秋の、アメリカ政府に理解を求めるための英文資料づくりから始まっていました。そして吉田自身がこのテーマに深く関与するようになったのは講和条約締結の動きが本格化する昭和二十五年以降で、政権の足場が固まってからです。第三次吉田内閣（昭和二十四年二月十六日〜二十七年十月三十日）発足後は、外務省内の平和条約審議室が吉田の命を受けて、より「現実的な対応」を模索するようになる。

「現実的な対応」とは、言わずもがなではありますが、アメリカやイギリスがソ連抜きで対日講和を結ぶ事態を想定することです。外務省平和条約審議室の官僚、条約局長の西村熊雄がその中心でしたが、じつは官僚のなかには、米英との単独講和は、実質的に米側陣営に入る結果となり、外交上の柔軟性に欠ける、という意見もあったのです。日本の国益を考えた場合、全面講和のほうがむしろ利点があるという考え方は吉田の耳にも入っていた。しかし吉田はこういう主張には目もくれなかった。昭和二十四年十二月の南原発言を、「曲学阿世の徒」論とはねつけたのは、じつは外務省内部の全面講和論者への間接的な批判ではなかったか、とも思えるのです。

竹内　なるほどそれはあり得ますね。吉田には、このとき「もう既成事実として米英との講和はできているのに……」という思いもあったはずですからね。

竹内　これに関連して、米国の関連資料ファイル（「The Occupation of Japan. Part3. Reform, Recovery and Peace 1945-1952」）を参照すると、そこには数々の興味深い事実がありました。

●講和をめぐる米国務省の思惑

昭和二十二年三月の時点で、マッカーサーがポツダム宣言にうたわれていた要件は達成したし、そろそろ日本と講和したらどうかと記者会見で言っているのです。本国中央に自分の占領実績を誇示したいという思いもあったのでしょう。それに対して国務省が、日本との条約について「すでに検討中である」と明らかにするのが昭和二十四年の十一月です。ところが、そのわずかひと月後の十二月、統合参謀本部が「日本との講和は時期尚早である」という結論を出した。なぜか。

中華人民共和国の成立が十月一日。中国が共産圏に入った以上、統合参謀本部にとって日本の基地の重要性がいや増しに増したからです。講和してしまうと米軍は日本から撤収してしまうことになる。今ここで極東の根拠地を失うことがあってはならないから、まだ日本と講和すべきではないという判断に変わったのです。これに対しては、「講和したところでいっこうにかまわないではないか」とマッカーサーが怒った。そのときマッカーサーはおもしろいことを言っているのです。いわく、「日本を中立の立場にしてもいいではないか」と。

半藤　ほう、そんなことを言っていましたか。その発言はさきほど紹介された、「占領軍の基地があるのであって、軍事基地があるのではない」という吉田の談話と密接に関連しているとみるべきかもしれませんな。

竹内　歴史探偵の見立てに私も同意します（笑）。おそらくマッカーサーの考えはこうです。講和条約を締結して日本に経済的政治的に独立は許す。しかし日本は完全非武装で丸裸なのだから、その安全保障のためには連合国軍が存在しつづける。「それでなにも問題はないはずだ」という自信がマッカーサーのなかにはある。講和は結ぶが、ポツダム宣言には、連合国軍が日本に駐留するという取り決めがあるのだから、安全保障のためにそれは残しておけばいいではないかと。それがまさに、吉田が言っている「日本には軍事基地ではなく、占領軍の基地があるのだ」という発言と相通じてくるわけです。アメリカには、ずっとあとからダレスが言い出すまで、日本の再軍備などまったく頭になかった。

昭和二十五年の三月になると、国務省のなかではつぎのような議論が起きる。三月九日の日付の資料にでてきます。

「ソ連と中国はまちがいなく講和に参加しない。まあ、それでもいいから進めよう」と。そして彼らはそのためにどうすればいいかを考えました。方針はこうです。「極東委員会のメンバーを中心にして、国連憲章の傘の下で同盟を結べばいい。つまり、北大西洋条約（NATO）とおなじようなかたちで、その極東版をつくればいいではないか」と。「日本は丸裸のままに置き、まわりの国が同盟を組んで日本の防衛をする。そうすれば、将来ふたたび日本が軍事侵略してくることを心配している近隣諸国も納得するにちがいない」とね。

アメリカ、イギリス、カナダ、フィリピン、オーストラリア、ニュージーランド、日本。国務省ではこのメンバーで安全保障条約を結ぶというかたちで講和を進めようと考えた。いっぽう、いま名を上げた国以外にも東アジアにはたくさんの国がある。たとえばインドネシア、ベトナム、カンボジア、ビルマ、タイなどの意向を気にする声もでた。「これらの国々には、日本に対する恐怖はまだ残っているよ」と。そんな疑問も提出されるのですが、「それはそれでいいじゃないか」ということになるのです。つまり宗主国であったイギリス、オランダ、フランスが極東委員会のメンバーであり、その同意の下で安全保障条約を結ぶのだから、それが重石として効くはずだと。「この範囲内で集団安全保障条約をつくろう、日本を丸裸にしておいたままでつくろう、それを講和会議の前提にしよう」というプランが、やがて国務省内で支配的になってくるのです。

野党共和党の大物、ジョン・フォスター・ダレスが国務省の顧問に任命されるのがその翌月の四月六日。就任直後にダレスは国務省の関係者と会って、その方針の説明を受けていました。するとダレスは「北大西洋条約は、トルコとギリシャを入れて結局失敗したではないか。そんなものをつくったってダメだよ」と反対するのです。そして「私はこれから二週間休暇をとる」と言って姿を隠しちゃう。同じ四月六日、総司令部の外交局長のシーボルトがマッカーサーに会っている。マッカーサーは、「日本にアメリカの基地など置くべきではない。そんなことしたら日本は反米的になるばかりだ」と言うのです。つまりマッカーサーは、講和条約の締結後に米軍基地を日本本土に置きつづけることに対しては強く反対した、「アメリカは沖縄だけもっていればいいのだ」と。また、こうも言っています。

「ただし、どうしても日本が熱望するというのなら、五年くらいは、国連憲章の枠内でほかの国の承認のもとに基地を置いてもいいかもしれない。けれども、日本人の九五パーセントは反対するだろうなあ」と。「だいたい、日本に三万五千人くらいの軍を置いたところで、もしソ連が攻めてきたらお手上げじゃないか」というような意味のことも言っていました。

おなじ時、四月八日に吉田茂がヒューストンというアメリカの外交官と会っていました。記録に残されたヒューストンの報告はこうです。

「もし講和後も米軍基地を日本に置いたら、日本はアメリカの植民地になってしまうという反発が、日本国中で巻き起こるのでは？」と、吉田に質したところ、吉田は「植民地ですと？　アメリカだってもとはイギリスの植民地だったではないですか。それがいまやイギリスを凌駕している。たとえ植民地になったとて、日本はいずれアメリカを凌駕しますぞ」と冗談まじりに答えたと。そういうやりとりがあったのです。

半藤　さすがは吉田茂、うまいこと切り返しましたね（笑）。

竹内　そして四月、吉田の右腕で大蔵次官だった池田勇人が渡米してGHQ経済顧問のジョセフ・ドッジに会う。ドッジの秘書官がその会見のことを五月十日、国務省に報告していました。「日本政府は早く講和を結びたがっている」と。「その場合、おそらく講和の条件を満たすためには、米軍の維持が要請されるだろう。もしアメリカ政府からそれを言い出すのがためらわれるのであれば、自分たち日本政府のほうから要請してもいい」。そのように池田が申し出たと報告しています。

半藤　表向きには経済・財政問題を協議するためとしていましたが、じつは講和をどういうかたちでやるかということの瀬踏み、それが池田に与えられたほんとうの使命だったのです。

保阪　その渡米には白洲次郎や、のちの首相宮沢喜一も同行させていました。

竹内　六月六日、休暇を終えて帰ってきたダレスが国務長官のディーン・アチソンにつぎのようなメモランダムを出します。「いろいろ考えたけれども、やはり日本政府は、SCAP（連合国総司令官）の監督の下で警察力と海上保安力をもっと増やして、間接侵略に対して対応しなくてはいけない」。ダレスが日本の再軍備の必要性について口にしたのは、たぶんこのときが初めてです。

そしてダレスは、正式の講和条約を締結する前に、予備の講和条約交渉を行なうべし、と主張したのです。その構成は、極東委員会の国々のほかにインドネシア、セイロン（現・スリランカ）、南朝鮮、インドシナ。そしてここがおもしろい。「中華民国と中華人民共和国、これを両方とも呼びなさい」と言った。「両方とも呼び、最終的な草案に対して両方が賛成するならば、それを一票とする。それぞれ反対するならば二票とカウントする。全体の三分の二以上の賛成票をもって決定としたらいい」と。「予備会談はハワイで一九五〇年の秋に開催。東京で講和会議・本会議を行なう際には、参戦国すべてを招聘すべし」。そういう提案をダレスは国務長官にしていたのです。これが六月六日ですから、朝鮮戦争が始まるまさに直前のことでした。こういう発案が、朝鮮戦争ですべてパーになってしまいました。

松本　つまり朝鮮戦争が始まると、たちまち政治が消えて軍事が前面に出てきたということですね。

竹内　そうなんです。松本さんが竹内好の論考を紹介されましたが、『敗北を抱きしめて』の著者、歴史学者のジョン・ダワーが、最近、比較的それと似ている認識を口にしています。「日本がいまなお対中・対韓国関係で硬直している元凶は、サンフランシスコ・システムにあり」と。なるほど言われてみれば、サンフランシスコ講和条約は、朝鮮戦争が起きたせいでそれまで検討され熟慮されたプランがだめになり、その直後にバタバタと結ばれた条約でした。日本の今日は、そんな講和条約にがんじがらめにされ、その果てにあるのだなあと僕は思った。

●J・ケナンの構想と対日講和七原則

竹内　マッカーサーが「日本は中立でもいいではないか」と口にしていたことをさきほど紹介しましたが、じつはそれも充分あり得た選択肢だったと思います。先日、ジョージ・ケナンの評伝を読んでいてその思いを強くしました。米国の外交官ジョージ・ケナンは、ごぞんじソ連封じ込め政策の張本人ですが、のちに当時を振り返って「あのときに軍事的な力点をより重く置き過ぎて、政治的な力点を軽んじたことは失敗だったのではないか」と悔やんでいるのです。

まだ中華人民共和国の成立前の一九四八（昭和二十三）年、ケナンは「ヨーロッパではフィンランドからずっとまっすぐ南へ、スイス、ドイツを中立地帯にすると、東と西のあいだに緩衝地帯ができる。ソ連という国を自分はよく知っているが、ソ連はいま攻勢をかけるべき国ではない。緩衝地帯があれば当面のあいだ東西両方が共存できるはずだ。極東もまた、朝鮮半島と日本を緩衝地帯にすれば安定するだろう」と述べていた、と『評伝 ジョージ・ケナン』の著者ジョン・ルカーチは書いています。国務省政策企画室長のケナンが昭和二十二年七月にマッカーサーに会って、日本を早く独立させろと迫ったのは、日本を西側陣営に入れるためだけに言っていたわけでは、どうもないらしい。日本を対ソ緩衝地帯にしようと考えていた。

つまりヨーロッパでもアジアでも中間地帯さえきちっとつくれば衝突を回避できる。彼はだからこそドイツが半分に分かれることに反対していたのです。ほかでもないアメリカの、冷戦政策を主導した重要人物の頭のなかにそういう発想があったというのは、驚きでした。

保阪 いやはや、そうでしたか。こちらは東京、「曲学阿世の徒」発言から二カ月後の、昭和二十五年七月十四日。吉田は第八通常国会での施政演説のなかで、全面講和に反対する持論を明確に述べました。「全面講和とか永世中立論は現実遊離の論であるばかりでなく、自ら共産党の謀略に陥らんとする危険な思想で、日本の安全保障は自由国家群とともに、世界平和に貢献せんとする意気を明瞭に示すことによって得られる」。それは、再軍備否定、国際共同防衛の理念にもとづいての考えだったと回想録では強調していますが。

この施政演説の直後、吉田はまさに始まろうとしているダレスとの交渉に先立って、講和条約のために日本が要求すべき案について外務省幹部に早急に検討するよう指示を与えました。でてきた案は四つ。アメリカ依存、国連依存など、いずれも軍備は他国任せです。ただし、そのうちのひとつであるC案は、非武装中立地帯設置を要求する案でした。それも選択肢の一つであるとして、具体案をつくるよう吉田が直々《じきじき》に命じたものでした。吉田は、ダレスとの講和交渉が難航することも想定して、アメリカ政府に「アジアに東西冷戦は持ち込むな」との要求を提示しようとしていたことがうかがえます。C案はそのための切り札でした。しかし、吉田のこの案は、けっきょくC案がダレスに提示されることはありませんでした。

竹内　通底していますね。ジョージ・ケナンの構想と……

保阪　そうですね。アメリカは日本との講和をどうするか、国論としてまとめなくてはならなかった。対日講和七原則をつくる過程では、かなり難しい調整が必要だったでしょうし、そういう事情を、吉田はよくよく承知していたと思うのです。対日講和七原則を参考のため、以下にその全容を示します。

合衆国は、戦争状態を終結させ日本に主権を回復し、日本を自由な諸国民からなる〔国際〕社会にその対等な構成員として復帰させるための、日本との条約を提案する。個別的な事項に関しては、条約は以下で提示する諸原則に沿うものとすべきである。

一、**当事国**　日本と戦争状態にあるいずれか、あるいはすべての国で、〔ここに示された〕提案を基礎にして合意を確保し講和を成立させる意志があるもの。

二、**国際連合**　日本の加盟は検討されることになる。

三、**領土**　日本は、(a) 朝鮮の独立を承認し、(b) 合衆国を施政権者とする琉球諸島および小笠原諸島の国際連合による信託統治に同意し、(c) 台湾、澎湖諸島、南樺太および千島列島の地位に関する、イギリス、ソヴェト連邦、カナダ、合衆国の将来の決定を受諾しなければならない。条約発効後一年以内に何の決定もなされない場合には、国際連合総会が決定する。〔日本は、〕中国における特殊な権利および権益を放棄しなければならない。

四、**安全保障**　国際連合による実効的な責任の負担というような別の形での満足できる安全保障上の取決めが達成されるまでの期間、日本地域の国際的な平和と安全保障を維持するために、この条約は、日本の諸施設と合衆国および恐らくは他の諸国の軍隊との間に、継続して協調的な責任〔関係〕が存続するように配慮しなければならない。

五、**政治上および通商上の取決め**　日本は、麻薬および漁業に関する多国間の条約に加入することに同意しなければならない。戦前の二カ国間の条約は、相互の合意を通じて復活させることができる。新しい通商条約が締結されるまでの期間、日本は通常の例外措置には従うものとして最恵国待遇を与えることができる。

六、**請求権**　すべての当事国は、一九四五年九月二日以前の戦争行為から生じた請求権を放棄する。ただし、（a）連合国がそれぞれの領土内において日本人の財産を一般的に取り押えている場合、および（b）日本が連合諸国〔の人々〕の財産を返還する場合、あるいは原状に戻すことができない場合に損害額に関する協定で合意された一定の比率を円で補償する場合は、除くものとする。

七、**係争**　請求権に関する係争は、国際司法裁判所長が設置する特別中立裁判所で解決する。その他の係争は、外交的な解決あるいは国際司法裁判所に委ねる。

このように決着するまで、おそらく日米双方、公式記録には残らないさまざまな動きがあったのではないかと僕は想像します。そしてその行きついた先が日米安全保障条約でした。

竹内　つまりこの対日講和七原則もまた、朝鮮戦争が起きたことによって生じた東西対立という制約に規制されることになったわけですね。

松本　マッカーサーが「日本は中立でもいいではないか」と口にしたことがさきほど竹内さんから紹介されましたが、昭和二十五年五月六日に彼がオーストラリアの記者に語った話が朝日新聞に載っています。シドニー・デイリー・ミラー紙のバット・ローズ記者の談話です。

「講和後の日本を防衛するため米国が日本に基地を保有するかどうかという問題は、全く日本自身が決めるべきだというのがマッカーサーの意向である」

保阪　その見出しが凄いですね。

「マ元帥の対日観　近代戦に使えぬ国　連合国中立継続を希望」

「いまなお戦闘的な民族だ」という、元帥の日本観まで紹介されている（笑）。

松本　さらには、「五十年間放置したところで第四流の軍事国家以上になれないとみている」。かなり日本を見下したようなことまでマッカーサーは言ったことになっていますね。ほんとうに言ったのかもしれませんが（笑）。

竹内　いずれにせよ、ポツダム宣言には、日本に新秩序が確立され戦争能力が失われたことが確認されたら占領は解かれなければならないとはっきり謳われていました。そうなったら占領軍は撤退しないといけないという条項がある。ですからアメリカ軍とオーストラリア軍が残るというようなことになれば、「ポツダム宣言の継続状態という解釈をして、オレたちにも占領させろとソ連が乗り込んでこないとも限らない。ソ連がそう言ってきたらどうする」という議論も国務省内にはあったのです。

保阪　じっさいサンフランシスコ講和会議では、ソ連のグロムイコは「これは新しいかたちの占領だ」と主張しています。「アメリカ単独での占領になっていることに、我々は断乎反対する」と言って退席しましたね。

松本　オペラハウスの講和会議は昭和二十六年九月四日から八日まで開かれ、参加国は五十二カ国でしたが、ソ連、ポーランド、チェコスロバキアの三カ国をのぞく四十九カ国が調印しました。

半藤　日米安全保障条約の調印は、ひきつづきその日の夕刻、おなじサンフランシスコ市内の第六軍司令部でなされたのでしたよね。米側はたしか四人が調印の席にでてきているのですが、日本サイドは吉田茂一人だった。

保阪　そうです。この条約の問題点を吉田は熟知していました。だからこそ、それに署名する責任を、全権団に加わっているほかの将来ある政治家、たとえば池田勇人などには負わせたくないと考えたからだとも言われています。

半藤　なんといってもこの条約の肝は、丸裸の日本の安全と防衛の責任を、アメリカが全面的に負うというところにある。その代わり日本は基地を米軍に提供する義務を負うわけです。米軍は占領軍から駐留軍と、その名を変えました。

保阪　しかも軍事基地の置き場所はアメリカの勝手でどこにでも決められる。

半藤　この条約には事前協議の制度が設けられていなかったので、極端な話、駐留米軍が通告してきたら、たとえば羽田に戦闘機が大挙着陸してきても日本政府には文句は言えないのです。また、在日駐留米軍の行動範囲をアジア全域に拡大することもできる。米側にたいへんなフリーハンドを与えるものでした。

保阪　じつはこの条約、日満議定書とかなり似ているんです。ごぞんじのとおり日満議定書とは、満州国成立から半年後の昭和七年九月に、関東軍司令官だった武藤信義陸軍大将と満州国の鄭孝胥《ていこうしょ》国務総理のあいだで調印された行政協定です。項目は三つ。一、満州国の承認、二、満州での日本の既得権益の維持、そして三つ目が、共同防衛の名目での関東軍駐屯の了承でした。

竹内　ああ、なるほど。外交官だった吉田がそれに気づかぬわけはありませんね。

保阪　だからこそ彼は自分ひとりで調印の責任を負ったのだと思います。旧安保条約を「片務的、片務的」と言い募ったのは、かつての軍人と満州建国に関わった官僚です。吉田のみならず、岸信介（満州国国務院）や、重光葵（外交官・外務大臣）が日米安保協定をなんとしても双務条約にすべく改訂しなくてはならぬと強く思ったのは、彼らの頭にも日満議定書があったからではないでしょうか。

●米軍駐留容認の源流

半藤　そもそも、講和後の米軍駐留容認の源流はどこにあったか。それはかなり前、とも言うべき片山社会党内閣のときでした。当時日本政府には、講和後にソ連が攻め込んでくるのではないかという恐れがあったわけですね。外交官出身の芦田均外相が中心になって、講和後のプランをつくります。アメリカ軍にそれを見せたのが、昭和二十二年九月十二日のことでした。その内容は、東西の対立が激化せず安定した場合は、新しくできた国際連合に安全保障を委ねたい、しかし緊張が高まった場合にはアメリカ軍が駐留して日本を守るということを、講和条約に明記してほしいというものでした。けれど、アメリカが日本を属国にするような条約は、ほかの国から文句が出るかもしれないという心配がある。そこで日本政府としては、日米の特別な合意のもと、日本から自国の防衛をアメリカにお願いするというかたちにしたい、と。芦田はそれを秘密文書としてまとめてGHQのR・L・アイケルバーガー陸軍中将に手渡すのですよ。

竹内　そうでしたか、ずいぶん早いんだなあ。

半藤　以来アメリカには、「日米特別合意によって自国の防衛を米に委ねたい」と日本側から申し出があったことがずっと頭にあったはずです。芦田は天皇にもその秘密文書を見せていました。

この提案が通れば、アメリカ軍がすぐにでも日本本土に駐留する可能性がでてきます。となれば、神奈川県の三浦半島全部を米軍基地に、などというようなことにもなりかねません。どうやら昭和天皇はこの外務省案に不満だったようです。この案を見せられた一週間後の九月十九日、天皇は自らの構想を、宮内府（新憲法によって宮内省はこう名を変えた）の御用掛でマッカーサーとの会見にも通訳として同行した寺崎英成《ひでなり》を通してGHQに伝えるのです。伝えられた意向とはつぎのようなものでした。

「天皇は、アメリカが沖縄をはじめ琉球ほかの諸島を軍事占領し続けることを希望している。天皇の意見によると、その占領はアメリカの利益になるし日本を守ることにもなる。（中略）天皇がさらに思うに、アメリカによる沖縄（および要請があり次第ほかの諸島嶼）の軍事占領は、日本に主権を残存させたかたちで長期――二十五年から五十年ないしそれ以上――の貸与をするという擬制のうえになされるべきである」

つまり、日本本土はイヤだが沖縄諸島をこのまま軍事占領してもらうのはかまわないということを、講和の前哨戦として天皇のほうから提案していた。アメリカは天皇の戦略観のすぐれていることにびっくりしたかもしれません。結果的にその案を採用して、アメリカはグアム、沖縄、台湾を結ぶ弧状の線をアジア戦略の防衛戦にして今日にいたるわけです。まあ、いずれにしてもやはり最初は芦田つまり日本政府の提案でしょうね。

松本　天皇は二・二六の時もそうですが、この沖縄の軍事占領の問題でも、やはり「畏るべき」政治家の側面をもっていますね。こういう政治的な冷徹さは、選挙で庶民に選ばれてくる政治家にはないですね。

保阪　もし朝鮮戦争が起きなかったら、アメリカ軍は本土からは引き上げたと僕は思います。「日本よ、国防は自分でやれ」と、そういうことになっていたでしょう。もちろん沖縄には軍事基地を置き続けたでしょうけれども。

竹内　それがマッカーサーの強い意思でした。

保阪　そして日本は軍事費になけなしの予算を割くことなく、経済復興に邁進することになりました。「特需」といわれる戦争景気は、朝鮮戦争の開始から一年間で、物資で二億二千百七十万ドル、サービスで九千三百四十万ドルに及び、二年目、三年目もさらにふえていった。日本の重工業、軽工業、食品、繊維、サービスなどあらゆる企業が黒字に転化していったのです。そういう意味では金日成に感謝すべきですね。

半藤　いや、あの人に感謝はしたくないねえ、私は（笑）。

竹内　もしケナンの発想どおり、ヨーロッパもアジアにも中間地帯を置いていたら戦後の世界の歴史ってどうなっていたであろうか、と僕は思ってみたりするのです。

保阪　日本人はかなり緊張感のない、というか、夢みたいなことばかり言っている民族になったかも知れませんよ。

竹内　うーん、そうかなあ。

第十三章　安保条約と吉田ドクトリン

報告

保阪　昭和二十六年九月四日の、サンフランシスコ講和会議のことは前章でも触れました。くどいようですが、もう一度だけ確認しておきましょう。日本と宣戦布告を交わした五十二カ国が参加し、九月八日には日本を含む四十九カ国が調印。調印を拒否した三カ国はソ連、ポーランド、チェコスロバキアでした。しかし、結果的に調印したとはいうものの、フィリピンやインドネシア、セイロンなどアジアの国々のなかには、日本に対して賠償を放棄することに抵抗を示す国もあった。それを事前に米国務長官のダレスが「日本から賠償をとるといっても現実には難しい。仮にとったとて、その賠償金はわれわれの方から回った資金だから、それなら初めからわれわれの方で支援したほうがいい」と説得してまわっていたのです。

このとき僕はまだ満十一歳でしたから、当時のことを詳しく知るよしもありません。けれど僕の父親が、木枠のラジオに耳を当てながら、夜中かあるいは朝方だったか、波が押し寄せたり引いたりするような音の混じる海外からの放送を聴いていた姿を覚えています。そんなに熱心にラジオ放送を聴いていたのですから、父にとっても日本が独立を回復することが決まる国際会議が楽しみだったのでしょう。父はもしかしたら、アメリカに占領されていることへの不快をずっと味わっていたのかもしれません。

とにもかくにも講和条約が調印された日の午後五時頃、吉田だけがサンフランシスコの第六軍の司令部にたった一人で赴いて、日米安保条約に調印します。吉田が随員の一人に「この条約はいつか問題になるだろう。そのときのために調印式にでるのは自分だけでいい」と言ったことも、すでに紹介したとおりです。

五条からなる「日米安保条約」の骨格は、戦勝国が日本を占領してきた状態をそのままアメリカが引き継ぐというものでした。アメリカは日本における軍事基地を自由につかえるとし、いっぽう日本はアメリカの防衛義務は負わないという不平等な内容です。第三条には「アメリカ合衆国の軍隊の日本国内及びその附近における配備を規律する条件は、両政府間の行政協定で決定する」とある。安全保障条約では、アメリカの施設や土地の使用を日本に約束させているのですが、その司法権、関税手続き、租税、請求権などの重要な部分については取り決めがないのです。それは別途政府間で決めることとしました。国会での批准などを必要とする「条約」に対して、「協定」はそういう手続きを必要としません。つまり、あまり表沙汰にしたくない取り決めは、国民に明らかにすることなく政府間の合意で決めてしまえる。それが行政協定でした。

吉田が調印したあと、米国務省と日本の外務省とのあいだで事務的な交渉に入ります。最終的には昭和二十七年二月二十八日に、日米安全保障条約第三条にもとづく日米行政協定が結ばれました。

僕も含め一般的には、サンフランシスコ講和条約、安保条約、行政協定、と順を追いながら、「独立」のありようがだんだん骨抜きになっていって、実質的に占領下とおなじ状態になったと認識しています。独立したら軍事力はもたず、経済復興に力を集中する。いわゆる軽武装、経済重視ですね。そして反共陣営に属することを明確にするという大方針が、いわゆる「吉田ドクトリン」です。それを貫く以上、軍事はアメリカに依存するというかたちの安保条約を結ばざるを得ず、安保条約を補完するための行政協定が必要だった。そういう流れで僕らは考えていました。ところが孫崎享氏は「寺崎太郎は違う見方をしていた」と指摘しておられます。寺崎太郎はごぞんじのとおり昭和二十一年五月に第一次吉田内閣で外務次官となり、吉田首相とぶつかって二十二年二月に辞職した人物です。

第十章の再軍備問題のときにも孫崎氏の『戦後史の正体』について触れましたが、孫崎氏は同書のなかで、寺崎太郎の『寺崎太郎外交自伝』につぎの記述を見つけて「びっくりした」と書いています。その部分を紹介します。

「承知のように、日本が置かれているサンフランシスコ体制は、時間的には平和条約［講和条約］―安保条約―行政協定の順序でできた。だが、それがもつ真の意義は、まさにその逆で、行政協定のための安保条約、安保条約のための平和条約でしかなかったことは、今日までに明らかになっている。（中略）つまり本能寺［本当の目的］は最後の行政協定にこそあったのだ」（［］内は引用者注）

寺崎太郎は、アメリカは行政協定によって日本の占領を永続し、実質的に属国化したと見た。しかもそれこそがアメリカの真の目的であったと言うのです。そしてそれをカバーする上部構造として日米安保条約があり、その日米安保条約を認めさせる代わりに講和条約発効によって独立を与えたのだと。孫崎氏は、そういう発想をした寺崎太郎の解釈を、「追随派」あるいは「アメリカ迎合」の吉田に対置させて「自主独立派」の論点として評価している。僕が、それに対して「なるほどそういう解釈もあるのか」と思う半面、そのことを日本国民がそのまま理解できるとは思えないとの感も受けています。

さて、独立を果たしたあと、昭和二十八年になるとアメリカは日本に対して軍備増強の要求を強く迫ってきた。それをめぐる生々しいやりとりを、宮沢喜一元首相が証言しています。舞台はワシントンDCのアメリカ国務省。昭和二十八年十月五日から三十日にかけて開かれた池田勇人自由党政調会長とウォルター・ロバートソン国務次官補とのあいだで行なわれた会談でのことです。この会談の席上で、アメリカ国務省からきわめて具体的な防衛計画の案文が提示されます。

宮沢は前年に大蔵省を退官し、この年の四月に参議院議員になっていて、大蔵政務次官だった愛知揆一《きいち》とともに随行していました。『戦後政治の証言』（読売新聞社）から紹介します。

「日本の防衛計画について、米国防省の具体案がでてきたのは三回目の会談であった。

一、航空部隊

邀撃機　九連隊　二二五機

全天候機　三連隊　七五機

戦闘爆撃機　六連隊　一五〇機

戦術偵察機　三連隊　五四機

輸送機　六連隊　九六機

その他　二〇〇機

但しこれらが全部整うまでには三、四年を要する。要員数三万名。現年度に於いてはパイロットの訓練に重点を置き、T33練習機若干を援助して送り、パイロットの養成学校を開く」

以下、「海上部隊」として整えるべき艦が各種何隻、「陸上部隊」に整えさせたい部隊は、いついつまで何個師団……とつづきます。その要求はあまりに具体的でした。

さて、アメリカが要求してきたこの武装化要求に対して池田、宮沢らはどう対処したか。宮沢はまことに正直に告白しています。

「私たちの軍事知識はまことに付け焼き刃であり、本来ならば保安庁の専門家をつれてくるべきなのであった。また、保安庁では昭和三十二年度を目標として、二十一万人、艦船十四万五千トン、航空機千四百機（うち半数はジェット機）という『警備五か年計画』が検討されていた。ただ、保安庁と協議すれば、米軍事顧問団を通じてワシントンに伝わってしまう心配があったので、あえて避けたのである」

つまり、当時の保安庁はアメリカの子飼いになっていたことを明かしている。宮沢によれば、「保安庁は占領中はどこにでもある話ですが、アメリカのカウンターパートと組ができていまして、情報がそこに流れてしまって」いたという。吉田内閣は身内に〝敵〟を抱え、さながら孤軍奮闘だったことがわかります。〝身内の敵〟と言えば、もそうでした。というのも、朝鮮戦争が終局に近づきアメリカが準備していた軍事予算と軍備が不要になるということが見えてきた。それらを同盟国に何らかのかたちで分け与えたいという動きがアメリカにでてきます。それはＭＳＡ（Mutual Security Act 相互防衛援助）と言われました。また、ＭＳＡのうち日本に対しても相当なものが予定されているという情報があった。財界は朝鮮戦争が終わったら、何か新たな景気刺激材料が欲しいものですからＭＳＡに関心を寄せ、ひいては軍備増強に積極的な意見が強くなってきていたわけです。そういう事情も手伝って、アメリカとの交渉過程では、吉田が考えていた軽武装方針については表には出さないという戦術をとっていたのだなあ、ということがわかりました。

では、具体的にはどういう論理で吉田は軍備増強を求めるアメリカに対抗していったのか。

武器は「日本社会党」でした。GHQとの折衝で難癖をつけられたとき、吉田は「あなたたちの要求は確かによくわかる。だがごぞんじのとおり、私たちの国には日本社会党という厄介な野党がいる。この政党は、たぶんそうした案件に反対するだろう。そのことはつまり日本の政情が不安定になることだ」と言ったといわれています。半ば恫喝にも似たこのようなもの言いは、GHQの占領後期に過大な要求をつきつけられたときの切り札でした。また吉田は、昭和二十年代に、しばしば「社会党育成論」を口にしており、「社会党にしっかりしてもらわなければ困る」と言った。それもむべなるかな。社会党という存在をこうしたかたちで利用することを、政治的計算に入れていたからなのです。

吉田はその晩年に、『エンサイクロペディア・ブリタニカ百科事典』の追補年鑑（一九六七年版）に「日本を決定した百年」という原稿を寄せています。京都大学の高坂正堯に書かせたといわれるこの論考で、戦後復興が成し遂げられ、安定した社会を迎えることができた理由について、吉田は示唆に富む言い方をしています。

「戦後の日本人は、敗戦と占領という状況に直面したとき、ずる賢く占領軍を迎えるのではなく、占領軍の指示した大変革に対して男らしい態度をとり、言うべきことは言ったあとで、改革を行ない、その改革のなかに日本を再建する方法を見いだそうとした。そしてそれができたのは、日本人が過去の過ちにくよくよする代わりに、現実を見つめ、こつこつと働いたためであった。攘夷に失敗して西欧諸国の力を知った武士たちがあっさりと開国に踏み切ったように、戦争に敗れた日本人はその敵の美点を認めた。占領軍のすべてが正しいとは思わなかったが、アメリカやイギリスが概して立派な文明をもっていることを日本人は認めたのである。疑いもなく日本人は『GOOD LOSER（よき敗者）』だったのである」

吉田の認識は、GHQの占領政治が総体として悪くはなかったというものでした。この感覚は、戦後糾合された社会党の、結党からの歴史に宿っている占領前期の認識と見事なまでに一致している。ただ一つ、吉田とかつての社会党指導者との違いは、共産主義に対して寛容であるべきか否かという一点だけと言っていいでしょう。吉田に代表される保守本流は断乎排撃の側にあり、社会党は大勢としてその擁護ないし黙認という立場でした。

それゆえ「吉田ドクトリン」実現のため、吉田が内向きにつかった武器は「反共」だったのです。

社会党、共産党、非武装中立と全面講和を主張する国内のグループ。いずれの抵抗勢力に対しても、論点の一つ一つに丁寧に対応するということを吉田はあえてしなかった。

自らの方針を「反共」というひと言に集約させて、半ば議論を封殺するようなかたちでそれらを押さえたのです。そしてもう一つの武器が「自衛隊は軍隊ではない」という言い方でした。あくまでそう言い張ることによって軍事的制約から逃れ得た。憲法を変えることなく、自衛隊を軍隊と認めず行政の枠組みのなかに押さえ込んでおく。吉田茂は、そのことによって戦後日本が生き延びるための道筋を描いたのだと思います。

戦後日本のスタート時に、吉田がつかった論理の二重性。それがいまも続いています。その二重性を「知恵」であったと考えるならば、これは昨今の言説ですが、自衛隊を「国防軍」と言い換えようなどと言い出す無神経さに僕は苛立ちます。国防軍という概念に置き換えられたとたん、今度は人事権、警察権、裁判権をはじめとする軍の独立した権力構造をつくらなくてはならなくなる。単なる看板の掛け替えとはわけが違うのです。

まあ、それはともかく、敗戦国日本にとって主権が回復するということは、国家の基本的権利が確立することでした。つまり国家としての当然の権利をもつということです。アメリカ主導であり、アメリカに軍事まで負って独立するのは吉田にとって不本意なことではあったが、ともかくこの基本的権利を確立することにかれは意義を求めた。

この選択は、結局歴史が評価をくだすのですが、僕はいまにして思えばきわめて妥当な選択ではなかったかと思います。その後、日本は一貫して自由主義陣営に身を置き、国内では中立政策を要求する社会党などの野党と、国外ではソ連、中国などの社会主義陣営と対立しますが、国家の基本的権利は逆にこの選択によって守られたのではないかと思えるのです。

吉田茂は昭和四十二年十月二十日に八十九歳で亡くなります。国葬はこれまでに岩倉具視《ともみ》、伊藤博文、山県有朋、東郷平八郎、山本五十六《いそろく》ら十二人で、戦後は吉田が初めてでした。このとき社会党の勝間田清一委員長が吉田の死を悼む談話を発表しています。

「吉田さんは日本の敗戦と混乱のなかで、秩序と平和と新しい日本の建設の土台を築いた偉大な政治家である。何よりも強調したいことは、不安と絶望に打ちひしがれていた戦後の国民に心のよりどころとなる勇気と励ましを与えてくれたことである。今日、日本は高い国際的地位を占めているが、吉田さんの功績を考えないで戦後の日本の歴史を語ることはできない」

敵対した社会党の、しかも左派であった勝間田清一が、こうして吉田に最大級の賛辞を送ったのです。

討論

半藤　孫崎氏が感心したという寺崎太郎の解釈ですが、どうなのかしら。私も保阪さんと同様、講和条約があってその裏腹に安保条約があるという認識でおりましたよ。

保阪 ところが彼は行政協定からはじまるというのです。

半藤 うーん、そうかねえ。沖縄問題にからんだ今日的風潮から出た論じゃないですかね。

竹内 ところで池田勇人と宮沢喜一がドッジを尋ねて「こちらから駐留を言い出してもいいですよ」と言ったのはいつでしたっけ。

保阪 昭和二十五年四月のことです。

竹内 朝鮮戦争の直前でしたね。

半藤 「必要ならば、日本政府から何らかのかたちで駐留の依頼を申し出る方法を研究してもいい。この点は憲法違反にならないように留意する」とこちらから申し出ました。

竹内 アメリカにとってはそれがまさしく渡りに船となった。

半藤 池田がドッジをつうじて秘密裏にアメリカ政府に申し込んだのでした。それを受けてアメリカ政府はご指摘のとおり、渡りに船だというので、ダレスを正式に国務省顧問にして日本に送り込んできた。そして、ダレスと吉田とのあいだの直接交渉になっていく。昭和二十五年六月二十二日の会談で、再軍備、再軍備と言い募るダレスに、吉田が「たとえ非武装でも、世界世論の力で日本の安全は保障されると思うのであります」とやったんですね。それを聞いたダレスが目を丸くして「不思議の国のアリスに会ったような気がする」とつぶやきました。これほんとうの話ですよ。要するにアメリカは、独立日本を非武装にはしておきたくなかったのです。再軍備させて反共の強力な防波堤に早くしたかった。

竹内　もっともアメリカは、戦後すぐは日本の武力を弱めようとしていたのですよ。石油会社の重役ポーレーを団長とする賠償使節団が来日するのが一九四五（昭和二十）年十二月。そのとき発表された中間賠償案は、「残存する生産設備のうち、軍需工場はもちろんのこと、軽金属工業のすべてと、発電施設、鉄鋼、化学工業、機械造船、鉄道などの相当の施設も撤去して、日本のために被害を受けた諸国に分配する、日本の生産水準は一九三〇〜三四年当時の状態にもどす」という、まことに厳しいものでした。つまり当初方針は、民主化はするけど日本の国力は奪ってしまおうということだったわけですからね。

半藤　じっさいまだ内地には、相当の国力があったのですね。

保阪　残っていましたよ。とくに海軍関係はかなりのポテンシャルを持っていました。

竹内　ですから日本との講和は、もしかしたら中間賠償案の示すような方針のもとで結ばれていたかもしれない。少なくともその可能性はあった。しかし現実には冷戦が厳しくなって、ダレスの来日を見計らったように朝鮮戦争が起こる。その前と後とでは、アメリカの日本処理の方法というのは、ぜんぜん違ってきたわけですね。

松本　これも賠償使節団来日の頃のことだと思いますが、「日本を百年たっても戦争ができないような国にする」という文言をなにかで読んだことがあります。たしか、マッカーサーの発言ですが、オーストラリアのシドニー・デイリー・ミラー紙のバット・ローズに語ったということが、朝日新聞（昭和二十年）にですね、「マ元帥は日本人を近代戦における戦闘員としてはだめだとみており、たとえ連合軍が五十年間日本を完全に放置したところで第四流の軍事国家以上にはなれないとみている」（UP共同）とあります。それが、アメリカのほうから再軍備を要求してくるに至るわけですからね。ドラスティックな転換でした。

●対日政策大転換のあとに

竹内　東西冷戦が、朝鮮半島で熱戦に変わった。そのことによって、サンフランシスコ講和条約と日米安全保障条約が表裏一体となって成立した。これはまさに朝鮮戦争の鬼っ子でしたね。もう一つは、日本の工業力をなるべくゼロに近づけようとしていたのに、もの凄い援助の投下に変わった。朝鮮戦争が起こったとたん、逆に日本を強力な工場にしようというふうに完全に方針が転換されたわけです。一九五〇年から五三年にかけてアメリカは、毎年何億ドルというお金を日本に注ぎ込みました。

半藤　特需は日本の産業界に大量生産方式と品質管理を教えることになった。

竹内　そうなのです。重工業、電気工業、自動車産業、ぜんぶそうです。

保阪　綿布、毛布、麻袋など繊維産業もね。そして歯ブラシ、石鹼など兵隊のつかうものならなんでもと言っていいくらいGHQが買い上げてくれました。

半藤　朝鮮戦争というと、いまではアメリカが当たり前のように勝った戦争と思われているかもしれませんが、アメリカはある時点までたいへんな苦戦を強いられていた。なにしろ司令官マッカーサーが、原爆をつかいたいと言い出したくらいなのですからねえ。そういう事情を後ろにおかないと、「アメリカのドラスティックな方向転換があった」といういまの話も焦点がボケてしまう。

竹内　たしかにそうですね。背に腹は替えられず、日本の産業を活性化させる道を選んだ。もし日本がアメリカの言うとおり再軍備をはじめていたら、日本軍は朝鮮にもっていかれましたね。

半藤　そりゃあ、もっていかれたでしょう。当然のことのように。そんな状況下にあって吉田茂はぜったい軍備はしないと頑張ったんです。

保阪　そこが面白いところです。吉田は軍人が嫌いでしょう。そして日本軍が嫌い。僕は、軍が嫌いなのではなくて日本軍が嫌いだったのだと思っていますが。つまり、シビリアン・コントロールのアメリカのような軍ならいい、と。

半藤　そう思っていたかしら。私はそうは思っていなかったと思う。日本人のつくる軍隊というものは、シビリアン・コントロールなんてきかないほど無謀かつ暴力的なものと考えていたのではないかな（笑）。

保阪　まあ、いずれにせよ、彼の皇軍嫌いは徹底していますね。警察予備隊の創設、海上保安庁の職員増員は昭和二十五年からはじまります。この予備隊の募集には、旧軍に属していた将校が多数応募してくる可能性があった。それに対して吉田は、この構想を進めることになった自治庁（旧内務省、後の自治省）の面々に「決して旧軍の指導部にいた者は雇用しないように。とくに佐官以上の者を雇うことはしない」と命じていました。

半藤　昭和二十八年十月の、池田・ロバートソン会談でアメリカ側が要求してきた軍備増強案は、どういうふうな決着をみたのでしたかな。

保阪　あのときアメリカが示して求めた戦力がどれほどの大きさなのか、その詳細は僕にはわかりませんが、そのアメリカの期待値に対して日本が答えようとしたのは、相当小さいものだったようです。さきの米側提示の翌日、日本側が提示したのが「防衛五カ年計画池田私案」。この案は国内でも大きな波紋を呼んだものでした。文書の冒頭には「下記は池田勇人氏による日本防衛計画についての個人的研究の結果である。日本で入手し得るあらゆる情報に基き、かつ基本的には日本政府の最近の考え方を採り入れているが、公式のものではなく、又最終的なものでもない」とあって、かなり慎重に臨んでいたことがわかる。日本側提案が米国案といちばん違うのは陸上部隊を十八万人とした点でした。

長い交渉の結果、米側が日本側提案をしぶしぶ呑むところとなります。これを最後に、アメリカ側が厖大な数字を示して日本に保安隊の増強を要求してくることはなくなったといいます。そしてその後、陸上自衛隊は十八万人体制を長くとり続けることになりました。

竹内　アメリカが朝鮮戦争での戦費を日本に投じた結果として、このとき日本の経済復興はかなり進んでおりまして、ほぼ戦前の域に達していました。一九五一年から五三年にかけての日本の経済成長たるやもの凄いものでした。アメリカは「そこまで経済力が回復したのなら自分の安全保障くらい、少しは自分でやってくれてもいいではないか」と被せてきていたのだと思います。なのに、スゴスゴ引き下がったのはどうしてでしょうか。

半藤　やっぱり「吉田ドクトリン」でしょう。つまり吉田の信念。日本の景気はよくなったけれども、それは朝鮮戦争で手にしたあぶく銭だと。まだ国力がついたわけではないのだからしたがってお断りする、ということだったのではないですか。

保阪　アメリカがそれだけのことを要求してきた裏側には、たとえば要望が実現すれば基地を拡大せざるを得ず、それによって日本を実質的に領土支配できるというような思惑もあったのかもしれませんね。ほかでもない日本軍の指揮系統はアメリカ軍のそれに組み込まれるのでしょうから。

半藤 現実的にはアメリカの軍隊となるわけでしょうからね。

保阪 どこかで戦争が起きて、たとえばキューバで戦争が起きたなら、もっていかれるということになる。じっさいに勃発し、やがて泥沼化したベトナム戦争にも韓国軍と同様きっともっていかれたでしょう。

松本 それも最前線でしょうね。イギリスがはじめはスコットランド兵、その後は傭兵のネパール兵を最前線に送りこむのと同じように、アメリカは黒人や市民権を手に入れたい移民を最前線に送りこむ。日本がサンフランシスコ講和条約で「集団的自衛権」を認められているのだから、再軍備すれば、国内の黒人の代わりに最前線に送りこまれたでしょう。

竹内 危ないところでしたよ。

保阪 現実に、志願兵として密かに行った人がいたのでしょう?

竹内 朝鮮戦争のときにはいるのです。義勇兵みたいなかたちでしたが。

半藤 上陸用舟艇の操縦手さんがかなりいた。

竹内 パイロットもたしか飛んでいまして、掃海艇もでていると思います。

半藤 でもみな輸送のほうで戦闘はやっていない。「軍隊ではない」と言っている手前、戦闘に参加して戦死者でも出したらコトなんです。いずれにしても吉田という人は、軍事に関しては徹底的にアメリカの要求を蹴っている。

保阪　そこのところは偉かった。

半藤　たしかに偉い。あのタイミングでつくっていたら、アメリカの傭兵でしかありませんでしたから。

保阪　その言い訳として「社会党みたいな五月蝿《うるさ》いのがいるから」と言うわけでしょう。

半藤　そういう意味では、社会党の存在理由が非常に大きかったといえる。

竹内　僕はアメリカの施策に抵抗する口実になったという点で、共産党を含め、戦後政治の中での日本の左翼の存在理由は凄くあったと思いますよ。

半藤　しかし、最近吉田ドクトリンを否定する人が多いですよね。

松本　昭和四十五年の佐藤栄作内閣のときに中曾根康弘が防衛庁長官になりました。そして新たに自主防衛五原則をつくった。それ以前の吉田ドクトリンでは日米安保条約が基本にあってアメリカに日本を守ってもらうというかたちだったわけですが、中曾根の五原則の場合には、自主独立を主軸におき、日米安保はそれを補完するという位置づけとしました。

竹内　そういう改定はあったにせよ、講和条約と表裏一体の日米安保条約が結ばれて、本質的にはなにも変わることなく今に至っているわけです。

●五十年後に見えた講和の実像

竹内　二〇〇一年は、対日講和条約締結五十周年の年でした。その記念式典が、かつて調印をしたおなじサンフランシスコのオペラハウスで開かれまして、僕はのぞきに行きました。会場に入ってみてびっくりした。講和会議には日本を除けば五十一カ国が出席していたわけですが、五十年後の九月八日に出席していたのはアメリカと日本の代表だけだったのです。主催が北カリフォルニア日本協会だったこともあるかもしれませんが、ほかの国からは外交官すら招待されていなかった。保阪さんの報告にあったとおり、やっぱりあれはアメリカが力任せに各国を説得した結果でした。四十八カ国（ソ連、ポーランド、チェコスロヴァキアは不署名）に対しては強引に調印させたのであって、本質的にはアメリカと日本、二つの国のあいだの条約だったということが非常によくわかる式典だと思いました。

松本　「単独講和」とは、ある意味で実態だったわけですね。

竹内　そのことを如実に五十周年式典が示しているように思いました。アメリカのゲストはパウエル国務長官とシュルツ元国務長官。日本からは当時の外務大臣田中眞紀子。宮沢喜一の講演もありました。

保阪　聴衆は？

竹内　当局者以外はジャーナリストと一般人のみだと思います。だから僕も入れたわけですが。そのあと僕はニューヨークに行きまして、そこで世界貿易センターに旅客機が突っ込んだ九・一一テロにぶつかったのですがね。

松本　その九・一一のあと、雑誌「諸君！」で中曾根康弘・宮沢喜一対談が行なわれました。あのときは私が司会をしたのですが、登場した宮沢さん、開口一番、「日米安保条約締結五十周年式典に出て、帰って来たばかり」だと言っていました。

保阪　他国は招待したはずなのに来なかったということでしょうか。

竹内　いや、僕は、招待もせずに日米二国だけでやったのだと解釈しましたよ。

保阪　イギリスも？

竹内　そうです。しかもこの式典の前に、日米安全保障条約が調印された場所、プレシディオ元陸軍基地で、同じメンバーが安保条約五十年の式典をやったという。ですからあのときは、講和条約の本質というものが五十年後にしてついに丸裸になったなあ、と感慨深いものがありました。

保阪　宮沢喜一をはじめ、ごく一部の人以外は世代代わりしているから、当時の空気をほとんどの参加者は知らないのですよね。会場の空気はどうでしたか。

竹内　会場のまわりでは反日デモがありました。日本の戦争責任を問うシンポジウムが、おなじときにサンフランシスコのいろんなところで開かれていました。そういう刺々《とげとげ》しい雰囲気でしたね。まあ、それはともかくアメリカは、日本の基地を自らのものとして守るためにはどうしたらいいのか、ずいぶん考えたのでしょう。占領を継続したほうがいいのか、講和条約を結んだほうがいいのか。ずいぶん考えて、占領をつづけるよりも基地を確保して講和条約を結んだほうがいいとの結論に達した。

保阪 そのときにはもう、かつての日本の軍国主義を恐れるということはなかったとお考えですか。

竹内 ええ、少なくともマッカーサーは、日本の民主化に成功したから早く講和を結ぶべきであると、昭和二十二年にはすでにそう言っていますからね。

保阪 あのときの吉田の政治的テクニックは、いったいだれが継いでいるのでしょうか。

松本 孫崎さんは、吉田も中曾根も「対米従属派」だとくくっているけれど、中曾根氏は吉田ドクトリンを批判しつつ、アメリカの力を利用している点では「自主独立派」を継いでいるほうではないですか。

保阪 たしかに中曾根もアメリカとのさまざまな交渉のなかでは、テクニカルなことをやっていたのでしょうね。昭和二十二年に初当選して代議士になると、憲法改正を主張していたせいもあったか当初はマスコミから「青年将校」と呼ばれました。その後首相になって、米大統領と「ロン・ヤス」と呼び合う外交をやるわけですが、その陰でかれがどういう戦略をもっていたかというと、吉田茂の戦略をかなり意識していたのではないかと思います。

松本　意識はしていたでしょうけれど、中曾根自身は表面的には吉田ドクトリンを批判していました。さきほど申し上げたとおり中曾根は自主防衛という路線でしたから。孫崎氏は、中曾根を「対米従属派」としていますが、私はそうは思いません。鳩山一郎と同様自主独立派で、そのためには憲法改正をしなくてはならないという考え方でした。中曾根は、本来自主防衛でなくてはならないが、残念ながらそれはいますぐ出せる状態ではないという認識だったのでしょう。ところが鳩山のほうはというと、現実的な手当てがないまま、自主独立路線に固執。在日米軍を撤退させて日本の集団的自衛権を認めさせるべく「日米相互防衛条約」の締結をアメリカに打診しました。「そんなことができると思っているのか」と国務長官になっていたダレスから蹴られたらなにも押し返す術がなかった。これが昭和三十年のことです。

それから五十四年後に、かれの孫の鳩山由紀夫が「普天間基地移転は出来たら国外、最低でも県外」などと、まさに現実的手当てなきまま同じような失敗をした。祖父の失敗を学びませんでしたね。中曾根は鳩山一郎の失敗を見ている、というか、わかっていました。そのためにどういうふうに自主防衛の軍備を固めるべきかを考え、着実に歩を進め、それで足りないところは日米同盟に負うとした。ですから、一九八三年の訪米中の「日米は運命共同体」発言や「日本列島不沈空母化」発言、あるいは防衛費の増額などをもって中曾根を「対米従属派」というのは、まったく読み違えていると思います。
保阪 吉田茂が「対米従属派」だなどという孫崎氏の評価もまた、ある意味でものすごくアバウトな捉え方だということになる……。
松本 ためにする批判ですよ。社会党左派の勝間田清一氏が評したとおり、吉田茂は日本再建のいちばんの功労者として評価すべきだと思います。岸信介の、安保条約改定にあたっての強引な手法に比べれば、吉田茂のやり方は二枚腰、三枚腰でした。それによって日本は再軍備することなく平和を守れたわけですから。
保阪 いま吉田茂を否定するもの言いのなかには、いずれも雑駁な、自存自衛論があり自主独立論があるように思います。そういう論をかざす人たちが、「自衛隊を防衛軍にしよう」などと言い出している。歴史的経緯を踏まえない、すごく乱暴で危険な言説だと思います。

●昭和天皇と吉田茂と占領体制

竹内 突飛なことを言いますが、吉田茂と、昭和天皇は、そういう意味での路線が一致していたのではないかしら。
松本 かなり一致していたでしょう。
竹内 もしかしたらお互いがそれぞれの場面で、たとえばマッカーサーに会うときには互いにある役割を担い、実質的に表裏一体となっていたのではないか。

保阪　それは竹内さん、仮説ではなく事実だと思う。新しい国づくりに邁進しようという姿は吉田と一体化しているように僕には思えます。

竹内　〝一体化〟と言えば、吉田と昭和天皇はともに大の共産主義嫌いでした。昭和天皇のなかには、拭い難く共産ソ連に対する強烈な反発と恐怖があった。亡くなられた政治評論家の三宅久之氏の『書けなかった特ダネ』のなかに面白い話がでてきます。「鳩山一郎首相が、天皇から日ソ交渉を反対されて蒼くなった」というエピソードで、昭和三十年の春のことです。

「鳩山首相は、駐日ソ連代表部のドムニツキー臨時主席による鳩山邸への極秘訪問、ソ連側に日ソ交渉の受け入れの用意があること、シベリアには多数の抑留同胞がおり、早期帰国は人道問題として政府も重視していること、日本の国際舞台への復帰のためにも国連加盟に反対するソ連の同意が必要なことを内奏したが、陛下からは、共産国との国交回復を急ぐよりも国内に復興を急ぐべき問題が山積しているのではないか、との強いご発言があった」

蒼ざめた顔でそう語る鳩山一郎に、側近の河野一郎農相がこう言ったそうです。

「総理、陛下のお言葉はご質問であり、ご意向の表明ではないのではないですか。政府の決定に陛下が反対されるということは、憲法上あり得ないことですから。陛下のお言葉はあくまでご質問だったことにして、日ソ交渉は予定通り進めましょう」

このひと言で、鳩山首相もほっとしたのでしょう。日ソ交渉を鳩山内閣の最重要課題として進めることになったそうです。政府の決定に反対するということが憲法上あり得ないことを、昭和天皇とて重々承知していたわけですから、共産ソ連のことは相当お嫌いだったのでしょうね。

半藤　これは昭和二十六年の吉田の言葉ですが、「共産主義は、羊が群をなし、豚が群をなし、馬が群をなすが如き、野獣や家畜の生活を理想としているのである」。どうでもいいけどヒドイ言いようだね（笑）。昭和天皇に負けず劣らず、その嫌い方といったらなかった。

竹内　さて、いままさに日本の安全保障について議論されているわけですが、あらためて安保条約を評価するとどういうことになるでしょうか。講和条約と安保条約が表裏一体で結ばれてから、六十年以上の時が流れましたが。

保阪　いまだに占領体制が続いているのですからね。

半藤　大問題ですよ、ほんとうに。

保阪　僕らの世代は、それを諒として生きてきたわけだけれど、百年、二百年という単位で考えれば、後世の日本人からわれわれは、「節操のない奴らだったなあ」と言われるでしょうね。戦争に負けて頭を下げただけでなくひれ伏した。そして戦後もずっといいようにやられてきたと。

松本　アメリカの属国、外交的にいうと保護国であることをやめなかったわけですからね。

竹内　そう、そこで一九六四年生まれの赤坂真理の小説、『東京プリズン』について語りたい。この作品は二〇一二年の毎日出版文化賞を受賞しておりまして、アメリカに留学した十六歳の少女が天皇の戦争責任と向き合う物語です。こういう一節があります。

「なるほど私の国の人たちは、戦争が終わって、女のようにふるまったのではないかと。男も女も、男を迎える女のように、占領軍を歓迎した。多少の葛藤はあったとしても、相手に対して表現せず、抵抗も見せなかった。それどころか、占領軍を気持ちよくするためのことが、公にも個人レベルでも行われ、じじつ、日本人は占領軍と仲良くやった。まれに見る仲むつまじい占領だったのではないか。……恥じながら、かつての敵をもてなした。決して武士のようにではなく、男を迎える女のようにサービスした。それを、戦争を知らない私たちでも、どことなく感じ取ってる。戦争に負けたのは、いい。しかたない。だけれど、自分を負かした強い者を気持ちよくして利益を引き出したら、それは娼婦だ。続く世代は混乱する。誇りがなくなってしまう」

赤坂さんは、一九六四年、東京オリンピックの年に生まれた人ですが、占領下の日本人の態度というものをこういうふうに言い切った。つまり貞操観念との関連でとらえたわけですが、みなさんのご感想をぜひうかがいたい。

松本　まず、赤坂さんの小説を毎日出版文化賞にも、司馬遼太郎賞にも推した一人として、申し上げます（笑）。占領下日本の節操のなさをビルマの独立運動家、バー・モウがありありと書き残しています。ごぞんじのとおり、バー・モウは大東亜戦争中の昭和十八年の八月に、反英国の日本に支援されるかたちでビルマの独立を宣言した人物です。国家元首になり連合国に宣戦布告した。しかし、終戦で日本に亡命し、しばらく新潟の南魚沼郡の寺に匿われていました。十二月になって占領軍に出頭したわけですが、かれがその回想録『ビルマの夜明け』のなかで、驚きかつ呆れたような様子で証言しているのです。「私ははるか離れた片すみから、偉大な民族が何らかの心理的あるいは道義的葛藤の徴候なしに、自分たちの国内で農奴より少しはましな程度のものに変わるのを目撃していた」とまずは手厳しい。

「占領軍当局が、すべての武器を近くの警察に提出するよう命じた時のこと、和尚さんは大変な屈辱と憤満《ママ》やるかたない調子で、村中全部が武器と思われるものは台所の包丁からステッキにいたるまでただちに警察に提出しに押しかけ、警察は家庭用品は持ちかえるよう説得しなければならなかった、という話をしてくれた。／（中略）天皇は侮辱され、天皇をも含むすべての日本人はアメリカの新聞によりののしられ、全くの侮辱と軽蔑をもって扱われた。ある時間には占領軍高官が通るため町が清掃され、全交通はとめられた。すべて被征服者の権利と特権は差し出すよう要求され、征服者はそれらを得たのだった。日本人は何の疑いももたずに、この新しい生活の現実に服した」ところが、そのつぎのパラグラフでバー・モウは、日本が占領を屈辱的なまでに受け入れたにもかかわらず、そのあと奇跡的な経済復興を遂げて立ち直ったことを考えれば、「国民に新しい現実主義を教え、軍人の抑圧を破ることで、敗戦が日本に真の偉大さを発揮させ世界の仲間入りをさせたのではなかったかと考える」と、掌を返すように褒めているのです。

竹内　ああ、なるほど。赤坂さんの論になぞらえるなら、さしずめ娼婦の手練手管ということか（笑）。

半藤　いや、戦後日本はちょうど薩長軍を迎えた江戸なのですよ。勝海舟が、薩長の占領軍を迎えたときになにをやったか。「いきり立って入ってきた連中を迎えるにはこれがいちばんいいのだ」と言って勝海舟は、吉原の娼婦を総動員して歓待させ、薩長の将兵たちを和ませてしまった。あのとき勝がやったことをそのまま戦後の日本はやったのです。

竹内　まさに戦後日本がさっそくつくったのが「特殊慰安施設協会」でしたね。占領軍兵士の相手をする売春婦を慰安所に集めました。

保阪　ＲＡＡ（Recreation and Amusement Association）ね。

竹内　警視庁はたちまち花柳界と話をつけて、内務省が「外国軍駐屯地における慰安施設設置に関する内務省警保局長通牒」を各県に発令したのが昭和二十年八月十八日。玉音放送からわずか三日後という手回しの良さでした。

松本　じっさいヨーロッパ戦線で米兵によるレイプの被害者が多く出ていましたし、沖縄戦でも米軍上陸後にかなりの強姦事件が起きていましたから、一般婦女子の貞操を守るための性の防波堤が必要だと、そういう思惑もあったわけです。

半藤　要するにあっちは野蛮で、こっちは文明なんですよ。

竹内　そうきましたか（笑）。では、赤坂さんの指摘はいかがですか。

半藤　残念ながら、戦後日本人の変り身の早さをみると、見事に当っていますねえ（笑）。

保阪　さきほど「百年、二百年という単位で考えれば、後世の日本人からわれわれは……」というお話をしましたが、後世の日本人にとっての関心テーマの一つが、他国の占領支配を受けたときに、たとえそれが歴史的に妥当性をもっているにしても、それに抵抗する動きがあったか否か、ではないでしょうか。なにしろ日本が太平洋戦争の初期に東南アジアの各地を抑え、占領地行政を行なったときには、それぞれの地の住民から多くの抵抗を受けたわけですからねえ。

そんなわけで僕は、占領下日本に「反ＧＨＱの地下運動」は存在したのかどうかについて、いっときずいぶん調べたことがあるのです。調査の過程である奇妙な事件を発見しました。ちなみに、これに類する事件は、このほかにはただの一件もなかった。

昭和二十一年五月一日の各新聞に「マ元帥暗殺計画　メーデー利用　未然に発見」という見出しの記事が載りました。「連合軍総司令部渉外局の発表」とのクレジットが入っていて、メーデー当日の集会などを利用して、共産主義者らしき男がマッカーサーの暗殺を計画しているのだという。犯人は「トカヤマ・ヒデオ」で、まだ逮捕には至っていないので、この男の住所を知っている者は一刻もはやく日本政府に通告するようにと呼びかけていました。ところが、犯人の具体的なイメージや共犯者の有無、さらにどのような情報からこのようなことがわかったのか、なに一つ明かされていないのです。その後、渉外局は改めて「高山秀雄」に関しての情報を発表します。今度は「犯人は憲兵隊と類似のトウホコ学校卒」とし、「手榴弾と拳銃をもってマッカーサーの暗殺を図っていた」というのですが、人物像の詳細はこの時もわからない。なにからなにまで曖昧に書かれていたところに、この記事の奇妙さがありました。本当に「高山秀雄」なる人物は存在したのか。

当時共同通信社が流したニュースによれば、五月一日にマッカーサー暗殺を目論んでいたT・Aという十八歳の少年が四月三十日に日本の警察に逮捕されていました。たぶん「高山秀雄」はこのT・Aだと思うのですが、とすると五月一日にGHQの渉外局が、「犯人はまだつかまっていないので、情報提供を」と報じるのは、なにやらタメにするような発表でした。

マッカーサーやGHQの将校たちはテロや暗殺を真剣に恐れていたのです。同時に、自分たちが考えている以上に左翼勢力が強大になっていることに驚き、ひとまず冷水を浴びせようとしたのだと僕は思います。そのためになんらかの事件が必要と考えたのではなかったか。これも奇妙なことに、この事件はいまとなっては年表にもまったく入っていないし、GHQの将校たちが残した回顧録の類いにも一行も書かれていません。要するに、けっきょく事実としての「抵抗運動としてのマッカーサー暗殺計画」はなかったのだと思います。

また僕は、陸軍の、諜報や防諜などの秘密訓練機関だった中野学校のOBのところへも出向いて「あなたたちのなかに暗殺計画やテロの計画がなかったのか」と聞いたこともあります。彼らは「あった」と言った。「もしマッカーサーが天皇に手を触れるようなことあらば、われわれは黙っていないと決めていた。けれどマッカーサーは天皇を敬して奉ったので沙汰やみになった」とね。でもそれは、負け惜しみだな、と僕は思いました。

●抵抗運動と日本人

竹内 どうして日本人はそうなのですか。抵抗運動のひとつもないというのは。

松本　戦後二十年以上たった時点での竹内好の発言ですが、「天皇の玉音放送が流れてすぐ武装解除となったのは、反乱防止であったとあとで気づいた」と言っています。天皇からもらった武器を戦争が終ったから返したものと思っていたが、じつは違ったと。

半藤　たしかにあれが反乱防止であったと思っている人は、当時はだれもいませんでした。終戦直後の東久邇宮内閣が最重要課題としてやったのが早期復員なのです。早いとこ復員させようと必死でした。反乱を起こそうとする連中が出て来るのではないかと、政府は気が気ではなかったのです。

保阪　そして「反乱は、不敬にも天皇の御意を受け入れないという意味になる」という論理が、そうした気運を押さえつける力として有効に働いた。しかしながら「あの玉音放送は偽物で、アメリカの謀略に違いない」と信じた人が少しはいてもいいはずでした。

半藤　でも聞いた事がないですよ。これも、はたして抵抗運動と言えるのかどうかはわかりませんが、私がたったひとつ知っているのは、源田実が中心となった三四三航空部隊。この部隊は戦闘機の紫電改が集中配備された九州の部隊ですが、負けたときにここの部隊の連中は、山のなかで「天皇陛下に万が一のときは、われわれは蹶起する」と血書を書いていました。その血書をもちつづけていて、いまから十年くらい前にようやく解散したのですよ。

保阪　陸軍中野学校のＯＢにしてもそうですが、かれらのなかにある国体意識というのは、かなり屈折していますねえ。

半藤 戦前の日本人は、なぜあれほど熱烈な天皇中心の国体意識をもったのか。これ、ちょっと不思議なのですよ。いかに教育を上手にやったにしてもね。

保阪 ところが、憑き物が落ちるとコロッと変わるわけですよね。

竹内 そう、あれは憑き物が落ちたとしか考えられない。

半藤 しかし赤坂さんじゃないけど、占領下の日本人はどうしてあんなに占領軍に対して、オッポを振ったのか。

竹内 考えてみると大問題ですよね。

保阪 国民的性格の故なのだろうか。

半藤 占領軍として入ってきた連中は、あれだけ戦った日本だから、きっと襲いかかってくるに違いないと思ってビクビクしている。チャーチルが、マッカーサーが丸腰で厚木飛行場に降りたことを勇敢だと言って褒めたのは、要するにそういうことでしてね。まあ、歴史上他民族に負けたことのない国民ですから、負けるということがどういうことかわかっていなかったのかも知れませんが。

松本 赤坂さんら一九六〇年代半ば以降に生まれた世代がもの心ついたときには、もう街から傷痍軍人の姿はなくなっていたはずです。たぶん戦争の影のようなものはすっかりなくなっていますよ。日本は戦争に負けて米軍を喜んで迎え、日米安保条約で丸腰になってアメリカの妾みたいになってしまったと。百年後の人も思うだろうけれども、すでにして彼女の世代の日本人もそう思っている。けれど、戦争に負けた日本人がはたしてほんとうに屈辱感をもっていたのか。そういう問題はありますね。

半藤　私の体験だけで言います。昭和二十年三月十日の大空襲で自分の家が焼かれたわけです。私は自分の家がワーッと火を噴く瞬間を見ているわけですよ。でも正直言うと、あの時は天災と思っていたね（苦笑）。

竹内　つまり敵愾心《てきがいしん》が……

半藤　湧かなかった。これが人間の仕業だなどとはとうてい思えなかった。

松本　いっぽう、昭和七年生まれで半藤さんより二歳年下の石原慎太郎氏は、自分のほうに機銃掃射してきた米戦闘機の米兵の顔を見たと。「それ以来アメリカ憎しという考え方になった」と言っています。ほんとうかどうかはわかりませんが。まあ、敵愾心と屈辱感がほんとうにあったか、という問題はいったん置くとしても、われわれの世代には、生々しい戦争の感覚が残っていることは確かです。焼け野原も見たし街に傷痍軍人もいたし、町内には戦後何年経ってもまだ「靖国の家」という看板を掲げたままの家があった。赤坂さんたちは、そういうものがすべて消えていった世代です。戦争による死者がいなくなった。いわば、ようやくつぎの戦争ができるようになった時代の日本人。かれらはそういう世代なのです。

保阪　要するに「戦間期」の日本人か。早稲田大学准教授の北村毅という若い学者がいて面白い研究をやっています。かれは赤坂氏よりさらに若い一九七三年生まれです。僕はかれの著書『死者たちの戦後誌　沖縄戦跡をめぐる人びとの記憶』に感心して書評を書いたのですが、同書で北村氏は、沖縄戦から戦後の米軍占領下、そして戦後史、あるいは遺骨の収集、記念碑なるものの建立、本土の戦死者遺族の追悼と慰霊の屈折、沖縄の生者の心理にひそむ複雑な感情まで、実に多様な面からの分析を試みている。従来の類書にはない視点や論点を示し、その立論も沖縄にとけこんでまことに密度が濃い。

ごぞんじのとおり太平洋戦争下で非戦闘員として事実上、兵士の盾とされたのは沖縄県民だけでした。沖縄戦にあっては生者と死者の分かれ目は紙一重でしたから、それゆえ戦後社会は生者が死者であり、死者が生者であるとの共存が成りたつ。北村氏は死者の側に身を寄せつつこの共存を自らの研究姿勢の土台に据えているのです。沖縄にあっては生者と死者はないと。こういう視点を持ち出すということは僕らの世代ではぜったいにないですね。

半藤　私たちのアプローチとは、まったく別のものでしょうね。

保阪　いままで読んだことがない沖縄論に出会って僕はびっくりしました。

松本　「僕らの世代ではぜったいない」といえば、『東京プリズン』で、とりわけ私が面白く読んだのは最後のところでした。主人公の少女が模擬東京裁判で天皇の戦争責任についてディベートさせられるのですが、やがて少女はディベートではなく、天皇になり代って「私は天皇として……」という心情告白をはじめる。たとえばこんなふうに。

「東京大空襲や原子爆弾投下は、ナチスのホロコーストと同次元だと言おう。だからといって何も我がほうを正当化はしない。が、前線で極限状態の者は狂気に襲われうる。彼らが狂気のほうへと身をゆだねてしまったときの拠り所が、私であり、私の名であったことを、私は恥じ、悔い、私の名においてそれを止められなかったことを罪だと感じるのだ。私はその罰を負いたい。

兵士たちは、十分な装備も、補給さえ、確保されぬまま、拡大する戦線の前線へと送られていった。行けばどうにかなるというていである。どうなるはずもない。私がそれを、体を張ってでも止めるべきだったのだ。我が身を犠牲にしてでも、止めるべきだったのだ。

積極的に責任を引き受けようとしなかったことが、私の罪である。たしかに私は望んでトップにまつりあげられたわけではなかった。担ぎ上げられたとも言える。が、それは私がこの魂を持ちこの位置に生まれついたのと同じ、運命であり、責任であったのだ。巡りあわせであり、縁あって演じることになった役割だ。それには私の全責任があるはずであった。戦争前に、戦争中に、そう思い至らなかったことを悔いている」

「天皇」のこうした反論や申し開きは、なかなか読み応えのあるものでした。

竹内 赤坂氏の天皇に対する、心理的生理的な距離感というのは、僕もとても面白いと思いました。
半藤 私は「大元帥に戦争責任あり」とする立場ですが、しかし、どうしても心情的には「臣・一利」と思っているところがある。やっぱり戦前の教育を受けた日本人のなかには、拭い難く天皇陛下を崇めてしまう心というものがありましてねえ。
保阪 半藤さん、僕らの世代は「天皇の戦争責任論の有無」を論じてきたけれど、あと何年かしたら、天皇に戦争責任があるのは当たり前で、それを前提として、その戦争責任をいかにわれわれがごまかしてきたか。それが検証されると思いますよ。
半藤 なるほど、そういうことになるかもしれませんね。
保阪 そして、なんできちんと天皇の戦争責任を語らなかったのかということを解剖されたときに、いま半藤さんがおっしゃった、天皇に対して「臣」と名乗りたくなるような感情、まさにそういうものが分析の対象になることでしょう。実は私も「臣・正康」の感情があるのです。半藤さんより薄いとは思うけど。そして、「かつて日本という国にはこういう連中がいたのだなあ」と言われるのではないでしょうか。
竹内 そうなればまだいい。そうではなく、もう一度天皇崇拝の復活ということにもなりかねないと僕は思うなあ。「こんなに政治が混乱すると、けっきょくは日本の国には強い中心が必要だ」とか、「天皇という精神的支柱の重要性」とかなんとか、言い出す連中がまたぞろ出て来そうです。そのことと多少関連するのですが、いま、たとえ資料をたいへんよく調べて書かれた、勝れた作品であっても、若い学者やジャーナリストが書いた戦前・戦中の歴史もの戦史ものなどを読むと、僕にはかすかな不満がどうしても澱のように残ってしまう。それはたとえば、「まるで他人事のようではないか」というような感覚だったりするわけですが。

終章　アメリカから得たもの失ったもの

議論

竹内　昭和二十七年、日米講和条約が発効した直後の六月に出た「文藝春秋」増刊号に、「占領されたアメリカから得たもの、日本が失ったもの」というアンケートへの、当時の有識者十五人からの答えが掲載されています。たとえば『チボー家の人々』などを翻訳した仏文学者の山内義雄は、「たった一つ、まさに得たものとして解釈できると思われるのは、天皇の人間宣言である。これは、天皇ご自身においてもサバサバされたことだろうし、いままでモヤモヤした気持ちを引き払ってもらった感じがする」と答えています。それから、白洲正子は当時まだ四十二歳ですが、非常に短くズバリと、「与えられることはそのまま得ることにはならない」と記していた。最後に、このテーマについて話し合ってみたいと思います。

半藤　「失った」ものとして、まずは天皇＝現人神という信仰を中心にした、八紘一宇を国是とした大日本帝国という思想が一掃されたということが挙げられますね。

松本　その八紘一宇を実現するために、戦前の日本は軍国主義化され、その前提として天皇に統帥権があったわけです。軍国主義化のきっかけとなった出来事の一つに二・二六事件があるといわれていますが、私はそれにはかねて疑問を感じています。

私は長年、事件に連座して、民間人としては元軍人の西田税とともに処刑された北一輝について調べてきましたが、彼の意図は、軍隊を天皇のものから国民の軍へ変えようというものでした。彼が大正八年に著した有名な『日本改造法案大綱』には、日本は「維新革命以来、天皇を政治的中心とした近代的民主国」であると書いてあり、その第一章は「国民の天皇」となっています。それはあたかも戦後日本の天皇制のかたちですね。そうだとすると、二・二六事件を引き起こした青年将校たちは「叛徒」ではなく、むしろクーデターによって民主主義革命をやろうとしたのではないか、と考えられませんか。「天皇の軍隊」を「国民の軍隊」にしようとしたのが、すくなくとも二・二六の北一輝の思想でした。これによって、北の思想は天皇に「反乱軍」として忌避されたわけです。『大綱』を発表以降、北が危険思想の持ち主として特高警察の監視対象とされていたのはごぞんじのとおり。GHQも、二・二六事件の関係者を呼び出して徹底した調査をしていますが、だれも罪に問われることはなく、軍国主義を進めたとして戦犯に指定された人はいません。そこにもまた、逆の意味でアメリカから与えられたものがあると、評価すべきだと思っています。

じつは今日、北の弟昤吉《れいきち》の「『国体論』刊行の序」をもってきました。北一輝の著作、『国体論及び純正社会主義』は、明治三十九年に上梓された本ですが、発売一週間で発禁となったので、人びとがこの本をおおっぴらに手にすることができたのは昭和二十五年一月。占領下でのことでした。四十四年をへだてた披露目にあたって弟が寄せた序文です。その一節を紹介します。

「この書は久しく神がくれの如く、天の岩戸に閉ぢ込められた。手力雄《たぢからを》の命《みこと》は、米国であつた。僕は思ふ。この書の如きが、初刊当時から出ていたならば日本人は神話的迷信から早く脱却し、紅鎗會（編集部註：義和団のこと）のような神がかり気分で、必敗の戦争などはやらなかつたと思ふ。原子爆弾の時代に、神がかり的迷信に陥つていた日本人は、兄は土人部落といつたが、僕はインドネンシアにも劣るニホンネシヤと罵倒したい」

半藤　まことに上手い表現ですねえ。

保阪　これまでに北昤吉の文章はいくつか読んだことがありますが、これがいちばんいい（笑）。

竹内　インドネシアをこんなところで引き合いに出しているところは問題だけれど。

松本　「大日本帝国という思想」は、半藤さんのご指摘のとおりアメリカによって失ったものですが、その喪失と表裏である「思想の自由、出版の自由」を得たことは大きかった。なにしろ四十三年間も「天の岩戸」に隠されていた北の国体論批判がはじめて世の中に出されたわけですからね。

保阪　「信教の自由」によって、キリスト教信者が表通りを堂々と歩けるようになったのも戦後のことでしたね。そのことはＧＨＱが日本の隅々にまで入っていったこととも無関係ではありません。僕は戦後すぐに、宣教師から「聖書をいっしょに読みましょう」などと声をかけられて教会に連れて行かれ、賛美歌を歌わされましてね。「アーメン」と言ったらアメくれた、ということがありましたよ（笑）。それはともかく、以前は特定のキリスト教団のある教義だけがかろうじて公認されていたわけですが、占領下ではあらゆる教義が公認となりました。とは言え日本においてクリスチャンは三百万人をぜったいに超えないのですがね。

松本　正式に受洗して、教区に入っているクリスチャンは百万人余りだそうです。

保阪　数はそんなものでしょうね。

半藤　日本というのは不思議なことに、キリスト教に限らず新しい宗教というのはなべて信者は七十万から百万どまりなんです。それ以上にもそれ以下にもならない。そういう意味では日本文化というものはもの凄く根強いと言うべきでしょうね。「文藝春秋」増刊号のアンケート、「占領されたアメリカから得たもの、日本が失ったもの」で、冒頭竹内さんもその名を挙げておられた白洲正子はこういうふうにも答えていました。「ひと皮むけば私たちは依然として昔のままの日本人である。得たものも失ったものもない」

この見方は案外正しいのではないかと思いますねえ。北一輝の国体論のように天の岩戸に閉じ込められていたものがアメリカのおかげで出て来たことは認めるけれども、日本人自身は、じつのところ大して変わらなかったのではないか。

松本　その時々の衣装を着たけれど、時代の幕が引かれたらそれをサッと脱いでいた。そういう意味では、日本ではすでに大正時代にデモクラシーというものを学んでいましたし、普通選挙にしても曲がりなりにも昭和三年に自ら獲得していたのですからね。女性の参政権は別ですが。

半藤　戦後日本が得たものとしては、なにより農地改革と財産税だと思います。農地改革は、江戸時代以来の日本の根底をかたちづくってきた「地主対小作人」という構造を壊しました。それは小作人の犠牲の上に成り立っていた制度でしたが、財産税も加わったことで、貧富の差はかなり緩和されました。GHQの命令がなければとうてい実現されない大事業だったし、日本の再生にまちがいなくたいそう役立った。それは間違いない。婦人参政権や婦人の地位向上もその一つとして数えていいでしょう。その半面、市民の権利はすべて戦後になってからアメリカから与えられたものかというと、そうでもないのではないかと思ったりもします。

●アメリカの光と影

竹内　農地解放についても「戦前からそういう動きはあった」という人もいますね。しかし、GHQの力なしにはここまで徹底してはできなかったと思いますよ。とにかく小作地の八一パーセントにあたる百八十七万ヘクタールの耕地が、地主から解放された小作に分与されたのだから凄い。世界史上でもこんな荒療治の完成はめずらしい。強圧がなければやらなかったと僕は思うなあ。

半藤　まあ、農地解放だけは占領下でGHQの目が光っていたからできた大改革であったことは間違いない。それはそうですけどもね。ほかのこととなると、どうですかね。女性の社会進出にしたって、戦争中から日本の女は大活躍でした。ありとあらゆるところで女の力を見せつけてくれていたということもまた、事実なんです。

松本　私はどちらかというと半藤さんに賛成です。アメリカが戦後に行なった改革、それに近いようなことは日本人自身の手でもいずれなされていただろうと思います。確かにポツダム宣言には、日本を民主主義の国にするという項目がありますが、それまで日本にも「民権主義」とか「民本主義」という言い方がありました。ですから、丸山眞男や竹内好も敗戦の直後には、民主主義とは、五箇条の御誓文にある「広ク会議ヲ興シ、万機公論ニ決スベシ」ということだと理解していたのです。そうした認識は昭和天皇にもあって、日本はアメリカによって民主化されるのではなく、昭和二十一年一月一日のいわゆる人間宣言に五箇条の御誓文を謳い込んだように、戦前昭和には機能し得なかった民主主義を再生しようと考えたと言えるわけですね。

竹内　そう言えば美濃部達吉が、戦後の改憲に反対した際、「明治憲法のなかに民主主義の思想の萌芽はあるのだから、憲法改正しなくても日本は民主化できる」と述べているのも無視できない。おっしゃるとおり日本の近代思想のなかに民主主義の萌芽があったのは事実ですが、戦前昭和の教育を受けた世代にとっては、そういう考え方、思想からまったくシャットアウトされていたのではないでしょうか。

半藤　歴史的な事実としては、慶応四年に五箇条の御誓文が発布されたり、「自由民権」を旗印にした全国的な運動が組織されたり、その後は「大正デモクラシー」という言葉も流布したように、日本のなかに国民を主体にして国をつくっていこうという気運があったのは事実です。けれども、私は昭和五年生まれですが、もの心ついた頃、昭和十年代にはまわりには「民主主義」という言葉はなかったと思います。ここはちゃんと区別しておかないといけません。

日露戦争に勝利して以降、日本人は自惚れてのぼせて誇大妄想的な気分が広がり、民主主義的なものは一顧だにされず軍国主義化していきました。軍隊は国民を犠牲にしてでも天皇に仕えるものとされていたのです。「天皇の軍隊」です。それが占領によって解体されます。ところがもう一つの阻害要因だった「天皇の官僚」のほうは、基本的には戦前の組織を温存したまま変革されませんでした。予想以上に早く日本が降伏したためにアメリカ側に準備が整わず、占領を効率的に進めるためには日本の官僚組織を使わざるを得なくなったからです。今にして思えば、あんなに一挙にやらないで、たとえどんなに時間はかかっても自らの手でボツボツ行なったほうが、けっきょくは日本人自身のためになったのではないかと思いますねえ。

保阪　僕は、獲得したものというのは、抽象的になりますが、普遍的な意味をもつ一般的なデモクラシーというのではなく、いわゆる「戦後民主主義」と呼ばれる「アメリカン・デモクラシー」だと思います。失ったものは「ナショナリズム」ですね。ただ、そこには二つの意味が含まれている。一つは、戦争指導者たちのイデオロギー的な背景となっただけでなく、当時の社会を支配していた超国家主義、あるいは偏執的な民族主義・愛国主義で、もう一つは、僕は「下部構造のナショナリズム」と言いたいのですが、共同体に伝承している規範とか倫理的な感覚です。ここには良質なものが数多くありました。結局は両方とも解体されてしまいましたが、その過程のなかに、日本が占領期に向かい合った時の姿勢の弱さがあったのではないでしょうか。このように、アメリカン・デモクラシーの導入とナショナリズムの崩壊・喪失とは表裏の関係にあると考えられるのですが、やむを得ず失われたものについて想像をめぐらすことも、大切なのではないでしょうか。

竹内　占領軍による家屋の接収ということも忘れてはならないでしょう。東京近郊だけで、個人住宅が千四十軒あまり接収されています。僕は台湾にいたときに、自宅が国府当局に接収された経験がありますが、東京とその周辺の接収では、ほとんどの家具、什器を残したまま追い出された。考えてみれば乱暴な話ですよね。さんざん焼夷弾を落として焼き払っておいて、残った家屋のなかから、今度は自分たちが住む家を探してしらみつぶしに接収していったのですから。

●教育改革をめぐって

半藤　そういうふうに見てみたら「失ったもの」のほうが多いのではないかと思ったりもしますね。さて、教育改革はどうでしょうか。「失った」大きなものは、私は否定的な意味で申し上げるのですが、歴史教育だと思います。GHQは昭和二十年十二月三十一日に「修身、日本歴史及ビ地理授業停止ニ関スル件」を発令して、国史、地理、修身の授業を停止しました。このことで日本は大損をしたのではないでしょうか。その大損はいまも続いています。

私はすでに何度か申し上げているとおり、新潟県長岡に昭和二十三年までいましたから、アメリカ人の姿をあまり見ていないんです。けれども占領軍が、マッカーサーの言明にあるように、いかに急いで日本を変えようとしたかということは骨身に染みてわかっています。アメリカは、占領を一年半から二年ぐらいでやめるつもりだった。それで急いだ。ところが日本政府は、「民主化」のお題目のもとに、昭和二十一年後半あたりまでの急ピッチな占領政策に対して、まったく無抵抗でした。国民も抵抗するにはあまりに腹が空きすぎていました。たとえば学校制度ですが、どうして簡単にアメリカの押しつけを呑んだのでしょうか。六・三・三制とか、歴史や地理を単独で教えるのではなく社会科としてまとめるということなど、アメリカでも一部の州でしかやっていないことを、日本はすぐにハイハイと了承してしまった。結局、戦後日本をどういう国にしていくのかという全体像も浮かばないまま、議論もほとんど行なわれなかった。そしてそのまま長い年月が経ち、歴史を知らない国民をつくりあげてしまったのです。

竹内　僕も子ども心に、大人がいかに情けないかというのは感じていました。ただ、あの当時、無理もないところもあったと思います。あれだけ痛めつけられて、空襲や原爆があり、疎開して逃げ惑った果てに占領があったわけですから、やむを得ない面もあったでしょう。そういう茫然とした状態であったために、いろいろな改革がひとまず「いいもの」として受け入れられていったのではないでしょうか。

保阪　ところで「旧制・新制」という言葉はいつまで続きましたか？

半藤　昭和二十八年でなくなりました。旧制の大学の最後の卒業生がその年にでたからです。旧制という言葉がなくなると同時に新制という言葉もなくなったわけですね。私の場合、大学は新制でしたがほかは全部旧制。

竹内　半藤さんより六つ年下の僕は新制中学校でした。戦後、学制改革によってエリートが育たなくなったという説がありますね。その真偽はどうでしょうか。

半藤　あるでしょう。まったくそうです。

竹内　エリートがいなくなったことが現在の政治にも及んでいる？

半藤　及んでいると思います。

保阪　昔の、一高の生徒たちのできの良さというのは並外れていたらしいです。そして一高に入ることができると人生がまったく違ったものだという話を聞いたことがある。

半藤　一中、一高、東大というのはほんとうのエリートコースでしたからね。

松本　また、エリート意識というのが強いんだ。

半藤　ただ、それがゆえに公のために働かねばならないという意識も植え付けられる。

松本　たしかに、それに引き比べるなら、戦後民主主義教育によってだれも国家のためには働かなくなりました。すべては自己実現のため、自分の出世のため。私の権利を守り、私の利益を追求する。

竹内　高級官僚はどうですか？

松本　東大法学部の連中にしても、高級官僚になっていい生活をしたいという考え方の人が多いでしょうね。国家統治を考える官僚はいない。だから、省益と自己保身のサラリーマン官僚になる。これは国家官僚じゃない。

半藤　さきほど、戦前は、天皇の軍隊とならんで「天皇の官僚が民主化阻害要因だった」と申しましたが、皮肉なことに戦後日本の立て直しがうまくいったのは、「国家のために働く」という官僚が生き残っていたから、とも言えるわけです。

松本　一九七〇年代の高度経済成長期までは、戦前のエリート教育を受けた人たちが中枢にいましたからね。後藤田正晴とか、それこそ宮沢喜一とかね。高度成長はマックス・ウェーバーの言葉を使えば、「官僚制的合理化の革命」。官僚が国家統治の意識をもって、革命をやっていた。

半藤　あの連中はみなお国のために働いたのですよ。そのノーブレス・オブリージュが、いったいどこで養われるかというと旧制高等学校だった。

竹内　僕らなんか自慢じゃないけど「国家のために……」などという教育はただの一度も受けたことがありません。

保阪　新しい教育制度が始まるのは昭和二十二年四月からですが、僕はその前年の四月に国民学校に入学しました。僕が小学四年生のときに、「大きくなったら何になりたいか」と先生から問われたときに「陸軍大将になりたい」と答えて、教師から殴られた子がいましたよ。「お前はまだそんなことを言うか！」と。そういう強圧的民主主義というのかな、戦後占領下にはそういう雰囲気もあったのです。小学校では街の映画館でよく映画を見せられたのですが、日本の特攻機が撃墜されるニュース映画を見た時のことは忘れられません。教師が拍手をしたのです。僕たちも呼応して拍手をしたのですが、強い違和感をもちました。戦後の民主主義教育というのは、そういう「アメリカの正義」の受容ということだったのですね。それによって生じた屈折した風景というのは、いたるところにありました。僕は、アメリカン・デモクラシーというのは戦前の軍国主義よりはマシだと思っていますが、その自己矛盾を封印したまま占領体験を語るとすれば、それは正直な姿を見失わせてしまうのではないかと思います。

象徴的な事実として忘れてはならないのは、戦時下で大本営の作戦主導を担った中堅幕僚のうち、戦後、GHQに重用されて戦史を書いた人たちがいるということです。ノモンハン事件の作戦参謀だった服部卓四郎が集めた服部機関にあつまった連中がそれです。再軍備の章でも話したので繰り返しになりますが、日本人みんなが食うや食わずの貧しい時代に、彼らは経済的豊かさを保証されながら、アメリカ占領軍の反共派と結託して再軍備、旧軍復活を画策していました。そうした節操のなさも占領下の歪んだ光景として記憶されなければなりません。

●国体として機能した日本国憲法

竹内　では憲法は得たものですか、それとも失ったものですか？

半藤　私は得たものだと思います。少なくともバブル経済が終焉するまでは、憲法が国家の基軸だった。

松本　たしかに憲法が国体でしたね。

半藤　あれが天皇の代わりでした。

松本　Constitutionとは国体とも憲法とも訳します。戦後日本の国体は、間違いなく「平和憲法」としての日本国憲法でした。

半藤　ただ、ベルリンの壁崩壊によって冷戦構造がなくなったときに、この国際情勢下で、この憲法のままではマズイという人が増えてきた。

松本　なにしろ「正義と秩序を基調とする国際平和を誠実に希求し」ですからね。もうとっくに正義も秩序もないということがわかっちゃいましたから（笑）。

竹内　しかしそれが「ない」ということがわかったからとて、Constitutionとしては、それを「希求する」ということがあったっていいでしょう。近衛文麿とともに早期終戦工作に関わった、読売新聞主筆の岩淵辰雄が、この昭和二十七年のアンケートで、「得たもの」として「日本国憲法」を挙げ、「日本人の力で憲法改正などは、恐らく、出来なかつただらう。恐らくどころか、絶対に出来なかつたと思ふ」と言い切った。「いまになると、日本国憲法はアメリカから貰つたもので、国辱憲法であるかのやうにいふ人達があるが、貰つたから国辱なのか、貰わなければ、日本人自身の力ではどうにもならなかつた」と、今日なお通用する答えを書いていました。正しいなあと僕は思います。得たもののうち、最大のものが憲法だったと言えるのではないでしょうか。

半藤　たしかに岩淵が言うとおり日本人の手ではつくれなかったでしょうね。前にも出ましたが、幣原喜重郎内閣の松本委員会がつくった草案は、マッカーサーが腰を抜かすほどの、とんでもないものでした。しかしいま、現代日本人のなかには日本国憲法を邪魔なモンであると思っている人が少なからずいる。

松本　ほとんどの国民が自衛隊は日本に必要なものだと思っているけれども、それでも憲法違反の存在、鬼っ子ですからね。これをいったいどうする、という議論にはなります。これは昭和四十五年十一月の、三島由紀夫の最後の声明文「檄」の一部分ですが、紹介します。

「法理論的には、自衛隊は違憲であることは明白であり、国の根本問題である防衛が、御都合主義の法的解釈によってごまかされ、軍の名を用いない軍として、日本人の魂の腐敗、道義の退廃の根本原因を、なしているのを見た。もっとも名誉を重んずべき軍が、もっとも悪質の欺瞞の下に放置されて来たのである。自衛隊は敗戦後の国家の不名誉な十字架を負い続けて来た」

死に際してその問題意識を明確に示していました。また三島は、憲法第一条は鵺《ぬえ》みたいなものだと言って、その意味するところの曖昧さを痛烈に批判した。第一条はごぞんじのとおり「天皇は、日本国の象徴であり日本国民統合の象徴であって、この地位は、主権の存する日本国民の総意に基く」と、主権在民＝国民主権を謳ったものです。ところが皇位継承に関して皇室典範第四条は、「皇統に属する男系の男子が世襲する」ものと規定し、また、「天皇が皇位を他者に譲ることは認められていない」としています。国民が総意でもって天皇の地位を認めるとしている一方で、世襲だというのですから総意もへったくれもない。まさに鵺のごとく、頭と胴体がバラバラの非統一体に見えます。

保阪　僕も憲法は得たものだと思いますよ。同時代のなかではあれでよかったが、しかしいま賞味期限切れの気味はある。その耐用性を考えつつ、大切にすべきでしょう。

半藤　人権や環境問題など、細かい条項を整理し直さなければならないという意見がかなりありますね。でも慎重に検討すると、それらは新しく法律を定めることで何とかなるものばかりです。

松本　日本国憲法第九条はどう見ても占領状態を前提として書かれています。その第一項は「日本国民は、正義と秩序を基調とする国際平和を誠実に希求し、国権の発動たる戦争と、武力による威嚇又は武力の行使は、国際紛争を解決する手段としては、永久にこれを放棄する」と「戦争の放棄」を謳っていますが、その第二項では、一項の目的を達するため、「陸海空軍その他の戦力」を保持しないとし、「国の交戦権」を認めないとしている。「戦争の放棄」を謳うのはいいけれども、どうして軍隊がなくて自国の独立が守れるのかという疑問はやっぱり残りますよ。占領状態から脱却するためには、「武力を保持しない」という文言に変更の余地があるという主張はよくわかります。ただ、吉田の「戦力をもたない軍隊」という思想にのっとるならば、第二項をそのままにして、第三項に「ただし、わが国は自衛のために自衛軍を持つ」と加える方法があります。だからと言って、はたして自衛隊を国防軍だと言ってしまっていいのか。私は、それは採るべき道ではないと思っています。いまいったような、付随条項をつけたらいいのではないかと考えています。その二つのあいだに若干の齟齬《そご》はあるのだけれど、憲法は必ずしも完璧に整合性を持たせる必要はないと思う。二〇〇〇年に私が衆議院憲法調査会から呼ばれてお話ししたときには、じっさいこういう考え方を提案しました。つまり改憲でなく〝加憲〟という考え方です。

憲法第一条の「国民主権」は民主主義原理で、第二条の「皇位は世襲」というのは、反民主主義で、いわば生物学原理です。全然整合性なんかないでしょう。

竹内　なるほど、必ずしも厳密に論理の整合性をとる必要はないと考えればいいのか。

●婦人の地位向上をめぐって

半藤　日本占領の五大政策について、ここでちょっとおさらいしておきましょう。

いちばん最初の方針は、マッカーサーが厚木に向う飛行機のなかでホイットニー准将に語った言葉が基本になりました。「まずは軍事力を粉砕する。戦争犯罪人を処罰し代議制に基づく政党の政府をつくる。女性に参政権を与える。それから政治犯を釈放し農民を解放する。自由な労働運動を育て上げ自由経済を促進し、警察による弾圧を廃止する。自由で責任ある新聞を発展させる」。

マッカーサーは、上陸を目前にして大風呂敷を拡げていたんですね。それを聞いたホイットニー、そんなことをはたして一年や二年の占領期間に達成できるのかと、おおいに疑問に思ったそうでありますが、なにはともあれこれが元になって、日本占領の五大政策としてブラッシュアップされた。そして五大政策の筆頭に挙げられたのが「婦人の解放」なんですよ。二番目が「労働者団結権」、三番目が「教育の民主化」、四番目は「秘密審問司法制度撤廃」、これは特高といった警察制度を撤廃することですが、そして五番目が「経済機構民主化」、つまり財閥解体ですな。これらの発令が十月十一日なんです。このことはすでに第二章で話題になりましたがね。

ホイットニーもその実現にクビを傾げたが、民政局長のクリス准将も日本でこんな大手術ができるのかと怪しんだ。おなじく民政局のケーディス大佐は、これをほんとうに実現しようと思うなら政治の根本を変革しなくてはいけない、つまり憲法を変えなきゃいけないと確信した。とまあ、そういった経緯がありました。すべてはマッカーサーの大風呂敷からはじまったわけです。GHQが女性の地位向上を改革の筆頭に掲げたのは、ウソかホントか女性の意見が強くなれば日本はもう軍国主義にはならないであろうと思ったから、なのだそうです。

松本　戦後になってようやく日本女性の地位が向上したと言われるけれどもそれは違う

でしょう、と私は申し上げたい。戦争をすると必ず女性の地位が向上するのですよ。幕末の会津藩を見て下さい。スペンサー銃を撃った新島八重ばかりが有名になりましたが、銃を持たずとも会津女性は大いに戦い会津兵を掩護した。ナチス・ドイツが第二次大戦中に女性の力を重用したことも有名です。近代的な総力戦をやろうとすれば、軍需工場への動員ほかさまざまな機会に女性を戦力に組み込まざるを得ませんからね。ドイツにおいてあのときほど女性の権利が守られ、かつまた地位も向上したときはないと言っていいでしょう。アメリカだって、第二次大戦のとき、女性が軍人として活躍した。ですから必ずしもマッカーサーのおかげで女性の地位が向上したわけではないのです。

保阪　日本では戦時下に、情報局が「写真週報」というグラフ雑誌を出版していました。僕はこの雑誌のバックナンバーすべてに目を通したことがあるのですが、そのとき、戦況が悪化してくるにしたがってしだいに銃後の女性の活躍に焦点が当てられていったことに気づきました。どこの工場だったか、赤ちゃんを背負った若いお母さんが工場のラインに立って働いている姿はとりわけ印象に残っています。

半藤　戦争中、女の人たちの強かったこと、強かったこと。「戦争が終わったから元に戻っておとなしくしていろ」と言ったとて、もうそうはなりませんよ。もちろん制度的な保障は戦後になって初めて与えられたものですがね。GHQから法務省に「女性に参政権を与えろ」との指令が下りて、占領下でようやく政治的進出が可能になった。参政権が正式に与えられたのは昭和二十年十二月十七日のことです。大学における男女共学が言い出されたのが十二月四日（「女子教育刷新要綱」が閣議決定）。敗戦の年、昭和二十年のうちに参政権と大学における男女共学が早々に決定された。年が明けて昭和二十一年となって、二月二十一日に警視庁が婦人警官の募集を初めて開始。採用されたのは三月十八日でした。私が調べた限り、公的な職業で女性を採用したのはこれが最初です。そして八月になるとなぜか女性にもタバコの配給があった（笑）。こうやって女性の地位はあっという間に向上していきました。戦後史を語るときに誰もが口にするのが、昭和二十一年四月十日の戦後初の総選挙。十四日に開票が終わって「女性議員が三十九人当選した」という華々しいニュースが新聞の見出しとなって踊りました。中学生の私らは「エーッ！　女が代議士だってよ」などと言って驚いたものでしたがね（笑）。

保阪　女性たちは戦争中から強かったと、先程来みなさんおっしゃいますが、そうとばかりも言えません。壮年、若者、日本の男たちは根こそぎ戦争にとられていましたから、彼女たちが必死で頑張ったのは間違いない事実ですが、そこには「我慢に我慢を重ね、耐えに耐えた」という側面があったわけです。今日は昭和二十年十月八日に東京の上野にあった私立上野高等女学校（現・上野学園）の四年生（現在の高等学校一年生に相当）が書いた「檄文《げきぶん》」をもってきました。じっさいその文章の冒頭には「檄」と題されておりました。紹介します。

「私達はお国のために学業を捨てて造幣廠で働きました。そして敗戦の苦しい心の中にも懐かしい母校へ帰る楽しい夢を抱いていました。ところが工場から帰った私達の眼に映る母校の姿は、私達若い正義に燃ゆる者の到底我慢の出来ない不正だらけです。授業などはほとんどせず学校農園と勤労奉仕ばかりです。農園の作業を休む生徒がいると、ある先生は『農園が嫌なら学校にも覚悟があります』といっておどします。（中略）

私達はつぎのように要求します。

一、学校農園より校長の退去

一、農作物の公平分配

一、工場の加配米、石鹼の分配報告

一、校長、副校長の排斥、全職員の罷免、正しい先生の復帰」

どうですか。「もう、これ以上は我慢ならない！」という怒りが伝わってきますね。そして彼女たちは全員でストライキに入った。これが戦後初のストライキと言われています。

戦争末期となってからは、食糧不足を補うために庭も空き地も学校でも、敷地の多くを畑に変えることが奨励されましたが、上野高女では、学校につくられた農園のなかに校長とその娘である副校長の家が建てられて、農作物を校長一族が私物化していたのだそうです。しかも生徒たちの勤労動員によって配給米が造幣廠から学校側に送られていたのに、これもまた校長一族がマンホールに隠し持っていたのですって。このケースは相当悪質でした。しかし戦争中、女性たちは「皇国のため、お国のため」と鼓舞されていましたから、多かれ少なかれ弱音や不満には口を噤《つぐ》んで我慢し続けたのです。敗戦をきっかけに、上野高女の生徒たちは、今ふうに言うならついにキレた。この事件は当時新聞も取り上げて話題になっています。日本国中で、さまざまなかたちで女性たちの堪忍袋の緒が切れて、それが女権拡大のパワーの源泉になったとも言えるのではないでしょうか。

●占領期の日本女性のベスト・テン

半藤　編集部からの「占領期の日本女性のベスト・テン」を挙げてくれという要望にお答えして、用意してきました。公の評価はともかく、私の記憶に深く刻まれた女性たちのラインナップです。

まずは女性解放運動の先頭に立っていた神近市子。作家では宮本顕治の妻でもあった宮本百合子か「放浪記」の林芙美子、どっちかなと迷って両方名を挙げておきます。それから「リンゴの唄」の並木路子、「サザエさん」の長谷川町子、「ブギの女王」笠置シヅ子、「エリザベス・サンダース・ホーム」の澤田美喜。女優では原節子か高峰秀子で迷ってこっちも両方。それから甲斐美春。この人は戦後初のヌード、「額縁ショー」の人です。最後が、らく町お時さん。有楽町の夜の女を仕切った人です。昭和二十二年四月二十二日の夜、街頭録音「ガード下の娘たち」が全国に放送されました。アナウンサー藤倉修一からマイクを向けられて、お時さん、日頃のうっぷんをぶちまけたんですな。それがラジオに流れた。いわく、「そりゃパン助は悪いわ。だけど身寄りもなく職もない私たちはどうして生きていけばいいの。好きでこんな商売をしている人なんて何人もいないのよ。苦労してカタギになっても、世間の人は、アイツはパン助だったッて、うしろ指をさすじゃないのッ！」
彼女たちを見る世間の目はまことに冷たいものだったんです。この人もまた、保阪さん流にいうなら「ついにキレた」ひと。

保阪　僕は半藤さんとの重複を避けて、事象も含めて挙げますね。まずは女性の参政権。片山内閣で労働省の局長になった山川菊栄。そしておなじ年の集団見合い。若い男がたくさん死にましたから、このとき女性の数はじつに男性の二・五倍でした。そして女子プロ野球です。

昭和二十二年の八月二十九日に横浜で、アマチュアの六チームが参加して「オール横浜女子野球大会」が開かれました。この大会に二万人の観客が詰めかけて人気を博したのをきっかけにプロ化の気運が盛り上がった。昭和二十五年になってから、ロマンス・ブルーバード、レッドソックス、ホーマー、パールズという四チームが生まれています。

その年の四月十日、はじめての公式戦となる「日本女子野球連盟結成記念トーナメント大会」が、一万七千人の観客を集めて後楽園球場で開かれました。残念ながら二、三年でつぶれてしまいましたが。

竹内　僕も挙げます。作家なら野上弥生子。戦争中の日本のインテリゲンチャーの生き方を重層的に描いた長篇小説『迷路』は忘れられません。そして婦人代議士第一号の一人、松谷天光光《まつたにてんこうこう》。この人は、戦時中は海軍省報道部嘱託として全国の海軍工廠を訪ねて勤労動員のカウンセラーなんかをやったこともある人ですが、代議士になって二年後の、昭和二十四年に妻子ある園田直との不倫がバレちゃった。「白亜の恋」などと言われてずいぶんマスコミを騒がせた。のちに二人は結婚しています。それと、鳥尾夫人。鳥尾鶴代さんは鳥尾敬光・元子爵の奥さんでしたがＧＨＱ民政局次長のチャールズ・ケーディスと、こちらも不倫。鶴代がケーディスに接近したのはＧＨＱの内部情報を得るためだったとも言われましたね。そして宗教団体璽宇《じう》の主宰者、璽光尊《じこうそん》こと長岡良子《ながこ》。昭和二十一年に起きた璽光尊事件は、当時たいへん大きな話題となりました。この教団はＧＨＱによって禁止されていた無許可での日の丸掲揚を行なって天変地異が起きると盛んに宣伝していました。警察が出頭を要請しても無視したため警察隊が石川県の教団本拠地を急襲。このとき横綱双葉山が体を張って警察の侵入を阻止しようとした姿が大きく新聞報道されています。角界の大スター双葉山と「昭和の棋聖」と呼ばれた呉清源という、二人の有名人がこの宗教の信者だったこともあって注目を浴びたわけですね。

松本　新興宗教なら私は北村サヨを挙げたい。山口県柳井の浄土真宗門徒の農家に生まれた人ですが、戦時下に祈禱師になり、のちに天照皇大神宮教の教祖となりました。そして「神の国建国のための戦争はこれから始まる」などと言って注目されました。そして歌人の中城《なかじよう》ふみ子。乳がんで乳房を失って昭和二十九年に亡くなるのですが、生前に取材した時事新報記者の若月彰によって書かれた評伝『乳房よ永遠なれ』が昭和三十年に十万部を超えるベストセラーになりました。のち渡辺淳一がもう一度小説化して、これもベストセラーになりました。もう一人、こちらも歌人、土岐《とき》善麿《ぜんまろ》の夫人。名前は知りません。昭和二十一年に刊行された土岐の歌集『夏草』に「あなたは勝つものとおもつてゐましたかと老いたる妻のさびしげにいふ」という一首があります。土岐善麿に、こうさびしげ（？）に問うた妻女を私は挙げておきたい。

半藤　あれはいい歌でしたねえ、ホントにね。それとは極北にあるような下世話なネタを提供いたします。いまお配りしたコピーは、戦後たいへんな勢いで売れ出した婦人雑誌のひとつ「夫婦生活」に掲載された座談会です。

竹内　半藤さん、あれは婦人雑誌ではなくてセックス雑誌ですよ（笑）。僕は少年時代に本屋さんでこの雑誌を立ち読みしたのを告白しておきます。「性の啓蒙記事」が載っていて、そこだけ拾い読みしたりして。

保阪　僕が中学生のときも、授業中にそんな雑誌がまわってきたことがあったなあ。

半藤　女の人が表にでてきて閨房《けいぼう》のことをしゃべりはじめたんです。はじめは匿名だったのですが、あるときから本名で登場するようになった。で、これなのですが、女優さんたちが出てきてまことにあっけらかんとしゃべっています。残念ながら占領下でなく、少々あとの昭和三十五年ですがね。清川虹子、八千草薫、白川由美、淡路恵子、木暮実千代、長谷川裕見子が出てきてしゃべりました。

保阪　おや、八千草薫が「だからキッスしたら負けよ。もうどうでもよくなっちゃう」なんて言っている（笑）。

半藤　そうです。清川虹子に「あなたの旦那さまは、いま大映の『野火』に出てるんでしょう」と聞かれた長谷川裕見子のごときは、「そうなの。それでその夜もね、疲れているからと思ってそっとしておいたのよ。そしたら、寝てからわたしの胸の上に彼の手が伸びてくるのよ」。それを聞いた清川虹子が「タフだねえ、あなたの旦那さまは」だって（笑）。みんないちおう映画スターですよ。こういうものが戦後は堂々と婦人雑誌に載るようになったんですよね。こういうのを見ると、女性の権利意識じゃない、社会進出じゃない、なんだ？　開き直りか？　それは総力戦のおかげです（笑）。

脇道にそれ過ぎました。大事なところに話を戻します。みんなが女性の地位は向上したと思っているが、そうは言っていても、二〇一二年十二月の第四十六回衆議院議員総選挙で、女性当選者は三十八人（全四百八十議席）。戦後初の女性代議士は三十九人（全四百六十六議席）でしたから、増えるどころじゃまったくない。あれから六十六年たってもこの国の政界に、女性の進出はまだ充分なされていません。二〇一三年三月に、列国議会同盟（ＩＰＵ）が発表した調査報告を新聞記事で読んでびっくりしました。「世界の国会の女性議員比率が、昨年（二〇一二年）初めて二割を超えたというのですが、いっぽうわが日本国は、十二月の総選挙で衆院の女性議員が七・九パーセントに減って、世界ランキングが百九十カ国中なんと百六十三位だそうです。「先進国で最低」ではなく「世界最低レベル」とは情けない。

保阪　大事なところに戻して、僕もひと言だけ申し上げておきたい。

占領時代、大きな影響力をもっていたのは、これまで見てきたとおり吉田茂でした。六年八カ月の占領期間のうち、じつに五年ちかく政権を担当した吉田の認識は、『回想十年』によると、近代日本は明治維新以来うまくやってきたが、昭和六年九月の満州事変から変調をきたしたのだから、それ以前に戻ろうというものでした。

アメリカン・デモクラシーは臣民から市民への意向を企図していたわけですが、吉田はそれとは逆のことを考えていたことになります。吉田に限らずそういう人は多かった。たとえば、天皇の人間宣言が作成される過程を見ても明らかです。天皇の側近だった侍従次長木下道雄の日記によれば、木下はＧＨＱの承認を得た幣原喜重郎内閣の原案に対して強い不満を洩らしています。国民が天皇を神の末裔と思って、八紘一宇のもとに戦争を選択したことへの非難はやむを得ないとしても、天皇が神の末裔だとする認識そのものは変更すべきではない、というのです。

占領下の日本では、国体は破壊されたとしても、臣民という意識は依然として持続しており、そうした混淆とした状況が政治システムのなかにはありました。占領が終わった後、本来ならそれに決着をつけるべきだったのですが、あいまいなまま現在にいたっている。それが私たちの国の知恵なのか、それとも後退的な国民性を表わしていると考えるべきなのか、難しいところです。

竹内　いま保阪さんが指摘された問題に関連して、冒頭にご紹介したアンケートのなかから、今日なお通用すると思われる答えを挙げておきたいと思います。いまは知る人も少ないかも知れませんが、『自由と規律』（岩波新書）という、自身の留学体験に基づく英国論の著者で、英文学者で慶応大学教授でもあった池田潔の答えです。

「占領によって我々が政治その他の面において自主性を失った傾向があることは否めない。『バックボーンを取り戻せ』の声が高いが、無批判な復古がそのまま自主性の確立を意味するものでないことを明記しておく」です。

あとがき

日本は独立国であるのか、それともアメリカの従属国、いや法・制度上の保護国にすぎないのであろうか。

この問いに対する答えは、一九五二年四月二十八日、日本がサンフランシスコ平和条約の発効によって連合国の占領を脱し、主権を回復したのであってみれば、明らかに独立国である。それゆえに、今年（二〇一三年）四月二十八日、日本政府（＝第二次安倍政権）は「主権回復」を記念する式典を行なったのである。

しかし、その「主権回復」を記念する式典が、サンフランシスコ平和条約から六十一年の後に初めて行なわれたものであってみれば、そこに何やら不透明な霧のようなものがただよってこなくもない。たとえば、このサンフランシスコ平和条約は日本政府による沖縄の施政権を切り離してのもの——アメリカの沖縄占領をみとめつづける内容——であったから、ほんとうに日本の「主権回復」を意味するものだったとはいえない。沖縄からすれば、一九七二年五月十五日、沖縄が本土復帰を果たした日こそ日本の「主権回復」の日である、四月二十八日はむしろ「屈辱」の日だ、という主張が成り立つことになるだろう。

そして、この沖縄問題と表裏一体にあるのが、日米地位協定である。この協定は、日米安保条約を補完するというより、日本が軍事的にアメリカの従属国であることを証明するものにほかならない。

日米地位協定は、サンフランシスコ平和条約発効に先立って調印（二月二十八日）された、占領色の濃い日米行政協定を引き継いだものである。その日米行政協定および日米地位協定は、たてまえとすれば、日米安保条約の目的を達成するために米軍の便宜を図る協定である。しかしその結果、事件（たとえばレイプ事件）や事故（たとえば交通事故）をおこした米軍人の権利をアメリカ側が保護する規定すなわち第一次裁判権もここに根をもち、米軍駐留の経費を日本国民の税金でまかなう「思いやり予算」が生まれた。

それに、事故発生率の高いオスプレイの配備なども、現在の日米安保条約下では、日本側に口を出す権利がないのである。こういった軍事上の日米関係をみれば、日本が独立国であるどころか、アメリカによる占領状態がまだつづいており、一種の保護国であるともいえる。

そうして、ことは軍事上の関係にかぎられない。たとえば、二〇一二年九月六日、当時の民主党野田政権は「原発ゼロ方針」を打ち出した。この「原発ゼロ方針」は、枝野幸男経済産業大臣と古川元久国家戦略担当大臣が主導して決定したもので、――①原発の四十年廃炉ルールを厳密に守る ②日本のように、地震・津波・火山などの災害危険性の高い国では、原発は新規に作らない ③危険性の高い立地にある原発は二〇三〇年代までに順次、廃炉にしてゆく――の三原則によって成り立っていた。

この「原発ゼロ方針」は、一週間後には閣議決定されるはずであった。閣議決定されると、それ以後の内閣をも拘束することになる。次の内閣がこれを覆すためには、その根拠を示したうえで、新たな閣議決定をしなければならない。

ところが、この「原発ゼロ方針」は民主党政権下では閣議決定されなかった。それは、次の内閣をも拘束するからではなくて、日米原子力協定に抵触するかもしれない、という懸念がもちだされたからであったらしい。一つの原子炉を廃炉にするのは問題ないが、日本政府が「原発ゼロ方針」を一方的に決定するのは、日米原子力協定に違反するというのである。

日米原子力協定というのは、正確には「原子力の平和的利用に関する協力のための日本国政府とアメリカ合衆国政府との間の協定」(一九八八年)である。これは、日米両政府が「世界における平和的利用のための原子力の研究、開発及び利用」について取り決めたもので、そこには核兵器などを除く、平和的利用の「原子炉」もふくまれている。

つまり、日米両政府で取り決めた原子力の平和利用であってみれば、日本政府が一方的に「原発ゼロ方針」を決定することはできない、というわけである。これが、日本が「主権回復」した六十一年後の現実である。それはほんとうに独立国の姿であるのかどうか。そこでわたしたちは、最初の問いに戻るのである。

そして、その問いに戻りつつ、わたしたち四人は「戦後日本の『独立』」という歴史を議論しつづけた。それは、『占領下日本』という前著を出したあとの、濃密で、真剣かつ楽しい二年間であった。読者諸氏にも、この時間を共有してもらいたい。

二〇一三年六月二十五日　松本健一

関連年表

【1945年】

8・30 マッカーサー、厚木飛行場に到着
9・2 降伏文書調印式
9・5 東久邇宮首相「一億総懺悔」演説
9・11 東條英機ら三十九名の第一次戦犯容疑者逮捕指令
9・17 GHQ、横浜から第一生命館へ移転
9・19 プレスコード（検閲規準）指令
9・27 天皇、マッカーサーを訪問
9・29 新聞、映画、通信その他一切の意思表示の制限撤廃指令
10・15 治安維持法廃止
10・8 東京の新聞五社の事前検閲開始（大阪は二十九日）
10・10 政治犯五百名釈放指令
10・11 幣原首相の訪問に際し、①婦人の解放②労働組合の助長③学校教育の自由主義化④秘密警察制度廃止⑤日本経済民主化、の「五大改革」指示
10・22 教育制度の運営に関する覚書
12・15 国家神道に対する政府の支援などの禁止（神道指令）

12・16　近衛文麿、自殺
12・17　婦人参政権を認めた新選挙法公布
12・26　在京の全新聞・通信社の事前検閲開始
12・29　第一次農地改革法公布
12・31　修身、日本歴史、地理の授業禁止、教科書回収覚書

【1946年】

1・1　「人間宣言」詔書
1・4　軍国主義者の公職追放、国家主義団体解散指令
1・19　極東国際軍事裁判条例公布
1・21　公娼廃止覚書
2・3　マッカーサー・ノート（①天皇国家元首②戦争放棄③封建制度撤廃）を示して、民政局に憲法草案作成を指示
2・22　閣議、GHQ憲法草案の受け入れを決定
2・28　公職追放令公布
3・6　政府発表の憲法改正草案要綱を全面承認
4　丸山眞男「超国家主義の論理と心理」
4・1　坂口安吾「堕落論」

4・10 戦後第一回の総選挙
5・3 極東国際軍事裁判（東京裁判）開廷
5・22 第一次吉田内閣
6・21 憲法改正案、議会に上程
10・21 第二次農地改革
11・3 日本国憲法公布

【1947年】

1・4 公職追放令範囲拡大（財界・言論界・地方公職者）
1・31 二・一ゼネスト禁止声明
3・31 教育基本法制定
4・14 独占禁止法公布
4・20 第一回参議院議員選挙
4・25 第二回総選挙
5・3 新憲法施行、新皇室典範施行
5・6 マッカーサーと天皇、第四回会談
5・20 小津安二郎「長屋紳士録」
6・1 片山内閣

7・1　黒澤明「素晴らしき日曜日」
7・19　『西田幾多郎全集』第一巻
12・24　「はるかなる山河に」出版

【1948年】
3・21　米陸軍省提案の日本再軍備に反対を表明
4・27　黒澤明「酔いどれ天使」
7・22　国家公務員法の抜本的改訂指示
8・15　大韓民国成立
9・9　朝鮮民主主義人民共和国成立
9・17　小津安二郎「風の中の牝雞」
11・12　極東軍事裁判、判決
12・24　未決のA級戦犯容疑者釈放

【1949年】
2・1　ドッジ、GHQ経済顧問として来日
4・25　1ドル＝360円の為替レート実施
5　文藝春秋「天皇陛下大いに笑う」

7・6 下山事件
7・15 三鷹事件
8・16 古橋広之進、全米水上選手権で1500m自由形18分19秒0の世界新記録
8・17 松川事件
9・13 小津安二郎「晩春」
9・15 シャウプ税制勧告の実施を指示
10・1 中華人民共和国の成立
10・17 黒澤明「野良犬」
10・20 「きけわだつみのこえ」出版
11・3 湯川秀樹、ノーベル物理学賞

【1950年】

2・10 沖縄に恒久基地建設の着手を発表
5・3 吉田茂「曲学阿世」発言
5・30 日本の完全非武装化と中立化を望み、日本を防衛する旨言明
6・6 日本共産党中央委員の公職追放を指令
6・25 朝鮮戦争勃発
7・8 警察予備隊新設許可を指令

7・28　レッド・パージ始まる
10・25　中国人民義勇軍、朝鮮戦線に出動
【1951年】
4・11　マッカーサー解任発表
4・16　マッカーサー、離日
9・4　サンフランシスコ対日講和会議
9・8　対日講和、日米安全保障条約調印
9・10　「羅生門」ヴェネチア映画祭で金獅子賞
【1952年】
4・28　対日講和、日米安保条約発効

†座談会参加者紹介

半藤一利（はんどう・かずとし）
1930年生まれ。作家。東京大学を卒業後、文藝春秋に入社し、雑誌・書籍の編集に携わる。著書に『漱石先生ぞな、もし』『ノモンハンの夏』『日本のいちばん長い日』（いずれも文春文庫）、『昭和史』（平凡社ライブラリー）、『幕末史』（新潮社）、『世界史のなかの昭和史』（平凡社）、『それからの海舟』『昭和史探索（編著・全6巻）』（いずれも、ちくま文庫）、『歴史に「何を」学ぶのか』（ちくまプリマー新書）など多数ある。

竹内修司（たけうち・しゅうじ）
1936年生まれ。東京外国語大学を卒業後、文藝春秋に入社し、雑誌・書籍の編集に携わる。文教大学情報学部教授を経て、現在はフリー。著書には『幻の終戦工作』（文春新書）、『創られた「東京裁判」』（新潮選書）、『1989年　現代史最大の転換点を検証する』（平凡社新書）がある。

保阪正康（ほさか・まさやす）
1939年生まれ。ノンフィクション作家、評論家。同志社大学卒業。著書として『昭和史七つの謎』（講談社文庫）、『昭和陸軍の研究』（朝日選書）、『定本 後藤田正晴』『東條英機と天皇の時代』『〈敗戦〉と日本人』（いずれも、ちくま文庫）、『若い人に語る戦争と日本人』（ちくまプリマー新書）、『明仁天皇と裕仁天皇』（講談社）など多数ある。

松本健一（まつもと・けんいち）
1946年生まれ。東京大学卒業。評論家・麗澤大学教授。著書として『評伝北一輝』（全5巻、中公文庫）、『日本の失敗——「第二の開国」と「大東亜戦争」』『大川周明』『近代アジア精神史の試み』（いずれも岩波現代文庫）、『海岸線の歴史』（ミシマ社）など多数ある。2014年逝去。
＊本座談会メンバーによる『占領下日本』（上・下、ちくま文庫）がある。